本书获得北京大学上山出版基金资助,特此致谢!

青年学者文库

城市职住平衡与可持续交通

Job-housing Balance and Sustainable Urban Transport

赵鹏军 著

北京大学出版社
PEKING UNIVERSITY PRESS

图书在版编目(CIP)数据

城市职住平衡与可持续交通/赵鹏军著.—北京:北京大学出版社,2022.12
ISBN 978-7-301-33628-1

Ⅰ.①城⋯　Ⅱ.①赵⋯　Ⅲ.①城市交通运输—交通运输管理—研究　Ⅳ.①F57

中国版本图书馆 CIP 数据核字(2022)第 230057 号

书　　　名	城市职住平衡与可持续交通 CHENGSHI ZHIZHU PINGHENG YU KECHIXU JIAOTONG
著作责任者	赵鹏军　著
责 任 编 辑	王树通
标 准 书 号	ISBN 978-7-301-33628-1
审　图　号	GS京(2022)0716号
出 版 发 行	北京大学出版社
地　　　址	北京市海淀区成府路205号　100871
网　　　址	http://www.pup.cn
电 子 信 箱	wangsiyu@pup.cn
电　　　话	邮购部 010-62752015　发行部 010-62750672 编辑部 010-62764976
印 　刷 　者	三河市北燕印装有限公司
经 　销 　者	新华书店
	720 毫米×1020 毫米　16 开本　25 印张　400 千字 2022 年 12 月第 1 版　2022 年 12 月第 1 次印刷
定　　　价	98.00 元

未经许可,不得以任何方式复制或抄袭本书之部分或全部内容。
版权所有,侵权必究
举报电话: 010-62752024　电子信箱: fd@pup.pku.edu.cn
图书如有印装质量问题,请与出版部联系,电话: 010-62756370

前 言 | PREFACE

"职住平衡"是指"职"与"住"两类要素在时空上所处的一种良好状态。这一概念具有丰富内涵，包括：在一定地域范围内，住房与就业之间的数量相匹配；在一定时间尺度上，房屋与住房者、工作岗位与就业者之间的供需匹配；对于一定人群来说，通勤成本可接受；对于居民个体来说，住房机会与自我获取能力间的社会适合；等等。也就是说，"职"不仅仅是工作岗位、工作类型、工作地，而且也包括工作时间、工作收入、工作技能、就业制度等外延；"住"也不仅仅是住房质量、房屋类型、居住地，也包括住房价格、房屋所有权、生活设施环境、住房制度等外延。"职住平衡"既是一种生活状态，也是一种空间关系，更是一种制度约束下的社会生产关系。职住关系在形成的过程中，同时受到自然条件的影响，从广义上讲，"职住平衡"是人地关系地域系统的重要体现。

"职住平衡"对于可持续交通具有重要的意义。安全、高效、绿色、公平是可持续交通的关键特征。过长时间通勤和交通拥堵及其引起的身心疲劳和环境污染是当前我国诸多大城市的"城市病顽症"。"职住平衡"能够使居民减少出行距离、节约出行时间成本、利于公共交通供给，进而有助于降低小汽车依赖水平、节约能源消耗、减少温室气体排放等。"职住平衡"通过塑造良好的职住关系，可以从根本上减少对长距离出行和机动化交通依赖，是一种长期的、高效的交通需求管理手段。对于当前"重设施供给建设而轻需求管理"的实践做法来说，是一个好的弥补。

从空间规划政策实施来看，"职住平衡"的实现途径既包括土地利用规划、交通设施规划等专项规划，也包括居住区规划、城市规划和区域规划等综合规划，同时还包括产业规划、住房规划等社会经济规划。面向可持续交通的"职住平衡"规划是一项综合规划，将打破现有的"就交通论交通"困境，协调交通设施建设与人、地、房、产等的耦合过程，"标本兼治"，缓解大城市交通问题。

"职住平衡"是建设"以人为本"城市的关键。职住分离所造成的通勤出行是居民每日的刚性需求，对于非居家办公的居民来说，"职住平衡"是减轻他们通勤时间和货币负担的重要因素之一。尤其对于在就业中心区上班而购房支付能力有限的居民来说，"职住平衡"对他们节约通勤时间、减轻上班途中劳累、留出更多与家人团聚的时间等具有关键作用。另外，受户口、住房购买资格、就业要求等的限制，外来人口在达到"职住平衡"上显得更为艰辛。在中国特色制度背景下，"职住平衡"对于促进社会公平、建设包容城市有着相较西方国家城市更重要的价值。

"职住平衡"是城市理论的焦点内容之一。"职住平衡"理论是关于职住关系形成与演变机制的理论。从阿尔弗雷德·马歇尔（Alfred Marshall）的产业经济学理论（1879），到阿尔弗雷德·韦伯（Alfred Weber）的工业区位论（1909）、瓦尔特·克里斯塔勒（Walter Christaller）的城市区位论（1933）和奥古斯特·廖什（August Lösch）的市场区位（1940）等区位论，城市经济学和城市地理学领域学者从企业选址、居民消费行为及其空间选址等角度揭示了城市生产-消费空间的形成规律，为职住关系理论探究奠定了基础。经济地理学家威廉·阿隆索（William Alonso）的地租理论（1964）解释了居民在住房成本、通勤成本、就业地选择与收入所得等之间的权衡行为（trade-off），为"职住平衡"与交通两者之间的关系提供了最为直接的理论支撑。该理论同理查德·慕斯（Richard Muth）（1969）和艾德文·梅尔斯（Edwin Mills）（1972）的理论一起，被称为 AMM 模型（the Alonso-Muth-Mills model），在他们的模型中，就业中心区域只有一个单中心，又被称为单中心城市模型。后来米歇尔·怀特（Michelle White）（1988）和阿莱克斯·安纳斯（Alex Anas）（1998）等人提出了多中心模型理论，解释了多个就业中心选择下的住房选择与通勤成本关系。皮特·乔登（Peter Gordon）等人（1989）提出住房-就业之间的"区位协调"机制，家庭的居住地和就业地会相互迁就、交互调整，直至整个家庭的（不是个人的）就业收入所得、通勤成本和住房成本达到其所能接受的水平为止，即"职住平衡"存在市场最优。这说明了"职住平衡"是动态的，不是静止的；是相对的，而不是绝对的。但是，这种"区位协调"（co-location）机制是在完全市场化背景下的，忽视了社会制度等影响。从中国城市发展现实出发，户口制、单位住房制等特殊要素均对住房-就业区位优化起着重要的作用。中国特有的丰富社会背景为"职住平衡"理论研究提供了新的素材。

"职住平衡"是现代城市规划理论的核心议题。现代城市规划理论发展有三种范式：本质论、理想形态论、过程论。①本质论从"城市规划的使命和目标是什么"这个问题思考规划理论，先后经历了韦伯分析（Weberian Analysis）、马克思主义分析（Marxist Analysis）、改革马克思主义（Reformist Marxism）、多元主义（Pluralism）、管理主义（Managerialism）等。住房和就业两大要素历来是本质论的焦点，通过住房和就业可以清晰展现规划为谁服务、服务到什么程度等关键问题。②理想形态论从"什么是好的规划方案"这个问题思考规划理论，先后出现了田园城市、线型城市、紧凑城市、有机分散城市、网络城市等思想。无论理想形态如何变化，"职"与"住"在空间上的地理就近或便捷联系始终是判别规划方案好坏的重要标准之一。③过程论从"什么是一个好的规划编制过程"这个问题来思考规划理论，先后出现了渐进主义（Incrementalism）、倡导性规划（Advocacy Planning）、实用主义（Pragmatism）、积极歧视（Positive Discrimination）等理论，在规划编制过程中如何确保不同人群对住房、就业等基本民生的参与权与决定权是重中之重。

"职住平衡"是当前我国构建高质量发展国土空间格局的关键抓手，是新时代国土空间规划编制和用途管控中不可轻视的重要内容。《中共中央 国务院关于建立国土空间规划体系并监督实施的若干意见》中指出要科学布局生产空间、生活空间、生态空间，而"职"与"住"分别是生产空间和生活空间的主体内容，"职住平衡"是生产与生活空间关系协调的重要体现。高质量发展的国土空间格局首先是协调好人民日益增长的美好生活需要和不平衡不充分的发展之间的矛盾，良好的职住关系是高品质生活的基本保障。"职"与"住"涉及住房、就业、出行等诸多方面，实现"职住平衡"是构建高质量发展国土空间格局的关键抓手。"五级三类"国土空间规划中的主体功能区定位划分、"三生"空间的定量与划线、土地用途类型与管制、基础与公共服务设施布局、开发控制指标、城市更新等主要内容，均涉及职住关系的协调布局。尤其是城镇开发边界内的规划，要优先考虑促进产业布局与城市生活服务功能的融合，通过促进职住平衡来发展功能复合的产业社区，建设不同尺度的城乡生活圈。

"职住平衡"对空间规划技术提出了新的要求。"职住平衡"的精准量化测定与深度机制解析客观需要新的规划技术，从职住数量、类型与分布的高时空分辨率感知，到职住关系的科学测定与量化识别，到职住平衡状态的评价与机制解析，到职住关系模拟与预测，再到职住平衡的优化调控，涉及数据收集与挖掘技术、社会与空间分析技术、系统模拟技术、规划设计技术等多个方面。数字地球、智慧城市与智慧国土、大数据技术等的发展，给"职住平衡"规划带来新机遇的同时，也带来了新的挑战。

总之，"职住平衡"是可持续交通的关键，但又超出了交通学科本身，其现实重要性涉及居民生活品质、社会公平正义、国土高质量发展等诸多重大决策需求，其理论研究涉及城乡规划学、地理学、交通运输工程学、管理学、经济学、社会学等诸多学科知识，其规划实践涉及土地利用规划、交通规划、产业规划等国土空间规划的诸多方面。因此，"职住平衡"是一个政策应用强的交叉学科议题，需要更多的学者展开更广更深入的研究。

本书得到国家自然科学基金项目（41925003；42130402）和北京市社会科学基金重点项目（20JCB073）的资助。项目研究和本书写作的过程中得到北京大学研究生万婕、庞亮、黄腾飞、杨晗孜、孔璐、白羽、李圣晓、胡昊宇、曹毓书、张梦竹、刁晶晶、李沛霖、刘云舒、刘迪等同学在数据收集与分析等工作的协助，一并感谢。

赵鹏军
2022 年 6 月

目 录 CONTENTS

第一章 引 言 ... 001

　　参考文献 ... 010

第二章 职住平衡测定方法与标准 ... 020

　　第一节　基于空间分区的测定方法 ... 020

　　第二节　基于分区测定方法的尺度效应和测定标准 ... 027

　　第三节　基于个体出行行为的职住平衡测定方法 ... 031

　　第四节　现有职住平衡方法的总结 ... 034

　　第五节　基于"职与生活均衡"的测定方法 ... 038

　　参考文献 ... 046

第三章 职住关系与交通相互作用的理论基础 ... 052

　　第一节　城市空间结构理论 ... 052

　　第二节　区位论 ... 055

　　第三节　出行行为理论 ... 059

　　第四节　职住关系与居民出行交互作用理论 ... 063

　　第五节　小 结 ... 071

　　参考文献 ... 073

第四章　职住关系与交通相互作用的实证依据　　078

第一节　职住关系对通勤出行的影响 ················· 078

第二节　出行（通勤）对区位（再）选择和职住关系的
　　　　影响 ····························· 087

第三节　国内研究现状小结 ······················ 089

参考文献 ································· 091

第五章　中国的职住平衡政策及其交通影响　　096

第一节　单位制度与职住平衡 ····················· 096

第二节　住房政策与职住平衡 ····················· 100

第三节　就业政策与职住平衡 ····················· 106

第四节　城市开发政策与职住平衡 ··················· 108

第五节　交通政策与职住平衡政策梳理 ················· 113

参考文献 ································· 120

第六章　北京市职住关系和居民出行变化　　123

第一节　城市发展与职住关系整体特征 ················· 123

第二节　北京就业特征及其空间变化 ·················· 129

第三节　北京居住特征及其空间变化 ·················· 138

第四节　北京市居民出行特征变化 ··················· 143

参考文献 ································· 148

第七章　北京市职住平衡调查与测定　　149

第一节　数据获取与职住平衡测定 ··················· 149

第二节　基于非通勤出行的职住与生活均衡 ··············· 157

第三节　北京职住平衡的多源数据测定比较 ··············· 170

参考文献 ································· 185

第八章　职住关系对通勤出行的作用分析　　187

　　第一节　研究设计 ································· 187
　　第二节　研究区域与数据 ··························· 197
　　第三节　职住平衡对通勤时长的作用 ················· 205
　　第四节　职住平衡对通勤方式的作用 ················· 208
　　第五节　小　结 ··································· 219
　　参考文献 ··· 222

第九章　迁居对职住关系与通勤行为的影响　　223

　　第一节　研究设计 ································· 223
　　第二节　迁居行为动因分析 ························· 226
　　第三节　迁居前后职住关系指标变化分析 ············· 230
　　第四节　小　结 ··································· 238

第十章　制度因素对职住平衡的影响　　240

　　第一节　研究设计 ································· 240
　　第二节　制度因素对职住平衡的影响 ················· 246
　　第三节　职住平衡影响机制讨论 ····················· 258
　　第四节　小　结 ··································· 262
　　参考文献 ··· 264

第十一章　公共服务设施对职住平衡的影响　　266

　　第一节　研究设计 ································· 266
　　第二节　公共服务设施与职住平衡的测定 ············· 270
　　第三节　公共服务设施对职住平衡影响的回归分析 ····· 276
　　第四节　小　结 ··································· 303
　　参考文献 ··· 305

第十二章　新城职住平衡与交通　　307

第一节　新城建设、多中心结构与交通理论 …………… 307
第二节　新城建设、职住平衡与交通 …………………… 311
第三节　北京新城职住平衡与交通 ……………………… 315
第四节　新城职住关系的社会分异和模式差别 ………… 335
第五节　小　结 …………………………………………… 346
参考文献 …………………………………………………… 352

第十三章　区域职住关系与都市圈　　359

第一节　都市圈与区域职住关系 ………………………… 359
第二节　京津冀地区都市圈识别 ………………………… 360
第三节　从通勤圈到生活圈 ……………………………… 370
第四节　小　结 …………………………………………… 376
参考文献 …………………………………………………… 378

第十四章　结　语　　381

参考文献 …………………………………………………… 389

第一章 引 言

一、职住平衡概念与内涵

职住关系是指就业和居住之间相互作用、相互影响的状态,包括数量关系、空间关系、时间关系、社会关系等职住关系具有尺度特征。不同尺度下,职住关系的表征和影响因素也不尽相同。微观尺度上,职住关系是个人或家庭就业地选址、居住地选址和交通出行等行为决策的结果。在这一尺度下,职住关系表征为个体或家庭的"家"和上班地之间的空间距离与出行成本、个体就业技能与就业机会适合度、家庭的住房支付能力与房价匹配度等关系。其影响因素除空间环境要素外,主要为个体或家庭的人口属性(性别、年龄等)、社会经济状况(收入、教育水平、劳动技能等)和心理因素(喜好、主动选择等)。中观尺度上,职住关系是社区或其他特定空间单元上就业与住房的数量、类型结构的关系。主要体现在空间单元内的就业岗位数与就业者数量之比、住房需求与住房供给匹配情况等。影响因素主要为土地利用、空间详细规划、城市设计、社区生活圈规划等。宏观尺度上,职住关系是生产空间与居住生活空间的相互影响和相互作用的结果,体现在区域功能区划、城市空间结构、都市圈格局等,主要受到产业布局、城市开发、交通设施建设、自然环境条件和社会制度等影响。

"平衡"是一个较为抽象的概念,作为名词是指相关各方在数量或作用上相等、相抵的状态;作为动词是指使得相关各方在数量或作用上相称、匀称的过程。"职住平衡"(jobs-housing balance)指的是

"职"与"住"两类要素在时空上的一种良好状态及其实现过程。理想的"职住平衡"表现为：大部分居民可以就近工作；通勤交通可采用步行、自行车或者其他的非机动车方式；即便使用机动车，其出行距离和时间也较短，且在合理的范围内（Cervero, 1991; Giuliano, 1991）。

"职住平衡"概念具有丰富内涵，既包括空间单元上住房与就业之间的数量相等（Giuliano, 1991; Giuliano, 1993; Peng, 1997），房屋与住房者之间和工作岗位与就业者之间的供需匹配，也包括人们对于通勤成本的可接受，住房机会与自我获取能力间的社会适合等。"职住平衡"的社区被认为是独立自足的社区，除居住和工作以外，居民的购物和娱乐等需求均能在本地满足（Burby et al., 1976）。由此来讲，我国的"单位制"小区是"职住平衡"的典范。

供需匹配更能体现"职住平衡"的质量。"职住平衡"在数量上强调区域内部的自足性（self containment），即居住和就业同在本区域内数量占区域内全部居住者或全部就业者的比例（Cervero, 1989）。但是，职住平衡的前提条件是住房价格与可获得工作的潜在收入水平相匹配（Berry, 2006; Giuliano, 1991; Wachs et al., 1993）。也就是说，住房与就业的社会匹配是决定"职住平衡"质量的根本。正如Levine（1998）强调，职住平衡的本质并非对个体移动施加限制，而是尽可能扩大选择多样性。这里的选择主要指与居住者能力相匹配的工作岗位，以及与工作者收入水平相匹配的房价。如在加利福尼亚两个增长最快的非农业县，康特拉柯斯特县（Contra Costa）和奥兰治县（Orange）平均住宅价格超过 170 000 美元（1986）。承担这样的房价需要大约 50 000 美元的年收入，然而事实上两个县的工作者年平均收入均低于 27 000 美元（Cervero, 1989）。显然，在这样的地区，工作岗位和住宅数量实现了平衡，但是居民仍然不得不承受长距离的通勤距离和时间，职住本质上并没有实现平衡的状态。Wachs 等（1993）研究发现低收入人群不得不承受长距离通勤的原因并非是就业地没有足够数量的住房，而是由于其他客观因素不得不居住在其他区域。即，住房与就业在供需上的匹配，相较"数量"层面的职住平衡更具现实意义。

"职住平衡"虽字面上容易理解,但如何全面科学地研究"职住平衡"一直是一个科学难题。长期从事"职住平衡"研究的美国加州柏克莱大学罗伯特·赛维罗教授(Robert Cervero)认为,"职住平衡"是一个较为抽象的概念,需要结合不同的土地和劳动力市场、城市发展阶段、居民的消费偏好和不同领域的学科背景来理解,定义和测量起来具有一定的难度(Cervero,1989)。

"职住平衡"的概念也在不断被拓展。阿隆索单中心城市模型假定城市空间结构中只有居住和就业两大要素,居民只需在通勤成本和住房成本之间进行权衡来进行职住选址。事实上,职住关系还受到公共服务设施的影响,包括学校、医院、公园、休闲、商业等。"住"的概念不仅局限在"住房",而是"生活",职住关系是个人和家庭的生活与就业间的关系。职住平衡概念内包括以居住场所为中心展开学习、健身、交流、休闲和购物等各项活动的场所(单霞等,2004),这一概念讨论的不仅仅是"就业"与"住房"之间的关系,而应是"就业"与"生活"之间的作用关系。真正的职住平衡是居民的就业、住房与相关公共服务设施之间的平衡。

二、职住平衡对于可持续交通的意义

"职住平衡"在解决交通问题中的重要性历来都被规划师所重视。例如,埃比尼泽·霍华德(Ebenezer Howard)在"田园城市"(1885)中提出居民就业地和居住地相互邻近的平衡发展思想。伊里尔·沙里宁(Eliel Saarinen)在有机疏散理论(1945)中提出要把城市人口和工作岗位分散化,个人日常的生活和工作集中布置,使活动需要的交通量减到最小,并且不必都使用机械化交通工具。刘易斯·芒福德(Lewis Mumford)则明确提出城市内部各种各样功能之间要取得平衡,这种平衡可以通过限制城市的面积、人口数量、居住密度等积极措施来实现(1968)。

20世纪60年代以后,美国、澳大利亚等国家以住宅郊区化为主导的城市蔓延(urban sprawl)带来了诸多"城市病",尤其是长距离通勤、小汽车高度依赖、交通拥堵、环境污染及其所带来的公共健康问题。例如,Cervero(1989)对美国40个主要的郊区中心进行研究,发现就业郊区分散化造成居住与就业不平衡,导致步行或骑自行车出行减少，小汽车使用强度加大。每增加5 000个就业岗位，驾车出行的比例增加3.5%，成为导致连接中心城市与郊区高速公路高峰拥堵的主要因素。这些问题促使城市规划师们重新审视城市空间增长的模式，"职住平衡"在解决城市交通问题的积极作用受到了重视，逐渐被美国、英国、荷兰、日本等国家作为解决交通问题的交通需求管理工具之一。

交通需求管理（travel demand management）旨在通过多种政策优化出行需求进而提升整体交通运行效率，这里的优化包括减少不必要出行从而控制出行总量，缩短出行距离，降低小汽车依赖等。交通需求管理相对于交通设施建设来说，更注重出行需求端的优化，从交通本源上解决问题。美国联邦公路管理局（The Federal Highway Administration，FHWA）制定的"交通需求管理融入交通规划过程导引（Integrating Demand Management into the Transportation Planning Process：A Desk Reference，2012）"提出要重视从土地利用规划和经济开发规划解决交通问题。英国交通运输部制定的交通需求管理工具指导（Travel Demand Management Toolkit，2021）中将促进就近就业，减少长距离或不必要出行作为重要的举措。加拿大维多利亚研究院在四大类交通需求管理策略中强调了土地混合利用和功能就近集中开发等。面向"职住平衡"的土地利用与城市开发已成为交通需求管理的重要手段。

大量学者开展实证研究证实了"职住平衡"能够有效促进可持续交通。相比于城市蔓延带来的职住分离，职住平衡能够缩短居民的通勤距离（Cervero，1989；Giuliano，1991；Peng，1997；Levinson，1998），从而减少通勤时长（Juürgen Weitz et al.，2007；Schwanen，2001）；职住平衡还可以降低居民在通勤出行中的小汽车使用强度，促进绿色交通方式出行（Ewing et al.，2003），减少交通部门的能源消耗与温室气体排放（Giuliano，1991）；职住平衡除了在整体上降低居民出行负担之外，对于弱势群体来讲，职住平衡所带来的居民出行成本减少更加明显，因而有助于提升交通公平。

三、职住平衡与我国大城市交通问题

交通拥堵是我国大城市的另一个"城市病顽疾"。根据高德地图发布的《2021年度中国主要城市交通分析报告》，在50座主要大城市中，有60%的城市道路高峰行程延时指数相较2020年上升；在全国361座城市中，超过60%的城市通勤高峰处于缓行状态，约10%的城市通勤高峰状态为拥堵。例如北京，平均每人年拥堵时长达174小时，相当于一年中有22个工作日处于拥堵，折合经济损失8400多元。交通拥堵还带来环境污染。2014年，北京市环境保护局对北京市$PM_{2.5}$来源进行解析，结果显示，机动车尾气占本地污染排放总量的31.1%，而拥堵状态下机动车的尾气排放要比正常行驶时高出50%（北京市环境保护局，2014）。

在造成过长时间通勤和交通拥堵诸多因素中，职住空间分离是根本原因。例如在北京，五环外区域和近郊新城已经成为北京市人口增长的主要区域，其常住人口已近1100万人，超过全市一半。与此同时，北京主城六区却集中了全市70%的产值与就业岗位。职住空间分布不平衡造成市内大规模的通勤"潮汐流"，早高峰期间车流方向由郊区向中心城区，而晚高峰期间车流主要方向则是由中心城区向郊区。北京早高峰时期进入四环路的交通出行量是离开四环路的4倍。"潮汐流"造成环路与进出京干道早晚高峰的交通拥堵（图1.1），高峰时段路网运行速度不到30km/h，其中，晚高峰时间主干道平均速度仅20.9km/h。

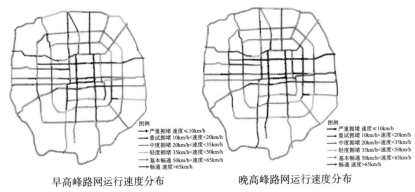

图1.1 北京市常发拥堵路段分布

来源：北京交通发展研究院. 2016北京市交通发展年度报告，2016年8月。

在交通设施建设的同时,需要重视实施"职住平衡"政策。过去几十年间,我国诸多城市倾力改扩建交通设施,升级道路网络,在一定程度上弥补了城市交通设施的短板。同时也采用了一些交通管控手段,如机动车限行、限购、提高停车费用标准、鼓励清洁能源车辆等。但是,也应该积极优化城市空间结构和土地利用模式,促进"职住平衡",从源头引导和控制交通需求的发生和时空分布,对交通需求进行长期调节和根本性管理。充分发挥职住平衡的综合政策优势,整体统筹土地利用、产业布局、住房开发、交通建设等,系统化解决大城市交通"顽疾"。

我国大城市实施"职住平衡"政策更加紧迫。首先,当前我国城市进入快速的城镇化、工业化和机动化关键并行期,城市空间结构处于急速转型阶段,抓住当前绝佳时机,布局好城市空间结构,优化土地利用,理顺生产与生活关系,有利于塑造长期的"职住平衡"状态。其次,当前我国城市正在经历着前所未有的现代化和市场化进程,传统以单位制为代表的住房与就业关系正在许多地方发生瓦解,在新生市场化力量和既有留存制度的双重作用下,职住关系重构已势不可挡,抓住此时机,塑造新形势下的"职住平衡",对我国城市来说刻不容缓。最后,大量实证研究表明,"职住平衡"不仅有利于社会融合,而且有助于交通公平,应该针对我国城市化特征,充分考虑外来务工人员(含新生代农民工)、本地低收入群体和其他弱势群体(老年人)的住房与就业需求,在就业中心附近提供保障住房(含租房),在大型居住区提供适当就业岗位,在旧城更新中保留一定住房,通过"职住平衡",打造包容型城市。

四、本书思路与结构

(一)研究问题

国内外学者们对职住平衡已进行了大量研究,但在职住平衡的形成机理、测定技术方法与规划政策应用等领域,仍存在诸多问题需要进一步探究。本书将主要回答三个问题:如何测定职住平衡?职住平衡与交通如何相互作用?职住平衡政策对可持续交通发展有何作用?

不同学者出于不同研究目的，对职住平衡形成了不同视角、层面的理解。例如在控制其他变量情况下，"职住平衡"是否能够真正影响交通的探讨中，既有肯定的答案（Cervero，1989），也有否定的答案（Giuliano，1993；Wachs et al.，1993）。Wachs（1993）利用长达六年的动态数据研究发现，该州的职住平衡得到改善，但就业者的平均通勤时长却增加了。造成不同学者得出不同结论的因素很多，有研究区域和方法上的因素，也有研究尺度和数据的因素。但是，最主要的因素是目前学者们对于职住平衡的测定方法和平衡标准尚缺乏统一的认知（Zhao et al.，2009）。仅仅是"职住平衡"指标，学者就用了不同的指标，例如就业可达性指标（Hansen，1959）、职住比率指标（Cervero et al.，1999）、职住社会匹配指标（Levinson，1998；Shen，1998）等。本书在全面、深入地梳理职住平衡的概念和内涵的基础上，系统地分析和评估了当前已有的职住平衡测定方法技术，解析了当前已有职住平衡的不同标准及其适用场景，并以北京为例展开我国背景下的大城市职住平衡测定实证研究，以期弥补当前学术界对于职住平衡测定的不足。

职住平衡与居民出行之间存在什么样的相互作用机制？这是职住平衡理论研究的关键基础问题，也是城市理论研究的焦点。从19世纪初开始，城市经济学和城市地理学等领域的学者，应用区位论、地租理论等理论对此进行解释。其中，以威廉·阿隆索（William Alonso）地租理论为基础的 AMM 模型提出：住房成本、通勤成本、就业地选择与收入所得之间的权衡机制（trade-off）是决定职住关系及其交通影响的主导机制。而后的米歇尔·怀特（Michelle White）等学者将该机制拓展至多中心城市。到20世纪80年代，在欧美大城市大规模郊区化的背景下，皮特·乔登（Peter Gordon）等城市规划学者提出，居民家庭的住房区位选择与就业区位选择相互调整，直至交通和住房成本与就业所得收入达到可接受的最佳状态，这种"区位协调"（co-location）机制让职住平衡与居民出行间的机制解释动态化，更符合现实。但无论是区位论、地租理论，还是权衡机制与"区位协调"机制，都是建立在完全市场背景下的，不一定适合在住房和就业等存在强政策干预的情形下，如中国城市的户口制度、单位制等。本书将在现有西方研究的基础上，以北京市为案例研究，深入讨论职住平衡与居民出行之间的作用机制，发现新的因素及其作用机制，丰富和完善已有职住平衡理论。

第一，职住平衡政策是否高效？是否会影响社会公平？这些政策实践问题一直是受到政府决策者和城市规划师关注的难题。关于职住平衡政策的高效性主要存在以下争论：一方面，相对于停车场收费、交通拥堵收费等政策而言，职住平衡政策的效果是否更具竞争力？例如，Giuliano（1991；1993）认为居住与就业平衡有可能是一个伴随着城市增长的漫长动态过程，在实现最终的平衡状态之前，城市内部的职住不平衡是必然的，需要通过其他规划政策减少通勤时间。另一方面，在住房规划与分配政策、产业政策和就业政策等职住平衡政策工具中哪种效果更加明显？Horner（2003）等通过分析区域的职住关系发现，仅仅提供或改变就业岗位分布的政策作用并不强，而影响就业人员居住分布的政策更有可能降低通勤距离，也就是说引导通勤者居住在就业中心附近，将更有效促进职住平衡。Scott等人（1997）则认为就业和居住空间上的失衡仅能对通勤行为做出部分解释，单一通过职住平衡政策来提高通勤效率已很难达到这一初衷。

第二，职住平衡政策是否真正地促进社会公平？虽然已有学者为此提供了实证研究证据，发现职住平衡政策更有利于弱势群体降低交通成本，但实证证据仍然零散且不足。本书将以北京为例，评估职住平衡政策在促进可持续交通上的绩效，涵盖出行成本节约、绿色出行方式、节能减排、社会公平等多个维度，为职住平衡政策的有效性和高效性提供新的论据，支撑职住平衡政策决策。

（二）主要研究内容

本书有五项主要研究内容：职住平衡测定方法分析、职住平衡与交通相互作用理论、职住平衡对交通影响的实证分析、职住平衡的影响因素及其机制、职住平衡政策分析。

"职住平衡测定方法分析"主要回顾国内外已有的职住平衡测定指标，包括指标类型、算法和数据等，分析这些指标的应用情况，并从适用场景、时空尺度、政策倾向等维度对职住平衡测定方法进行评估。提出中国特色城市化与社会转型背景下的职住平衡测定方法,探究地理国情大数据、人口时空大数据等数据驱动技术支持下的职住平衡测定新技术。

"职住平衡与交通相互作用理论"主要梳理了职住关系理论的发展,尤其是对阐释职住平衡与交通相互作用的主流理论进行了深入解析,包括城市空间结构理论、区位论、地租理论、交通行为理论等。分析这些理论的产生背景、前提假设及其应用。并结合中国的城市发展阶段、社会文化背景及其制度特色,探究适用于中国大城市的职住平衡与交通相互作用理论,丰富和完善当前国际学术界的职住平衡与交通相互作用理论。

"职住平衡对交通影响的实证分析"将以北京为例,测定职住平衡量值,分析职住平衡的时空分异特征,采用定量和定性相结合的方法,全面系统研究职住平衡对交通影响,包括交通出行距离、出行时长、交通方式、交通能耗与交通公平等。

"职住平衡的影响因素及其机制"采用问卷调查、时空大数据分析、数学模型分析等方法,评价职住平衡影响因素。既包括学术界已普遍讨论的居民个人人口属性因素、家庭社会经济因素、住房与就业特征因素、交通设施和建成环境因素等,也包括户籍、单位制等中国特有的制度因素,基于经济行为机制、心理学机制、家庭责任机制、制度约束机制等讨论各因素对职住平衡的作用机制。

"职住平衡政策分析"梳理和回顾了当前国内外主要的职住平衡政策,并重点分析了中国职住平衡政策的演变及其交通影响,多维度评价职住平衡政策的有效性、高效性和社会公平影响等。提出在现有国土空间规划体系下,进一步完善和优化我国职住平衡政策的规划建议。

以上五项内容,纳入十四章的撰写之中。第一章为引言,第二章介绍职住平衡测定的方法与标准,第三章和第四章分别介绍职住平衡与交通相互作用的理论依据和实证研究进展,第五章介绍我国职住平衡政策的演变及其交通影响。第六章至第十三章,以北京为例,介绍了我国大城市职住平衡的量化测定、时空特征、影响因素及其与交通之间的相互作用。第十四章总结了全书主要结论,并讨论了职住平在当前我国五级三类国土空间规划中的实施路径。

整本书的思路结构如图1.2所示：

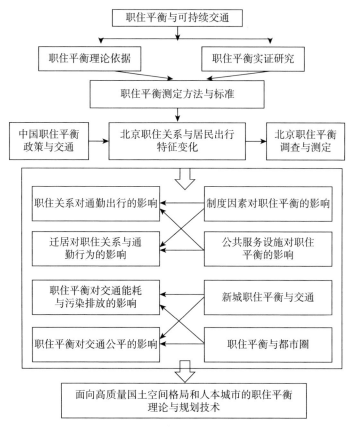

图1.2　全书思路结构

参考文献

［1］北京市环保局.北京市$PM_{2.5}$来源解析正式发布［R］，2014.

［2］柴彦威，张艳，刘志林.职住分离的空间差异性及其影响因素研究［J］.地理学报，2011，66（2）：157—166.

［3］陈海伟.新城职住分布模拟与交通需求预测模型［C］.协同发展与交通实践：2015年中国城市交通规划年会暨第28次学术研讨会论文集，2015.

［4］单霞，唐二春，姚红，等.城镇居住体系的构建：以昆山市为例［J］.城市环境与城市生态，2004，（6）：33—36.

[5] 党云晓,董冠鹏,余建辉,等.北京土地利用混合度对居民职住分离的影响[J].地理学报,2015,70(6):919—930.

[6] 翟青,甄峰,康国定.信息技术对南京市职住分离的影响[J].地理科学进展,2012,31(10):1282—1288.

[7] 高德地图.2018年度中国主要城市交通分析报告[R].2018.

[8] 国务院.国家新型城镇化规划(2014—2020年)[M].北京:人民出版社,2014.

[9] 国务院.国务院关于深入推进新型城镇化建设的若干意见[Z].2016

[10] 韩会然,杨成凤,宋金平.城市居住与就业空间关系研究进展及展望[J].人文地理,2014,29(6):24—31.

[11] 极光大数据.2018年中国城市通勤研究报告[R].2018.

[12] 焦华富,戴柳燕.合肥市城市居民职住空间均衡性现状及影响因素[J].城市问题,2015(5):46—51.

[13] 孔令斌.城市职住平衡的影响因素及改善对策[J].城市交通,2013,6:1—4.

[14] 李小广,邱道持,李凤,等.重庆市公共租赁住房社区居民的职住空间匹配[J].地理研究,2013,8:1457—1466.

[15] 刘保奎,冯长春.大城市外来农民工通勤与职住关系研究:基于北京的问卷调查[J].城市规划学刊,2012,4:59—64.

[16] 刘倩,李钢,丁瑞,等.西安市弱势群体职住分离的空间结构研究[J].天津师范大学学报:自然科学版,2014,34(4):46—52.

[17] 刘铁军,邱大庆,孙娟.城市交通拥堵与空气污染相关度的初步研究[J].中国人口资源与环境,2017(S2):58—60.

[18] 刘望保,闫小培,陈忠暖.西方国家关于城市通勤的研究回顾与展望[J].经济地理,2009,29(3):402—408.

[19] 刘志林,张艳,柴彦威.中国大城市职住分离现象及其特征:以北京市为例[J].城市发展研究,2009(9):110—117.

[20] 陆化普.城市交通供给策略与交通需求管理对策研究[J].城市交通,2012,10(3):1—6.

[21] 马清裕,张文尝.北京市居住郊区化分布特征及其影响因素[J].地理研究,2006,25(1):121—130.

[22] 孟斌,湛东升,郝丽荣.北京市居民居住行为对职住分离的影响[J].城市问题,2013(10):33—39.

[23] 孟晓晨,吴静,沈凡卜.职住平衡的研究回顾及观点综述[J].城市发展研究,2009(6):23—28.

[24] 潘海啸,陈国伟.轨道交通对居住地选择的影响:以上海市的调查为例[J].

城市规划学刊, 2009, 5: 71—76.

[25] 齐云蕾, 孙铁山. 职住分离的行业差异及其影响因素: 以北京都市区为例 [J]. 现代城市研究, 2015 (1): 58—65.

[26] 宋金平, 王恩儒, 张文新, 等. 北京住宅郊区化与就业空间错位 [J]. 地理学报, 2007, 62 (4): 387—396.

[27] 孙斌栋, 何舟, 李南菲, 等. 职住均衡能够缓解交通拥堵吗? 基于 GIS 缓冲区方法的上海实证研究 [J]. 城市规划学刊, 2017, 5: 98—104.

[28] 孙斌栋, 李南菲, 宋杰洁, 等. 职住平衡对通勤交通的影响分析: 对一个传统城市规划理念的实证检验 [J]. 城市规划学刊, 2010, 6: 55—60.

[29] 孙斌栋, 潘鑫, 宁越敏. 上海市就业与居住空间均衡对交通出行的影响分析 [J]. 城市规划学刊, 2008, 1: 77—82.

[30] 陶希东. 国外新城建设的经验与教训 [J]. 城市问题, 2005 (6): 95—98.

[31] 王卉彤, 刘传明, 赵浚竹. 交通拥堵与雾霾污染: 基于职住平衡的新视角 [J]. 财贸经济, 2018, 39 (1): 147—160.

[32] 王兴平, 赵虎. 南京都市区内城外郊就业者的职住平衡差异 [J]. 城市问题, 2014 (3): 37—43.

[33] 王振, 秦湃, 李泽萍, 等. 京津城际铁路对职住分离的影响 [J]. 山西财经大学学报, 2016 (S1): 4—9.

[34] 肖琛, 陈雯, 袁丰, 等. 2000—2010 年无锡市职住空间关系变化及影响因素分析 [J]. 地理科学, 2014, 34 (2): 137—146.

[35] 徐卞融, 吴晓. 基于"居住-就业"视角的南京市流动人口职住空间分离量化 [J]. 城市规划学刊, 2010, 5: 87—97.

[36] 徐艺轩, 周锐, 戴刘冬, 等. 我国中部中等城市职住分离的空间差异及其影响因素: 以漯河市为例 [J]. 城市发展研究, 2014, 21 (12): 52—58.

[37] 徐罄, 欧国立. 交通拥堵收费的理论依据和政策分析 [J]. 中国工业经济, 2012 (12): 18—30.

[38] 许允. 综合治理城市交通拥堵问题研究 [D]. 山东大学, 2012.

[39] 杨明, 曲大义, 王炜, 等. 城市土地利用与交通需求相关关系模型研究 [J]. 公路交通科技, 2002, 19 (1): 72—75.

[40] 张捷. 新城规划与建设概论 [M]. 天津: 天津大学出版社, 2009.

[41] 张丽莉. 北京市城市道路交通需求管理研究 [J]. 交通与运输 2009, 1 (z1): 63—65.

[42] 张学波, 窦群, 赵金丽, 等. 职住空间关系研究的比较述评与展望 [J]. 世界地理研究, 2017, 26 (1): 32—44.

[43] 赵晖，杨开忠，魏海涛，等.北京城市职住空间重构及其通勤模式演化研究[J].城市规划，2013（8）：33—39.

[44] 郑思齐，张晓楠，徐杨菲，等.城市空间失配与交通拥堵：对北京市"职住失衡"和公共服务过度集中的实证研究[J].经济体制改革，2016（3）：50—55.

[45] 周江评，韩慧敏，耿雪，等.北京城市交通发展政策述评及对拥挤收费的讨论[J].城市交通，2011，9（4）：1—10.

[46] 周乐.对城市交通规划中职住平衡理念的再思考[J].城市交通，2018，16（3）：70—75.

[47] 周素红，闫小培.广州城市空间结构与交通需求关系[J].地理学报，2005，60（1）：131—142.

[48] 周素红，杨利军.广州城市居民通勤空间特征研究[J].城市交通，2005，3（1）：62—67.

[49] 祝超，孙玲，顾涛，等.北京市交通需求管理政策20年发展历程及反思[J].交通运输研究，2018，4（3）：1—8.

[50] ALONSO W. Location and land use, publications of the Joint Center for Urban Studies of the Massachusetts Institute of Technology and Harvard University [Z]. Cambridge, MA: Harvard University Press, 1964

[51] ANAS A, ARNOTT R, SMALL K A. Urban spatial structure [J]. Journal of Economic Literature, 1998, 36 (3): 1426-1464.

[52] AXISA J J, SCOTT D M, NEWBOLD K B. Factors influencing commute distance: a case study of Toronto's commuter shed [J]. Journal of Transport Geography, 2012, 24: 123-129.

[53] BERRY M. Housing affordability and the economy: A review of labour market impacts and policy issues [R], 2006.

[54] BOHTE W, MAAT K, VAN WEE B. Measuring attitudes in research on residential self-selection and travel behaviour: A review of theories and empirical research [J]. Transport Reviews, 2009, 29 (3): 325-357.

[55] BOUSSAUW K, NEUTENS T, WITLOX F. Minimum commuting distance as a spatial characteristic in a non-monocentric urban system: The case of Flanders [J]. Papers in Regional Science, 2011, 90 (1): 47-65.

[56] BURBY R J, WEISS S F, DONNELLY T G. New Communities USA [M]. Lexington, Mass: Lexington Books, 1976.

[57] CAO X, MOKHTARIAN P L, HANDY S L. Examining the impacts of residential

self-selection on travel behaviour: A focus on empirical findings [J]. Transport Reviews, 2009, 29 (3): 359-395.

[58] CERVERO R. Unlocking suburban gridlock [J]. Journal of the American Planning Association, 1986, 52 (4): 389-406.

[59] CERVERO R. Jobs-housing balancing and regional mobility [J]. Journal of the American Planning Association, 1989, 55 (2): 136-150.

[60] CERVERO R. Jobs housing balance as public policy [J]. Urban Land, 1991, 50 (10): 10-14.

[61] CERVERO R. Planned communities, self-containment and commuting: A cross-national perspective [J]. Urban Studies, 1995, 32 (7): 1135-1161.

[62] CERVERO R. Mixed land-uses and commuting: Evidence from the American Housing Survey [J]. Transportation Research Part A: Policy and Practice, 1996, 30 (5): 361-377.

[63] CERVERO R. America's Suburban Centers: The Land Use——Transportation Link [M]. New York: Routledge, 2018.

[64] CERVERO R, DUNCAN M. 'Which reduces vehicle travel more: Jobs-housing balance or retail-housing mixing? [J]. Journal of the American Planning Association, 2006, 72 (4): 475-490.

[65] CERVERO R, LANDIS J. The transportation-land use connection still matters [J]. Access Magazine, 1995, 1 (7): 2-10.

[66] CERVERO R, ROOD T, APPLEYARD B. Tracking accessibility: Employment and housing opportunities in the San Francisco Bay Area [J]. Environment and Planning A, 1999, 31 (7): 1259-1278.

[67] CLARK W, CADWALLADER M. Residential preferences: An alternate view of intraurban space [J]. Environment and Planning A, 1973, 5 (6): 693-703.

[68] DOWALL D E. The Suburban Squeeze: Land Conversion and Regulation in the San Francisco Bay Area [M]. California: Univ of California Press, 1984.

[69] ENGELS F. The Sondition of the Working Class in England [M]. The sociology and politics of health. London: Routledge, 2005: 22-27.

[70] ERICKSEN J A. An analysis of the journey to work for women [J]. Social Problems, 1977, 24 (4): 428-435.

[71] EWING R, CERVERO R. Travel and the built environment: A meta-analysis [J]. Journal of the American Planning Association, 2010, 76 (3): 265-294.

[72] EWING R, PENDALL R, CHEN D. Measuring sprawl and its transportation im-

pacts [J]. Transportation Research Record, 2003, 1831 (1): 175-183.

[73] FANNING MADDEN J. Why women work closer to home [J]. Urban Studies, 1981, 18 (2): 181-194.

[74] FENG J, DIJST M, PRILLWITZ J, et al. Travel time and distance in international perspective: A comparison between Nanjing (China) and the Randstad (The Netherlands) [J]. Urban Studies, 2013, 50 (14): 2993-3010.

[75] FORSTER C. Australian Cities: Continuity and Change [M]. South Melbourne, Vic: Oxford University Press, 1999.

[76] FRANK L D, PIVO G. Impacts of mixed use and density on utilization of three modes of travel: Single-occupant vehicle, transit, and walking [J]. Transportation Research Record, 1994, 1466: 44-52.

[77] GIULIANO G. Is jobs-housing balance a transportation issue? [J]. UC Berkeley: University of California Transportation Center, 1991: 305-312.

[78] GIULIANO G, SMALL K A. Is the journey to work explained by urban structure? [J]. Urban Studies, 1993, 30 (9): 1485-1500.

[79] GORDON P. The spatial mismatch hypothesis: Some new evidence [J]. Urban Studies, 1989, 26 (3): 315-326.

[80] GORDON P, KUMAR A, RICHARDSON H W. The influence of metropolitan spatial structure on commuting time [J]. Journal of Urban Economics, 1989, 26 (2): 138-151.

[81] GORDON P, RICHARDSON H W, JUN M-J. The commuting paradox evidence from the top twenty [J]. Journal of the American Planning Association, 1991, 57 (4): 416-420.

[82] HANDY S L, BOARNET M G, EWING R, et al. How the built environment affects physical activity: Views from urban planning [J]. American Journal of Preventive Medicine, 2002, 23 (2): 64-73.

[83] HANSEN, G W. How accessibility shapes land use [J]. Journal of the American Institute of Planners, 1959, 25 (2): 73-76.

[84] HOWARD E. Tomorrow: A Peaceful Path to Social Reform [M]. London: Swan Sonnenschein, 1885.

[85] HOWARD E. Garden Cities of Tomorrow [M]. London: Swan Sonnenschein, 1902.

[86] HOWARD E. Garden Cities of To-Morrow: A Peaceful Path to Real Reform [M]. London: Swan Sonnenschein, 1902.

[87] KASARDA J. Industrial restructuring and the changing location of jobs [J]. State of the Union: America in the 1990s, 1995, 1: 215-267.

[88] KWAN M P. Gender and individual access to urban opportunities: A study using space-time measures [J]. The Professional Geographer, 1999, 51 (2): 210-227.

[89] LEE B S, MCDONALD J F. Determinants of commuting time and distance for Seoul residents: The impact of family status on the commuting of women [J]. Urban Studies, 2003, 40 (7): 1283-1302.

[90] LEINBERGER C B. How business is reshaping America [J]. The Atlantic Monthly, 1986: 43-52.

[91] LEVINE J. Rethinking accessibility and jobs-housing balance [J]. Journal of the American Planning Association, 1998, 64 (2): 133-149.

[92] LEVINSON D M. Accessibility and the journey to work [J]. Journal of Transport Geography, 1998, 6 (1): 11-21.

[93] LEY D. Work-residence relations for head office employees in an inflating housing market [J]. Urban Studies, 1985, 22 (1): 21-38.

[94] LI L, LI S-M, CHEN Y. Better city, better life, but for whom?: The hukou and resident card system and the consequential citizenship stratification in Shanghai [J]. City, Culture and Society, 2010, 1 (3): 145-154.

[95] LI S-M, LIU Y. The jobs-housing relationship and commuting in Guangzhou, China: Hukou and dual structure [J]. Journal of Transport Geography, 2016, 54: 286-294.

[96] LOO B P, CHOW A S. Jobs-housing balance in an era of population decentralization: An analytical framework and a case study [J]. Journal of Transport Geography, 2011, 19 (4): 552-562.

[97] MA K R, BANISTER D. Excess commuting: A critical review [J]. Transport Reviews, 2006, 26 (6): 749-767.

[98] MARIA KOCKELMAN K. Travel behavior as function of accessibility, land use mixing, and land use balance: Evidence from San Francisco Bay Area [J]. Transportation Research Record, 1997, 1607 (1): 116-125.

[99] MILLS E S. Studies in the Structure of the Urban Economy [M]. Baltimore: John Hopkins Press, 1972.

[100] MOKHTARIAN P L, CAO X. Examining the impacts of residential self-selection on travel behavior: A focus on methodologies [J]. Transportation Research Part

B: Methodological, 2008, 42 (3): 204-228.
[101] MUMFORD L. The Urban Prospect [M]. New York: Harcourt, Brace & World 1968.
[102] MUTH R F. Cities and Housing: The Spatial Pattern of Urban Residential Land Use [M]. Chicago: University of Chicago Press, 1969.
[103] PENG Z-R. The jobs-housing balance and urban commuting [J]. Urban Studies, 1997, 34 (8): 1215-1235.
[104] ROLLESTON B S. Determinants of restrictive suburban zoning: An empirical analysis [J]. Journal of Urban Economics, 1987, 21 (1): 1-21.
[105] ROUNDTABLE C. Deconstructing jobs-housing balance [R]. Technical report, California Planning Roundtable, 2008.
[106] SAARINEN E. The city. Its growth. Its decay. Its future [J]. Journal of Aesthetics and Art Criticism, 1945, 3 (11): 87-88.
[107] SAARINEN E. City: Its Development, Decline and the Future [M]. New York: 1986. Harper Collins Publisher.
[108] SCHLEITH D, WIDENER M, KIM C. An examination of the jobs-housing balance of different categories of workers across 26 metropolitan regions [J]. Journal of Transport Geography, 2016, 57: 145-160.
[109] SCHWANEN T, DIELEMAN F M, DIJST M. Travel behaviour in Dutch monocentric and policentric urban systems [J]. Journal of Transport Geography, 2001, 9 (3): 173-186.
[110] SCOTT D M, KANAROGLOU P S, ANDERSON W P. Impacts of commuting efficiency on congestion and emissions: Case of the Hamilton CMA, Canada [J]. Transportation Research Part D: Transport and Environment, 1997, 2 (4): 245-257.
[111] SHEN Q. Location characteristics of inner-city neighborhoods and employment accessibility of low-wage workers [J]. Environment and Planning B: Planning and Design, 1998, 25 (3): 345-365.
[112] SHEN Q. Spatial and social dimensions of commuting [J]. Journal of the American Planning Association, 2000, 66 (1): 68-82.
[113] SHIRGAOKAR M. Employment centers and travel behavior: Exploring the work commute of Mumbai's rapidly motorizing middle class [J]. Journal of Transport Geography, 2014, 41: 249-258.
[114] SILVEIRA NETO R, DUARTE G, PáEZ A. Gender and commuting time in São

Paulo metropolitan region [J]. Urban Studies, 2015, 52 (2): 298-313.

[115] SINGELL L D, LILLYDAHL J H. An empirical analysis of the commute to work patterns of males and females in two-earner households [J]. Urban Studies, 1986, 23 (2): 119-129.

[116] STEAD D. Relationships between land use, socioeconomic factors, and travel patterns in Britain [J]. Environment and Planning B: Planning and Design, 2001, 28 (4): 499-528.

[117] STEAD D, MARSHALL S. The relationships between urban form and travel patterns: An international review and evaluation [J]. European Journal of Transport and Infrastructure Research, 2001, 1 (2): 113-141.

[118] SULTANA S. Job/housing imbalance and commuting time in the Atlanta metropolitan area: Exploration of causes of longer commuting time [J]. Urban Geography, 2002, 23 (8): 728-749.

[119] SULTANA S. Effects of married-couple dual-earner households on metropolitan commuting: Evidence from the Atlanta metropolitan area [J]. Urban Geography, 2005, 26 (4): 328-352.

[120] SUZUKI T, LEE S. Jobs-housing imbalance, spatial correlation, and excess commuting [J]. Transportation Research Part A: Policy and Practice, 2012, 46 (2): 322-336.

[121] TAYLOR B D, ONG P M. Spatial mismatch or automobile mismatch? An examination of race, residence and commuting in US metropolitan areas [J]. Urban Studies, 1995, 32 (9): 1453-1473.

[122] WACHS M, TAYLOR B D, LEVINE N, et al. The changing commute: A case-study of the jobs-housing relationship over time [J]. Urban Studies, 1993, 30 (10): 1711-1729.

[123] WANG D, CHAI Y. The jobs-housing relationship and commuting in Beijing, China: The legacy of Danwei [J]. Journal of Transport Geography, 2009, 17 (1): 30-38.

[124] WANG F. Job proximity and accessibility for workers of various wage groups [J]. Urban Geography, 2003, 24 (3): 253-271.

[125] WATTS M J. The impact of spatial imbalance and socioeconomic characteristics on average distance commuted in the Sydney metropolitan area [J]. Urban Studies, 2009, 46 (2): 317-339.

[126] WEITZ J. Jobs-housing Balance [M]. Chicago: American Planning Association

Chicago, IL, 2003.

[127] WEITZ J, KLIMSTRA D S, CYMES K, et al. Management of primary liver sarcomas [J]. Cancer: Interdisciplinary International Journal of the American Cancer Society, 2007, 109 (7): 1391-1396.

[128] WHITE M J. Firm suburbanization and urban subcenters [J]. Journal of Urban Economics, 1976, 3 (4): 323-343.

[129] WINDSOR D. Fiscal Zoning in Suburban Communities [M]. Idaho Falls: Lexington Books, 1979.

[130] WYLY E K. Containment and mismatch: Gender differences in commuting in metropolitan labor markets [J]. Urban Geography, 1998, 19 (5): 395-430.

[131] ZHAO P. The impact of the built environment on individual workers' commuting behavior in Beijing [J]. International Journal of Sustainable Transportation, 2013, 7 (5): 389-415.

[132] ZHAO P, LÜ B, DE ROO G. Impact of the jobs-housing balance on urban commuting in Beijing in the transformation era [J]. Journal of Transport Geography, 2011, 19 (1): 59-69.

[133] ZHAO P, LÜ B, WOLTJER J. Consequences of governance restructuring for quality of urban living in the transformation era in Beijing: A view of job accessibility [J]. Habitat International, 2009, 33 (4): 436-444.

[134] HORNER M, MURRAY A. A multi-objective approach to improving regional jobs-housing balance [J]. Regional Studies, 2003, 37 (2): 135-146.

第二章　职住平衡测定方法与标准

第一节　基于空间分区的测定方法

在一定区域内,工作岗位和住房之间的数量关系是对于职住关系最传统的测定方法(Cervero,1989;Peng,1997)。常用指标主要包括职住数量比(简称职住比)、自足度、空间职住相异指数等。

一、职住数量比

职住数量比(jobs-housing ratio)是指一定空间单元内就业岗位数量与住房数量(或居住人口数量)的比值。这种方法简单明了,数据易获得,应用广泛。例如,Cervero(1989)采用美国1980年普查数据对旧金山-奥克陆-圣何塞标准化综合统计区(San Francisco-Oakland-San Jose standardized consolidated statistical area,SCSA)中22个最大的社区展开了研究,发现这22个社区的工作岗位数量之和与住房数量之和大致相似,总职住比为1.05。但社区单独的职住比间存在非常大的差异,如戴利城(Daly City)的职住比为0.35,可被看作一个"卧城",帕洛阿尔托(Palo Alto)的职住比高达2.03,是一个集聚度很高的"就业中心"。

学者进一步对"职住比"指标做出扩展。如梁海艳等(2014)选取"昼夜人口密度比R"反映一个区域的职住平衡情况,其计算公式如下:

$$R = P_d/P_n$$

其中：P_d 和 P_n 分别为白天人数和夜间人数，可分别用就业人口数和居住人口数替代。昼夜人口密度比即在本区域内就业人口数与居住人口数之比。

早期"职住比"的测算数据主要来自统计年鉴数据，虽易获得，但数据的时间和空间颗粒度都比较粗，且更新缓慢。随着大数据技术发展和数据开放性增强，基于高时空精度的空间位置数据，例如 GPS 数据、手机信令数据等逐渐被用于识别职住位置和测定职住平衡。

采用时空大数据测定职住平衡的方法大体可分为两类。方法一是识别出单元格内白天工作时段人口活动强度和夜晚休息时段的人口活动强度，然后将两个数值进行比对，采用该人口活动强度比值指示职住平衡的高低。一般认为，比值接近于1（例如0.8～1.2），则职住平衡度较高。例如，冷炳荣等（2015）采用该方法，利用百度热力图测定了重庆主城区的工作时段和休息时段人口活动强度值之比，以反映区域职住平衡情况。赵鹏军等（2019）采用该方法，应用腾讯热力图数据和新浪微博签到数据对北京市职住平衡进行测定，将结果同人口普查数据所得出的职住平衡结果进行了比对。这种方法的公式如下：

$$A_i = P_i^{Wt} / P_i^{NWt}$$

式中：A_i 是空间单元 i 的人口活动强度系数（职住平衡水平），Wt 和 NWt 分别代表工作、休息时间段；P_i^{Wt} 和 P_i^{NWt} 分别代表工作时间段和休息时间段空间单元 i 的活动人口数量。

方法二是先识别出个体居民的居住地和就业地，再计算空间单元格内的就业岗位数量同居住人口数量的比值。赵鹏军等（2019）应用手机信令数据，在识别出居民的居住地和就业地之后，对街道单元格内的就业岗位数和居住人口数的比值进行计算，用以反映街道单元的职住平衡程度。

在职住平衡的测定过程中，对单元格内就业与住房（或居住人口）数的比较容易忽视区域整体就业和人口分布差异所造成的单元格之间可比性较低的情况，为此，学者们对单元格就业和人口数进行了加权处理。例如，孙斌栋等（2008）在对上海职住平衡的研究中，构造了就业-居住空间均衡指数 Z_{ij}，其实质是比较研究单元就业人口占全市比重与研究单元居住人口占全市比重之间的关系。计算公式如下：

$$Z_{ij} = \frac{Y_{ij}/Y_i}{R_{ij}/R_i}$$

其中：i 代表某一年份；Y_{ij} 和 R_{ij} 分别是 j 区的就业人口数和常住人口数；Y_i 和 R_i 是全市的总就业人口数和常住人口数。Z_{ij} 越接近1，j 区的居住与就业空间匹配相对越均衡。若 Z_{ij} 大于1，本区域居住人口比重低于就业岗位比重，就业功能较强，反之，则居住功能更强。城市中各区 Z_{ij} 值的标准差代表全市层面居住和就业空间均衡情况。

朱丽霞等（2014）对就业-居住空间均衡指数 Z_{ij} 做了修正，采用就业者比重与居住者比重差值反映研究单元的职住平衡情况，Z'_{ij} 的绝对值越大，说明就业-居住分离程度越严重，计算公式如下：

$$Z'_{ij} = Y_{ij}/Y_i - R_{ij}/R_i$$

二、自足度

学者们发现在一些工作岗位和住房数量大致相等的区域内，虽职住平衡程度较高，但仍存在相当多居民存在日常长距离和长时间通勤行为。主要原因在于职住数量比仅仅是一个数字现象，反映的是一个区域拥有"平衡"的基础和潜力。Cevero（1989）采用自足度（levels of self-containment）的概念来衡量这种潜力的实现程度，即社区内的就业者中本地居民的占比或社区内的居民中本地就业者的占比情况。比值越高意味着自足度越高，职住平衡水平越高。计算公式如下：

$$\text{SCD}_1 = \frac{R\&W_{\text{number}}}{R_{\text{number}}}$$

$$\text{SCD}_2 = \frac{R\&W_{\text{number}}}{W_{\text{number}}}$$

其中：SCD 为自足度，$R\&W_{\text{number}}$ 为在本区域居住且就业的居民数量，R_{number} 为本区域居住者数量，W_{number} 本区域就业者数量。SCD_1 和 SCD_2 是区域内居住并工作的人数与该区域内总居住人数或总就业人口数的比值。

事实上，欧洲学者更早开始对职住自足度进行研究。例如，Sachs

(1986)发现绍姆堡(Schaumburg)32 000个劳动力中只有18.1%住在本社区,三分之二的就业者都居住在距他们就业地10英里①外的地方。橡树溪(Oak Brook)35 100个劳动力中只有2.5%居住在本地,超过60%的就业者居住在10英里以外的地方。而这背后的原因,Sachs认为就是中等收入工作者在就业地附近无法找到可负担价格的住房。

国内学者对职住自足度的方法也进行了应用和完善。例如,徐卞融和吴晓(2010)在"自足度"概念的基础上,对上述测定方法做了一定的延伸和改良,提出自足性指数、居住独立性指数和就业独立性指数,其计算公式如下:

$$Cf_i = \frac{SCD_{1i}}{Avg(SCD_{1i})}, \ (i = 1, 2, \cdots, n)$$

$$Rs_i = \frac{(1 - SCD_{1i})}{Avg(1 - SCD_{1i})}, \ (i = 1, 2, \cdots, n)$$

$$Es_i = \frac{(1 - SCD_{2i})}{Avg(1 - SCD_{2i})}, \ (i = 1, 2, \cdots, n)$$

其中:SCD_{1i}是在i单元内居住并工作的人数与总居住人口的比值;SCD_{2i}是在i单元内居住并工作的人数与总就业人口的比值。$Avg(X)$代表区域内n个统计单元相应指标X的平均值。Cf_i是自足性指数,该值越高,表明职住平衡水平越高。Rs_i和Es_i是居住独立性指数和就业独立性指数,代表在其他单元居住或工作的人口比重。同时,在以上三个指标的基础上,计算出职住分离指数(Z_i)和居住-就业吸引度指数(T_i)。其计算公式如下:

$$Z_i = \frac{Rs_i + Es_i}{Cf_i}$$

$$T_i = \frac{Es_i}{Rs_i}$$

职住分离指数(Z_i)越高,表明该统计单元的住房机会与就业机

---

① 1英里(mile)≈1.609千米(km)。

会越不平衡。居住-就业吸引度指数（T_i）越高，表明相比于房源，就业机会更充足；反之则说明适合流动人口的房源充足，相对匮乏的是就业机会。

岗位-就业比指数是自足度指标的另一种发展，反映了就业岗位在数量上是否能够满足本地就业者的需求。Cervero（1996）测定了区域内工作岗位数量和就业人员数量之比，对20世纪80年代美国旧金山湾区的23个大城市职住平衡情况进行了测定。计算公式如下：

$$JE_i = \text{Job}_i / \text{Emp}_i$$

其中：Job_i和Emp_i分别为分区i范围内的就业岗位和就业人口数量，JE_i为岗位-就业比，比值在1左右，说明区域内就业岗位和就业者数量匹配，职住平衡较好。

三、通勤比

职住关系分离的直接影响是产生了通勤流。因此可通过空间单元的通勤流情况来判断职住平衡程度。对某一个空间单元来讲，就业和住房均在单元内部的居民的通勤出行均起止于该单元。相应地，若居民就业或住房不在单元内部，则通勤出行的起止地也就位于该单元外部。通过测定空间单元内的内部通勤与外部通勤的比值可以反映职住平衡程度，这一比值越高，空间单元的职住平衡度越高。计算公式如下：

$$\text{IOC} = \text{In\_trips} / \text{Out\_trips}$$

式中：IOC为区域内外通勤比；In_trips和Out_trips分别为居住和就业同在本区域和不同在本区域的全日出行次数。IOC越高，代表在本区域居住且就业的人口数量比重越高，职住平衡水平越高。已有研究分别在交通小区、街道办事处、行政区、片区+新城四个层面分析2010年北京市内外通勤比，认为片区+新城是最为合适的研究尺度，通州、亦庄内外通勤比较小（IOC=0.3~0.4），昌平、顺义、丰台内外通勤比较大（IOC>1.0），中心城区内外通勤比区间为0.2~0.5。

该方法的优点在于可以在无法直接获得居住和就业人口数据的情况下，通过交通流监测技术获得单元格的交通通勤情况，进而间接地测定职住平衡，从本质上来讲，通勤比方法是自足度的另外一种表达。该方法在国内已有学者应用（史亮，张鑫，2013）。

四、职住匹配指数

职住平衡除了职与住总量上的对等，还应该有类型上的匹配（match）。职住匹配包括两种情况：一种是基于集体或群体视角的职住类型在空间上的匹配；另一种是基于个体视角的就业能力与就业机会之间，或住房可支付能力与住房价格之间的社会匹配。

Kain（1968）首先提出空间不匹配论点 SMH（spatial mismatch hypothesis），描述美国黑人的劳动力市场和其居住区分布的不匹配情况。作者认为城市中心区就业机会随着产业郊区化前往郊区，但黑人群体没有足够的住房和交通成本支付能力搬到郊区去住，通过住房的郊区化来实现职住平衡，结果导致其职住空间不匹配（Ihlanfeldt, 2006），这也是造成黑人群体低就业率和低收入水平的原因之一（Gobillon et al., 2007）。

空间不匹配论点引起了一场关于种族和城市空间结构如何影响城市劳动力市场的争论（E. Wang et al., 2011）。一些学者认为造成职住不匹配的原因主要是种族而非空间要素（Ellwood, 1986；Hellerstein et al., 2008）。基于此，有学者对空间不匹配论点进行了实证研究。最初关注的是居住在城市中心区的就业者同郊区工作岗位之间的空间关系；后来，越来越多的学者倾向于关注就业机会与劳动者技能之间的不匹配（skill mismatch），也就是从空间不匹配深入到机会与能力的不匹配（Gobillon et al., 2007）。

相较于高收入群体，低收入群体可支付住房选择少，就算是在就业集中区域有一定数量的住房机会，也不一定能够通过自身能力获得这些机会（Benner et al., 2016），这就会导致职住不匹配。尽管职住匹配指数要比职住数量比更能体现职住关系的社会真实情况，但是在具体操作上却面临一定困难（Cervero et al., 1996；Smith, 2012）。Benner 和 Karter（2016）研究了低收入者的职住匹配度（low-wage jobs-housing fit），旨在衡量低收入群体的工作岗位与可支付性住房的匹配程度。他们提出了一个基础的测定方法，即低收入的岗位数量与可支付住房的数量之比，公式如下：

$$\text{JHfit}_i = \sum_j \frac{\text{low-wage-jobs}_j}{\text{Aff. Rentals}_j}$$

JHfit_i 是 i 地区的职住匹配指数，j 是地区 i 内的空间单元（街区）编号，low-wage-jobs_j 是 j 单元内的低收入的岗位数量，Aff. Rentals_j 是 j 单元内的可支付住房（affordable）数量。与传统职住数量比所测定出来的职住平衡结果相比，Benner 和 Karter（2016）基于职住匹配指数测定结果发现了新的现象，在低收入群体集聚的区域，可支付住房处于大量短缺状态，如果不改变区域的住房类型供给结构，很难实现真正意义上的职住平衡。

五、空间职住相异指数

空间职住相异指数（spatial dissimilarity index）最初被用来衡量美国大都市区不同种族人群的居住分异情况（Boustan et al., 2009；Christopher, 2005；Cutler et al., 1999；Gobillon et al., 2007；Weinberg, 2000）。因该指数可以较好地测量居民对于工作岗位的邻近度或大都市区内居住区与就业区的分异程度（Raphael et al., 2002；Stoll, 2006），后来被用于测定职住平衡程度。例如，Charron（2007），Marion 和 Horner（2008）利用空间职住相异指数作为一种空间不匹配指数（spatial mismatch index, SMI），衡量区域的职住平衡程度，计算公式如下：

$$\text{SMI} = \frac{1}{2}\sum_i^n \left| \frac{p_i}{P} - \frac{e_i}{E} \right|$$

其中：E 和 P 是指研究区域内的总就业数和总人口数；e_i 和 p_i 是子区域 i 的就业数和人口数；n 是所有子区域的数量。SMI 代表着就业者倾向于就近居住的程度，SMI 越大代表不匹配程度越高，SMI 越小代表职住平衡程度越高。

六、就业可达性指标

可达性（accessbility）指的是居民可以获得某种机会的难易程度（Hansen, 1959）或潜力（Burns, 1980）。在交通研究中，可达性指到达各地点的容易程度（Cervero et al.，1997）。就业可达性指的是居民通过某种交通方式在付出一定交通成本下所能获得的就业机会的多少，这一指标能够反映职住平衡的能力与机会对等的内涵，因而常被用来测定职住平衡（Cervero et al.，1999）。某个单元格的就业可达性数值越高，则这个单元格中居民的职住平衡度则越高。基础计算公式如下：

$$A_i = \sum_j (O_j \cdot c_{ij}^\alpha)$$

式中：A_i 是 i 单元对所有其他单元 j 的就业机会 O_j 的可达性，c_{ij}^α 是单元 i 至单元 j 之间的直线距离或交通成本（时间、距离、货币等），α 是就业机会随着距离衰减的强度系数。

就业可达性指标的优点是体现了就业对于居民的总量机会，而且是考虑了不同区域单元就业供给情况和交通成本之后的机会。相对于上面的职住平衡算法来讲，更凸显了就业机会与居民获得这种机会的能力（交通可支付能力）的影响。该指标的变化和演进也较多，如基于重力模型对距离衰减函数进行细化（Blumenberg et al.，2004），考虑就业机会竞争的可达性竞争指标（Shen，1998），考虑区域就业类型同就业者能力的可达性匹配模型（Shen，1998）等。

第二节　基于分区测定方法的尺度效应和测定标准

一、基于分区测定方法的尺度效应

基于分区的职住平衡测定方法面临的关键难题在于分区的空间单元大小如何确定，因为不同大小的空间单元所观测到的结果是不一样的。宏观尺度通常选取郡县（美国的 County）或都市区（metroplitan area），而这样的尺度更适宜采用自足度或职住数量比指标，从城市或单元整体去判断职住平衡度。在较大尺度空间区域内，工作和住房的数量往往趋于接近，但从就业者的职住匹配来看，仍然有很多就业者每天不得不忍受长距离的通勤。若采用职住匹配或可达性作为测定指标，相比于宏观层面和微观层面（社区或邻里单元），更适合从中观尺度（美国的城市 City 或中国城市的区县尺度）去研究。微观尺度通常选取社区或邻里单元（community，neighborhood）。在这个尺度上，职住匹配指数或通勤比指标能够反映出居民的居住和工作空间关系。但在这一尺度上的职住平衡测定需要注意邻里单元之间因家庭居住区位选择而带来的差异。

职住平衡研究单元的边界划分，通常会考虑到数据的采集单元或政策应用单元。例如，行政区、普查区、交通小区等单元经常被采用，主要因为居住和就业数据多为官方的普查数据或年鉴数据，而这些数据的统计口径通常以行政区、普查区等为基本单元进行采集。如Giuliano（1991）以普查区为单元，测定了洛杉矶奥兰治县（Orange County）从1940年到1985年的职住平衡水平变化。Frank（1994）和Raja（2012）等人均以普查区为单元，分别对华盛顿州和达拉斯州的职住平衡进行了测定。Miller（2010）以行政区为单元，计算里士满地区（Richmond Area）各个县的职住平衡。

以行政区、普查区等为单元，虽然数据易获取，但往往存在单元面积差异大、可比性差等问题。为了解决这些问题，一些学者根据职住平衡内涵的研究重点，自行确定研究边界。如Cervero（1989）以郊区就业中心为核心划定3英里（约4.83千米）为合适的研究范围；Wang（2000）则选取了半径为12.5英里（约20.1千米）的研究范围；Peng（1997）选择一个5~7英里（8.05~11.27千米）的动态窗口区域（floating catchment areas）来测定职住平衡（表2.1）。

表2.1 研究尺度举例

作者（年份）	研究对象	空间尺度	测定方法
Giuliano，1991	洛杉矶	县（County）	职住数量比 自足度
Frank，1994	华盛顿区域皮吉特湾	普查区	职住数量比
Cervero，1996	旧金山湾区	县（County）	职住数量比
Cervero，1995	英国、巴黎、斯德哥尔摩新城	社区	职住数量比
Yang和Ferreira，2005	波士顿和亚特兰大	普查区	职住数量比

(续表)

作者（年份）	研究对象	空间尺度	测定方法
Miller, 2010	里士满地区	县（County）	职住数量比
Raja, 2012	达拉斯州	普查区	职住数量比
Cervero, 1989	芝加哥和洛杉矶	以郊区就业中心为核心的3英里圆形区域	职住数量比
Wang, 2000	芝加哥	以12.5英里为半径的圆形区域	职住数量比
Peng, 1997	俄勒冈州波特兰	以5～7英里为半径的圆形区域	职住数量比

二、基于分区测定方法的职住平衡标准

职住平衡的标准是职住平衡理论研究和政策实践的焦点，也是一个难题。由于测定方法和数据的不同，职住关系指标数值确切在什么情况下可以认为是"平衡"？对于这个数值的精确回答，目前尚无定论。但学者们形成一个基本共识："平衡"的标准应该是一个范围，而非一个绝对的数值。

对于职住数量比的方法，目前被最为接受的职住平衡标准为0.8～1.2或0.75～1.25，职住数量比在这个数值范围内则意味着较好的职住平衡。Margolis（1973）根据经验法则（the rule of thumb），认为当一个社区内的工作数量与住房数量之间的比值在0.75～1.25时，这个社区被认为是职住平衡的。Cervero（1989）认为合理的职住平衡值上限为1.5，这样的标准基于美国90%的房屋是两人或两人以上居住，70%的非独居家庭拥有至少两个孩子的假设条件。Sultana（2002）在研究亚特兰大都市区的职住平衡情况时，参考了Cervero（1989）对于职住平衡的定义。但她认为，大尺度的区域一般更容易实现数量上的职住平衡，因而，面对研究的空间尺度范围为7英里范围的交通分析小区TAZ时，上限为1.5的平衡标准不太实用，而是采用了0.75～1.25的平衡标准。

除了空间单元的大小尺度，区域的通勤情况也是决定职住平衡标准的重要来源。例如，Frank 和 Pivo（1994）在对华盛顿人口普查区的研究中，根据通勤距离的变化情况，选取的平衡标准为职住比为 0.8~1.2。到达职住平衡标准的普查区的居民通勤距离（6.9 英里）比其他地区（9.6 英里）短了 28%。Peng（1997）根据波特兰大都市区居民的平均出行距离，确定了交通分析区 TAZ 范围，选取的职住平衡标准为 1.2~2.8。研究同样指出，这一捕捉区域是合理的但同样无法推广应用到不同规模尺度的大都市地区，平衡范围会因捕捉范围、出行时间等差异而不同。冷炳荣等（2015）借鉴前人的成果，认为当热力图活动强度比在 0.8~1.2 时是一种相对平衡的状态。

事实上，对于职住比在怎样的范围内算作"职住平衡"，不同的研究有着不同的界定标准。同时，空间尺度、交通设施、地理背景及社会文化因素也对平衡标准具有重要的影响。因此，近些年大多研究中均没有给出"平衡的标准"，而是通过不同单元的纵向对比，或不同区域之间的横向对比，给出"相对平衡"或"相对不平衡"的结论（表 2.2）。

表 2.2 平衡标准示例

指标方法	作者（年份）	空间尺度	数学方法	推荐平衡标准
职住比	Cerveo, 1989	城市	1.7 × 工作岗位数量/（0.9 × 非独居家庭数量）	1.5 以下
自足度	Cerveo, 1989	城市	就业、居住在同区域人数/就业者数量	1
职住比	Giuliano, 1991	县	就业岗位数量/人口数量	区域整体平均值
自足度	Giuliano, 1991	县	本地就业者数量/工作岗位数量	区域整体平均值
职住比	Ewing 和 DeAnna, 1996	开发区周边 3~5 英里	就业岗位数量/家庭数量	1.3~1.7

(续表)

指标方法	作者(年份)	空间尺度	数学方法	推荐平衡标准
职住比	Frank 和 Pivo, 1994	普查区	就业岗位数量/家庭数量	0.8~1.2
职住比	Peng, 1997	5英里范围的交通分析小区	就业岗位数量/家庭数量	1.2~2.8
职住比	Cervero, 1996	城市	就业岗位数量/就业者数量	0.8~1.25
职住比	Margolis, 1973	/	就业岗位数量/家庭数量	0.75~1.25
职住比	Sultana, 2002	7英里范围的交通分析小区	工作岗位数量/住宅单元数量	0.75~1.5
百度热力图活动强度比	冷炳荣等, 2015	居住组团	该组团白天与夜晚活动人口数量占比的比值	0.8~1.2

第三节 基于个体出行行为的职住平衡测定方法

从个体行为的角度来看,在一个区域内,当居民能够在一定的通勤距离内获得工作岗位,以及当就业者可在就业地附近获得充足可支付的住房选择的时候,即代表实现了个体层面的职住平衡(Giuliano, 1991)。较短的通勤距离和通勤时间则意味着个体层面较高水平的职住平衡(Ma 和 Banister, 2006)。因此,两个测定指标分别是通勤距离和通勤时间。

一、通勤距离

选择"通勤距离"衡量职住平衡多用于旨在优化城市居民出行行为以降低能源消耗、改善空气污染的政策性研究。如 Cervero(1989)

在研究洛杉矶地区的职住平衡状况时，采用通勤距离指标反映个体层面的职住平衡。Levine（1998）利用住宅与工作地间的距离指标测定个体水平的职住平衡。Crane（2007）对比了男性与女性群体的通勤距离均值和中位数，以反映个体职住平衡在性别层面的差异。Zhao（2011）控制了净住宅密度、就业岗位密度和到城市中心的距离等建成环境变量，测量就业者从家到工作地的通勤距离，反映不同类别人群的职住平衡情况。随着GIS与GPS技术的普及，学者开始将大数据研究方法引入职住关系的研究中，龙瀛等（2012）通过上海市民公交IC卡上记录的时空轨迹信息来获取个体居住地、就业地、通勤距离和时间，从而分析职住关系。

通过通勤距离测定职住平衡的评价标准尚未统一。Levinson（1994）建议，6～8英里（9.7～12.9千米）对于开车通勤的人来说是一个合适的出行距离，即实现了职住平衡，Deakin（1989）则认为3～10英里（4.8～16.1千米）比较合适。Cervero（1989）以郊区就业中心附近3英里（4.8千米）半径范围的辐射区作为职住平衡地带。然而，由于Pisarski（1987）曾对全国郊区-郊区的通勤距离做了估算，约为9英里（14.5千米），因此Giuliano（1991）认为Cervero（1989）研究中3英里的辐射区是过小的，认为8～14英里为更合适的通勤范围。

二、通勤时间

在基础设施建设相对完善的地区，相比于距离，通勤者往往更关注通勤过程中的时间消耗。通勤时间是一个相对综合的指标，受距离和交通方式影响。因此相较通勤距离能够更好地适用于检验通勤行为（Cervero，1989；Downs，2000；Dubin，1991；Levinson et al.，1994）。一般来说，较短的通勤时间意味着个体层面较好的职住平衡，反之亦然。大量研究采用"通勤时间"指标，衡量个体层面的职住平衡。Giuliano（1991）在美国最大的一些城镇化地区的研究中，采用通勤时间测定个体层面的职住平衡，并与空间上的职住平衡数量特征进行对比。

值得注意的是，通过个体通勤时间指标测定职住平衡的标准依然很难确定。大多研究并未给出严格的"平衡"标准，而是通过测算不同群体或不同区域的通勤者的平均通勤时间，对比得出不同群体之间职住平衡的相对水平（Cervero et al., 1996；Crane, 2007；Giuliano, 1991；Li et al., 2016；Wachs et al., 1993；D. Wang et al., 2009）。如Giuliano（1991）依据工作和居住的地点将目标人群分成六类，分别计算得到不同群体的通勤时间：中心城区内—CBD（33.4分钟），中心城区内—中心城区内和CBD外（25.5分钟），中心城区内—中心城区外（29.9分钟），中心城区外—CBD（42.1分钟），中心城区外—中心城区内和CBD外（33.0分钟），中心城区外—中心城区外（19.5分钟）。研究得出初步结论，居住和工作都在中心城区外的人群，职住平衡水平最高。Wachs等（1993）测定南加州的居民职住平衡情况时，按照交通方式不同将通勤者分为四类：①开车上下班的人平均通勤时间最短（22.9分钟），②骑自行车或者步行的人平均通勤时间为27.8分钟，③通过拼车或者班车的人通勤时间平均为41.6分钟，④采用公共交通方式出行的人通勤时间最长，达到59.6分钟。Cervero（1995）对比了就业型、居住型和规划平衡型三类社区居民的通勤时间，研究发现就业型社区居民平均通勤时间最小，个体职住平衡程度最高，规划的职住数量平衡的社区居民通勤时间反而较高。Sultana（2005）对比了亚特兰大地区单职工家庭和多职工家庭就业者的平均通勤时间，单职工家庭就业者的平均通勤时间（32.83分钟）显著高于双职工家庭（31.39分钟）。

通勤时间测量方法简单，可操作性强。但正如梁海艳等（2014）认为，不同规模、等级城市的居民对于通勤时间的接受、容忍范围不同，相同的通勤时间对不同城市居民可能带来差异很大的心理感受。不考虑城市规模及内部交通基础设施情况，直接对通勤距离与时间进行对比分析是不合理的。如在北京等中国特大城市，居民可能觉得1个小时的通勤时间很平常；而在一些规模等级较低的三四线城市，最大跨度方向的出行可能还不足50分钟。因此，通勤时间只有在同等级、同规模的城市间对比才有意义。

第四节 现有职住平衡方法的总结

在综合回顾前人文献的基础上，笔者进一步从地域和个体两个视角出发，梳理出9种方法及18个指标测定职住平衡，见表2.3。其中职住比、自足度、职住混合度和内外通勤比四种方法适用于分区层面的研究尺度；就业居住离散度、空间不匹配指数和职住均衡度三种方法更适于分析全市层面的职住平衡；通勤距离和通勤时间用于测定个体层面的职住平衡。数据来源包括传统的统计年鉴、公报等官方发布数据，针对居民个体行为的问卷调查及移动互联网时代下的手机信令大数据等。

表 2.3 职住平衡测定方法总结表

测定方法	测定指标	理论依据	提出背景	核心基础要素	适用空间尺度	优势	劣势
职住比	职住数量比	城市生态学理论、政治经济学理论、城市空间结构与交通关系理论	20世纪80年代，美国郊区化	就业岗位数量、住房数量	分区职住平衡	数据获取容易；计算简单；代表实现较短通勤的潜力	不能反映实质是否职住平衡
	昼夜人口密度比		21世纪，中国郊区化、大数据时代	就业人口数量、居住人口数量		数据获取容易；计算简单	不能反映实质是否职住平衡；居住、就业人口数量替代夜晚、白天人口数存在误差
	就业居住偏离度指数		21世纪，中国大城市郊区化	全市就业人口数、常住人口数；i区常住人口数、就业人口数		数据获取容易；计算简单；代表实现较短通勤的潜力	不能反映实质是否职住平衡

第二章 职住平衡测定方法与标准

（续表）

测定方法	测定指标	理论依据	提出背景	核心基础要素	适用空间尺度	优势	劣势
	低收入者职住匹配度	城市生态学理论、政治经济学理论、城市空间结构与交通关系理论	20世纪90年代，美国低收入人群职住匹配情况较差	低收入工作岗位数量、租金可负担的住房数量	分区职住平衡	计算简单；关注低收入岗位与低租金住房的区域内匹配；反映分区内低收入群体住房选择是否充足	不能反映实质是否职住平衡
	百度热力图活动强度职住比		21世纪，中国大城市的郊区化和大数据技术的普及	特定时间段全市活动人口数量，i区活动人口数量		大数据具有大量、高速、多样、真实等特点	操作复杂；因数据于手机App数据，不同年龄段的人群具有不同的使用习惯，因而所代表的样本群体具有一定偏差性；用活动人口数表征"职"与"住"将产生一定的偏差性
自足度	自足度	经济权衡理论、社会聚集理论	20世纪80年代，美国郊区化	在本区域工作的总人数，在本区域居住的总人数，在本区域工作且居住的人数	分区职住平衡	计算简单；可衡量区域内职住平衡实现的"质量"	数据获取困难
	自足性指数						
	居住独立性指数						
	就业独立性指数						
	职住分离指数		21世纪，中国郊区化				
	居住-就业吸引度指数						

(续表)

测定方法	测定指标	理论依据	提出背景	核心基础要素	适用空间尺度	优势	劣势
就业居住离散度		信息论中离散熵的理论	21世纪，广州郊区化	i区人口数、j区就业数、i区和j区之间距离	城市职住平衡	引用信息论中"熵"的定义	计算过程相对复杂
空间不匹配指数		空间不匹配假说	二战后，美国黑人就业郊区化住房中心化	全市就业人口数、常住人口数；i区常住人口数、就业人口数	城市职住平衡	数据获取容易；计算简单；代表实现较短通勤的潜力	不能反映实质是否职住平衡
职住混合度		—	20世纪90年代，美国郊区化	就业岗位数量、就业人口数量	分区职住平衡	数据获取容易；计算简单	指标着重衡量就业空间分异程度，缺乏对"住"的直接考量
职住均衡度		—	21世纪，中国郊区化	居住组团i到就业中心的距离、居住组团的就业人口数量	城市职住平衡	反映实现较短通勤的潜力	不能反映实质是否职住平衡
内外通勤比		城市空间结构与交通关系理论	21世纪，中国郊区化	居住和工作同在和不同在本区域的全日出行次数	分区职住平衡	直接采用出行指标衡量，反映"职住平衡"旨在缩短通勤的本质	数据来源抽样调查可能与实际存在偏差

(续表)

测定方法	测定指标	理论依据	提出背景	核心基础要素	适用空间尺度	优 势	劣 势
通勤距离		经济权衡理论、生活方式理论、社会聚集理论、时空间约束理论	21世纪，中国城市蔓延、郊区化	距离	个体职住平衡	通勤距离与交通量直接相关；适用于降低能源消耗、改善空气污染的政策性研究	相同通勤时间给不同等级规模城市的居民带来的心理感受差异很大，不同级别城市之间的通勤时间直接比较没有意义
通勤时间		经济权衡理论、生活方式理论、社会聚集理论、时空间约束理论	21世纪，中国城市蔓延、郊区化	时间	个体职住平衡	是相对综合的指标，受距离和交通方式影响；能够更好地适用于检验工作者的通勤行为	

在测定地域视角下职住平衡的方法中，"职住比"和"自足度"是受到最多关注和应用的。两种方法都具有测算简单的优点。差异在于，首先"职住比"仅仅能够反映一个地区实现居民层面职住平衡的潜力，是数量上的平衡。换句话说，即使这一区域已经实现了职住数量上的平衡，市场分配和个体选择的最终结果依然不可避免地导致一部分人承受较长的通勤距离和时间。而质量上的平衡则由"自足度"体现，反映了本区域内工作且居住的总人数占比。然而很多研究中，由于无法获得在区域中工作且居住的人数数据，大多选用数据更易获取的"职住比"来测定。

低收入群体的职住匹配得到了很多学者关注。一方面，城市内的每个人都有选择工作和居住地点的自由，并拥有充足多样的机会权利可供选择。另一方面，政府同样应该促进社会公平，尤其是弱势群体也能受到平等和公正的对待。相对来说，低收入、低工作技能群体普遍拥有较少的住房和就业选择，实现职住平衡较为困难。因而，关注特定群体的职住匹配测定具有较强的针对性和实践意义。

通勤距离和通勤时间是衡量个体层面职住平衡的测定指标。相较而言，通勤时间是相对综合的指标，受距离和交通方式影响，能够更好地适用于检验工作者的通勤行为。然而，不同规模等级的城市居民对于通勤时间的接受度和容忍度差异很大，单纯利用通勤时间对不同城市的居民职住平衡情况进行对比不尽合理。

第五节　基于"职与生活均衡"的测定方法

一、理论依据

（一）效用理论

效用（utility）是指人们做出某种消费决策时的综合价值度量，即在消费某种物品和服务时所获得的满意程度（张毅，2015）。效用理论基于"理性人"假设，由行为决策理论衍生而来，认为个体在面临多重选择时，会以效用最大化为原则选择最佳的决策方案。

基于效用理论，可以认为个体的出行行为同样遵循经济效用最大化原则。由于出行策略的效用值不易被直接观测，因此在交通科学研究中，将出行策略的效用值看作是随机的，从而产生了随机效用理论（Manski，1977）。这一理论认为，个体基于出行消费的满意度来做出出行决策，选择某一种交通行为时往往基于自身效用最大化的考虑。据此引入恰当的效用函数，推导个体出行选择的数量模型。随机效用理论通常认为效用是一个随机变量，效用函数 $U(j)$ 由确定项和随机项两部分组成，同时假设确定项和随机项两者之间呈线性关系：

$$U_j = V_j + \varepsilon_j$$

根据效用最大化理论，出行者 n 选择方案 i 的概率为

$$P_{in} = \text{Prob}(U_{in} > U_{jn}; i \neq j, j \in A_n)$$
$$= \text{Prob}(V_{in} + \varepsilon_{in} \geq V_{jn} + \varepsilon_{jn}; i \neq j, j \in A_n)$$
$$0 \leq P_{in} \leq 1, \sum_{i \in A_n} P_{in} = 1$$

效用函数可以通过多种函数形式表达，目前常用的表达形式是线性函数：

$$V_{in} = \beta X_{in} = \sum_{k=1}^{k} \beta_k X_{kin}$$

在相关研究中，比较常用的模型包括二项 Logit 模型、多项 Logit 模型、Nested Logit 模型、多元 Probit 模型以及相关的变式模型（Cervero et al., 1997; Zhao, 2014; 陈燕萍等, 2011; 潘海啸等, 2009; 鲜于建川, 2009）。值得注意的是，不同社会群体对同一种交通行为的效用判断有差异，因此个体特征（社会经济属性、主观心理态度等）是人们做出出行行为决策时最基本的因素，也是上述各类模型的重要变量。

随机效用理论作为最基本的居民出行理论机制，揭示了人在做出行决策时也遵循效用最大化的经济原则。个体在出行决策中追求所得效用最大化，而效用的高低与个体社会经济属性的差异密切相关，当个体条件产生差异时，效用也随之变化。这就要求在出行相关研究中重视个体的社会经济属性特征及其变化。同时，离散选择与随机效用分析方法也为居住区位选择建立了一种动态模型结构，被广泛应用于居民的居住区位决策分析。

（二）生活方式理论

Lazer（1963）首次提出生活方式理论（life style patterns theory），并认为这是一个系统性的概念，其是指在集计和广义认知背景下的一种独特生活模式（living mode）选择，是一种源于社会大环境的动态生命体现。Plummer（1974）从四个主要维度总结反映生活方式的指标：活动、兴趣、意见和人口统计学信息（见表 2.4）。活动一栏反映如何分配、花费时间；兴趣一栏反映身边环境中的重要性排序；意见一栏是在表明对自己和周围世界的观点和态度；人口统计学信息则指的是如收入、教育、住所等方面的基本属性特征。

表 2.4 生活方式维度划分

活动	兴趣	意见	人口统计学信息
工作	家人	自身	年龄
爱好	住所	社会问题	教育

（续表）

活　动	兴　趣	意　见	人口统计学信息
社交	职位	政治	收入
度假	社区	商业	职业
娱乐	娱乐	经济	家庭规模
俱乐部会员活动	时尚	教育	住宅
社区	食物	产品	地理
购物	媒体	未来	城市规模
运动	成就	文化	生命周期阶段

资料来源：Joseph T. Plummer, 1974.

微观层面的职住平衡与个体住房、工作及出行行为选择直接相关。城市经济学经典理论基于理性经济人的假设。然而由于地理和社会环境的差异，个人的性格、行为偏好等存在差异，在现实中往往看到传统理论无法解释的结果。生活方式理论关注人们的日常生活及其情感、态度和观点。这种理论提供了一种更广阔的视角去理解居民个体和家庭层面的住房、工作选择和出行行为偏好。

（三）社会聚集理论

20世纪60年代，Tiebout在《一个关于地方支出的纯理论》中首先提出社会聚集理论。对地方政府而言，用脚投票是居民表达其真实（职住）意愿的机制。因此，在提供地方公共产品的问题上可能存在所谓的"市场解"。而事实上，公共产品的供给过程也正是社区或者城镇形成的过程（吕洪良，2013）。Tiebout的社会聚集理论认为，在理想模型中，提供无成本迁移的社区数量充足，居民可以自由选择匹配理想公共产品和税收的社区。选择的过程可被视为进入社区购买既定价格的社区服务，体现居民对于公共产品的真实偏好。从需求端来看，自由迁移可以保证居民物色到最满意的社区；从供给端来看，同类社区之间的竞争使得社区被迫将成本降到最低。居民的选择偏好和政府的激励机制共同决定了本地公共产品的有效供给，也促成了社区的形成。

伊文思在其所著的《城市经济学》中认为，类型相同的人希望就近居住主要受三大非经济因素影响。第一，人们具有同他们所期望的并更易结交为朋友的人居住邻近的倾向;第二,不同人群需要不同类型服务,在供应端追求规模经济的作用下,需要相同服务的人往往趋向于住在一起;第三,高收入阶层普遍追求较好的居住环境,并且拥有经济实力实现这样的愿望,因而在自然环境良好的郊区,很多时候趋向于成为高收入阶层聚居区。

(四)生活圈理论

"生活圈"的概念起源于日本。日本《农村生活环境整备计画》中提出,生活圈是在特定地理、社会村落范围内,人们日常生产、生活的诸多活动在地理平面上的分布(朱查松等,2010)。国内学者袁家冬等(2005)认为"日常生活圈"是城市居民的各种日常活动,如居住、就业和教育等所涉及的空间范围,是城市实质性的城市化地域。肖作鹏等(2014)总结认为,日常生活圈(daily life circle)是指居民以家为中心,开展购物、休闲、通勤(学)、医疗、社会交往等各种活动所形成的行为空间,实质上是通过包括通勤和非通勤的各种交通行为刻画的空间功能结构,其构成基础是居民个体与空间要素在时空上互动形成的活动模式。

20世纪50—60年代,日本为解决大城市在快速工业化与城市化的过程中出现的交通拥堵、环境污染等问题,提出"广域生活圈""地方生活圈""定住圈"等概念,试图辅助优化城市空间结构,从而提高居民生活水平。受日本影响,韩国等国家相继将"生活圈"概念引入城市与区域规划中(肖作鹏等,2014)。

在中国,生活圈规划是基于人的行为来组织城市生活空间、分配资源的重要工具,从而促进了"以人为本"的新型城镇化政策实施。2009年,广东省与香港、澳门地区共同启动编制了《共建优质生活圈规划》,强调优质生活圈追求生产、生活与生态之间的协调与平衡,着重保护生态环境和提高居民生活质量。同期,《海南省城乡经济社会发展一体化总体规划》提出通过构建4个都市生活圈及21个基本生活圈,来建设扁平化的社会空间,满足居民的工作、居住、休闲、就学、医疗及购物等基本需求。以基本生活圈为载体,完善路网结构,将通勤时间控制在30~40分钟。并在每个生活圈内,从人们的工作、居住、休闲、就学、医疗及购物等基本需求出发，配置社会服务，满足城乡居民的基本公共服务需求。最新一版上海市城市总体规划提出"15分钟社区生活圈"，作为营造社区生活的基本单元，在居民步行可达的范围内，配备生活所需的基本服务功能与公共活动空间，形成安全、友好、舒适的社区生活平台。

二、测定方法

（一）测定公式

如上文所述，真正的职住平衡是居民的就业、住房与相关公共服务设施之间的平衡。从个体层面来看，即从家到达工作地点和其他设施场所的出行时间均在一个合理范围内，各项设施和工作场所在以家为圆心的一定半径范围内。生活圈理论涉及的主要居民日常行为包括上班、上学、购物、外出就餐、外出休闲娱乐等。一般选取工作出行、接送子女出行、购物出行、外出就餐出行和户外活动出行所花费的单程时间以及工作地、就餐地、子女学校、购物地和户外活动地距离居住地的距离等，来表征居民在生活圈内的出行行为特征。

应用该方法测定职住平衡需要获取的数据包括居民就业地、居住地、子女学校地、外出就餐地、外出购物地、户外活动地的坐标，从而计算以居住地为中心，各项日常活动场所距其的距离；以及居民从居住地出发的通勤、接送子女、外出就餐、购物、户外活动等在不同交通方式下的出行时间。

通过分别对各项出行距离、时间进行加权求和，构造出职-住出行距离指数和职-住出行时间指数，测度个体日常的出行需求和出行能力，从而间接反映相对职住平衡水平。由此，可提出测定个体职住平衡水平的指标 JLD_d 和 JLD_t：

$$JLD_d = \beta_j d_j + \beta_e d_e + \beta_s d_s + \beta_l d_l + \beta_i d_i$$

$$JLD_t = \beta_j t_j + \beta_e t_e + \beta_s t_s + \beta_l t_l + \beta_i t_i$$

其中：JLD_d 为职-住出行距离指数；JLD_t 为职-住出行时间指数。β_j、β_e、β_s、β_l 和 β_i 分别是工作出行、接送子女出行、购物出行、外出就餐出行和户外活动出行的相关权重。d_j、t_j 分别是工作出行距离、时间。d_e、t_e 分别是接送孩子的出行距离、时间。d_s、t_s 分别是外出购物的出行距离、时间；d_1、t_1 分别是外出户外活动的出行距离、时间；d_i、t_i 分别是外出就餐的出行距离、时间。职住出行距离、时间指数越低，代表个体层面的职住平衡水平相对越高。

（二）熵权法计算权重方法

熵（entropy）的概念起源于热力学，最早在19世纪由德国物理学家Clausius和Boltzmann提出，用以描述系统状态。1948年，美国控制论及信息论的创始人Shannon在此基础上引入信息理论，将通信过程中信息源信号存在的不确定性（无序程度）定义为信息熵，而将消除了多少不确定性（有序程度）称为信息。信息与熵的绝对值相等，符号相反。信息量越小，不确定性就越大，熵也就越大；反之亦然。熵权法作为一种客观的赋权方法，很多学者利用其度量指标体系中每个指标下的数据所蕴含的信息量，由此确定各指标的权重。某项指标的信息熵越小，代表该项指标值变异程度越大，提供的信息量越多，在综合评价中所起的作用也就越大，权重自然越大；反之亦然。

熵权法较好地避免了各评价指标权重的人为因素干扰，使得评价结果相对客观和符合实际，一定程度上克服了现阶段的评价方法（如层次分析——AHP方法）中存在的人为因素影响过大的问题；并通过求取各个指标的熵值间接衡量各指标所蕴含的信息量大小，得以确保指标能够反映绝大部分原始信息。

基于熵权法计算系统内各指标相对权重方法如下：

设 X_{ij}（$i=1, 2, \cdots, n$；$j=1, 2, \cdots, m$）为第 i 个系统中的第 j 项指标，对于固定某一项指标来说，X_{ij} 的差异越大，该项指标涵盖的信息量较大，对系统产生的比较作用比较大。利用熵值法确定指标权重的步骤如下：

（1）数据标准化

假设给定了 k 个指标 X_1，X_2，$\cdots$，X_k，其中 $X_i = \{x_1, x_2, \cdots, x_n\}$，对各个指标下的数据集进行极差标准化处理，设指标 j 下、项目 i 的标准化后的值为 Y_{ij}，计算公式如下：

$$Y_{ij} = \frac{X_{ij} - \min(X_{ij})}{\max(X_{ij}) - \min(X_{ij})}$$

（2）计算指标 j 下，项目 i 的指标值的比重 P_{ij}：

$$P_{ij} = Y_{ij} \sum_{i=1}^{n} Y_{ij}$$

（3）计算第 j 个指标的熵值 E_j，如果 $P_{ij} = 0$，则定义 $P_{ij} \ln P_{ij} = 0$

$$E_{ij} = -\frac{1}{\ln(n)} \sum_{i=1}^{n} P_{ij} \ln P_{ij}$$

（4）计算第 i 个指标的熵权 W_i

$$W_i = \frac{1 - E_i}{k - \sum E_i} (i = 1, 2, \cdots, k)$$

三、方法评价

职-住出行距离指数和职-住出行时间指数是两个测定个体层面职住平衡水平的重要指标，是基于"生活圈"理论对传统通勤时间、通勤距离反映职住关系的扩展。在今天城市化水平不断提升、综合发展水平较高的中国大城市，住不仅指住房的概念，还包括居民购物、就餐、接送子女上下学、外出娱乐活动等日常行为。居民或家庭在进行职住区位选择时，不仅会考虑就业岗位与住房的情况，周边各项商业设施、公共服务设施也会被着重考虑。职与住的平衡更应被理解为工作与日常生活的平衡。这一方法关注的核心要素是工作出行、接送子女出行、购物出行、外出就餐出行和户外活动出行所花费的单程时间以及工作地、就餐地、子女学校、购物地和户外活动地与居住地的距离。适用的研究空间尺度为个体层面的职住平衡。

这一方法的优势在于丰富了"住"的概念。理想的单中心城市模型假定居民只有就业和居住两种活动，区位决策时仅需要在住房成本和交通成本之间权衡。这一方法以此为基础，从实际出发，通过居民住房到就业地与各类日常出行目的地之间的加权距离总和与加权时间总和，反映出更加真实、全面的职住平衡程度，同时可用于比较不同人群的职住平衡相对高低，但指标本身不具备实际含义。同样也不存在硬性的绝对平衡标准，需要基于不同的研究目的，对比不同人群的情况，得出相对平衡或相对不平衡的结论。

以北京为例，运用职-住出行距离指数和职-住出行时间指数测定

职住平衡情况具有以下优势:

第一,职住出行距离和职住出行时间指数是从个体层面测定职住平衡的指标方法。2021年,北京市常住人口规模2 189万人,建成区面积达1 485平方千米,城镇化水平86.60%,城市经济发展水平较高,基础设施相对完善,是中国典型的特大城市之一。地域视角下的职住平衡测定方法面临空间尺度的争论,许多关于北京职住平衡的研究采用街道等行政区作为研究范围,存在不能考虑职与住虽不在同一街道,但地理空间邻近的争议;运用GIS方法划定动态缓冲区则面临着数据获取等方面的难度。基于生活圈出行的职住平衡测定方法克服了这些缺陷,直接关注居民的居住地与各项出行目的地之间的距离,以及日常的单程出行时间,基于一个合理且有代表性的样本,可以更直接反映北京市居民"职"与"住"之间真实直接的邻近度与连通度。

第二,在北京这样发展水平较高的城市,医疗、教育、商业等各类设施存在空间分布上的不均衡,不仅体现在数量上,更重要的是体现在质量方面。以教育设施为例,优质基础教育资源主要集中在西城区和海淀区,在"学区房"政策下,学校对于由夫妻和学龄子女组成的核心家庭来说是住房选址过程中重点考虑的因素。为了子女能够有机会进入教师资源更好、设施更加完善以及生源更加优秀的学校,很多父母选择居住在目标学校所在学区就不得不承担长时间通勤。职-住出行距离和职-住出行时间指数则综合考虑了居民的住房、子女就学、购物、就餐、外出娱乐等生活需求,能够更加全面反映北京市居民整体职住平衡情况。因而相比于基于通勤行为的职住平衡指标,基于生活圈出行的职住平衡测定指标在北京这样的大城市中更具现实意义。

第三,北京市"十三五"规划中提出在郊区新城引入中心城优质基础教育、医疗资源,打造完善实用、便捷舒适的都市社区生活圈,在15分钟出行可达的范围内,配备优质、完善的基本服务功能,形成3千米步行、5千米骑行、10千米公交的绿色出行生活圈。《"十三五"时期交通发展建设规划环境影响报告书》指出,面对北京市机动车增长速度过快和城市布局不完善而导致的交通拥堵、环境污染等城市问题,建设"窄马路、密路网和15分钟生活圈"是治理大城市病的新思路。而职住出行距离指数和职住出行时间指数则是从居民角度出发，测定分析实际居民生活圈范围，找出与理想"15分钟生活圈"的差距，从而可以更直接地为政策制定与居民生活圈规划实施提出科学切实的建议。

参考文献

[1] 陈燕萍，宋彦，张毅，等. 城市土地利用特征对居民出行方式的影响：以深圳市为例[J]. 城市交通，2011，9（5）：80—85.

[2] 单霞，唐二春，姚红，等. 城镇居住体系的构建：以昆山市为例[J]. 城市环境与城市生态，2004（6）：33—36.

[3] 隽志才，陆锡民，朱洪. 通勤者时间分配模型与交通需求管理策略[J]. 系统工程理论与实践，2008，28（12）：116—120.

[4] 冷炳荣，余颖，黄大全，等. 大数据视野下的重庆主城区职住关系剖析[J]. 规划师，2015，31（5）：92—96.

[5] 梁海艳，孟斌，李灿松. 大城市职住分离的区域测度方法探究：以北京市为例[J]. 人口学刊，2014（4）：16—25.

[6] 龙瀛，张宇，崔承印. 利用公交刷卡数据分析北京职住关系和通勤出行[J]. 地理学报，2012，67（10）：1339—1352.

[7] 陆化普，丁宇，张永波. 中国城市职住均衡实证分析与关键对策[J]. 城市交通，2013，3：1—6.

[8] 吕洪良. 蒂布特模型视角下的新城镇化发展战略[J]. 东北财经大学学报，2013（6）：69—73.

[9] 潘海啸，陈国伟. 轨道交通对居住地选择的影响：以上海市的调查为例[J]. 城市规划学刊，2009，5：71—76.

[10] 史亮，张鑫. 大城市职住关系的问与策：交通出行视角下北京市职住关系分析[J]. 城市时代，协同规划——2013中国城市规划年会论文集（07-居住区规划与房地产），2013：1—10.

[11] 孙斌栋，何舟，李南菲，等. 职住均衡能够缓解交通拥堵吗？基于GIS缓冲区方法的上海实证研究[J]. 城市规划学刊，2017，5：98—104.

[12] 孙斌栋，潘鑫，宁越敏. 上海市就业与居住空间均衡对交通出行的影响分析[J]. 城市规划学刊，2008，1：77—82.

[13] 鲜于建川. 出行方式选择：神经网络与多项Logit模型的比较研究[J]. 上海电机学院学报，2009，（004）：323—327.

[14] 肖作鹏，柴彦威，张艳.国内外生活圈规划研究与规划实践进展述评［J］.规划师，2014，30（10）：89—95.

[15] 徐卞融，吴晓.基于"居住－就业"视角的南京市流动人口职住空间分离量化［J］.城市规划学刊，2010，5：87—97.

[16] 袁家冬，孙振杰，张娜，等.基于"日常生活圈"的我国城市地域系统的重建［J］.地理科学，2005，25（1）：17—22.

[17] 张毅.基于多维影响因素的通勤出行决策行为［M］.上海：上海交通大学出版社，2015.

[18] 赵鹏军，胡昊宇，海晓东，等.基于手机信令数据的城市群地区都市圈空间范围多维识别：以京津冀为例［J］.城市发展研究，2019，26（09）：69—79.

[19] 郑思齐，曹洋.居住与就业空间关系的决定机理和影响因素：对北京市通勤时间和通勤流量的实证研究［J］.城市发展研究，2009（6）：29—35.

[20] 周素红，闫小培.广州城市空间结构与交通需求关系［J］.地理学报，2005，60（1）：131—142.

[21] 周素红，闫小培.广州城市居住－就业空间及对居民出行的影响［J］.城市规划，2006，30（5）：13—18.

[22] 朱查松，王德，马力.基于生活圈的城乡公共服务设施配置研究：以仙桃为例［J］.重庆：重庆出版社，2010：2813—2822.

[23] 朱丽霞，张开彬，崔芹强，等.基于职住平衡视角的武汉市保障性住房空间布局研究［J］.城市，2014（5）：48—53.

[24] BALDWIN HESS D, ONG P M. Traditional neighborhoods and automobile ownership［J］. Transportation Research Record, 2002, 1805（1）：35-44.

[25] BENNER C, KARNER A. Low-wage jobs-housing fit：Identifying locations of affordable housing shortages［J］. Urban Geography, 2016, 37（6）：883-903.

[26] BLUMENBERG E, MANVILLE M. Beyond the spatial mismatch：Welfare recipients and transportation policy［J］. Journal of Planning Literature, 2004, 19（2）：182-205.

[27] BOUSTAN L P, MARGO R A. Race, segregation, and postal employment：New evidence on spatial mismatch［J］. Journal of Urban Economics, 2009, 65（1）：1-10.

[28] BURNS L D. Transportation, temporal, and spatial components of accessibility［J］. 1980.

[29] CERVERO R. Jobs-housing balancing and regional mobility［J］. Journal of the American Planning Association, 1989, 55（2）：136-150.

[30] CERVERO R. Planned communities, self-containment and commuting: A cross-national perspective [J]. Urban Studies, 1995, 32 (7): 1135-1161.

[31] CERVERO R. Jobs-housing balance revisited: Trends and impacts in the San Francisco Bay Area [J]. Journal of the American Planning Association, 1996, 62 (4): 492-511.

[32] CERVERO R, KOCKELMAN K. Travel demand and the 3Ds: Density, diversity, and design [J]. Transportation Research Part D: Transport and environment, 1997, 2 (3): 199-219.

[33] CERVERO R, RADISCH C. Travel choices in pedestrian versus automobile oriented neighborhoods [J]. Transport Policy, 1996, 3 (3): 127-141.

[34] CERVERO R, ROOD T, APPLEYARD B. Tracking accessibility: employment and housing opportunities in the San Francisco Bay Area [J]. Environment and Planning A, 1999, 31 (7): 1259-1278.

[35] CHARRON M. From excess commuting to commuting possibilities: More extension to the concept of excess commuting [J]. Environment and Planning A, 2007, 39 (5): 1238-1254.

[36] CHRISTOPHER A J. The slow pace of desegregation in South African cities, 1996-2001 [J]. Urban Studies, 2005, 42 (12): 2305-2320.

[37] CRANE R. Is there a quiet revolution in women's travel? Revisiting the gender gap in commuting [J]. Journal of the American Planning Association, 2007, 73 (3): 298-316.

[38] CUTLER D M, GLAESER E L, VIGDOR J L. The rise and decline of the American ghetto [J]. Journal of Political Economy, 1999, 107 (3): 455-506.

[39] DEAKIN E. Land Use and Transportation Planning in Response to Congestion Problems: A Review and Critique [M]. Washington, DC: Transportation Research Board, 1989.

[40] DOWNS A. Stuck in Traffic: Coping with Peak-hour Traffic Congestion [M]. Washington, DC: Brookings Institution Press, 2000.

[41] DUBIN R. Commuting patterns and firm decentralization [J]. Land Economics, 1991, 67 (1): 15-29.

[42] ELLWOOD D T. The Spatial Mismatch Hypothesis: Are There Teenage Jobs Missing in The Ghetto? [M]. The black youth employment crisis. Chicago: University of Chicago Press. 1986: 147-190.

[43] EWING R, DEANNA M, LI S-C. Land use impacts on trip generation rates [J].

Transportation research record, 1996, 1518 (1): 1-6.

[44] FRANK L D, PIVO G. Impacts of mixed use and density on utilization of three modes of travel: Single-occupant vehicle, transit, and walking [J]. Transportation Research Record, 1994, 1466: 44-52.

[45] GIULIANO G. Is jobs-housing balance a transportation issue? [J]. UC Berkeley: University of California Transportation Center, 1991: 305-312.

[46] GOBILLON L, SELOD H, ZENOU Y. The mechanisms of spatial mismatch [J]. Urban Studies, 2007, 44 (12): 2401-2427.

[47] HANSEN, G W. How accessibility shapes land use [J]. Journal of the American Institute of Planners, 1959, 25 (2): 73-76.

[48] HELLERSTEIN J K, NEUMARK D, MCINERNEY M. Spatial mismatch or racial mismatch? [J]. Journal of Urban Economics, 2008, 64 (2): 464-479.

[49] IHLANFELDT K R. A primer on spatial mismatch within urban labor markets [J]. A Companion to Urban Economics, 2006: 404-417.

[50] KAIN J F. Housing segregation, negro employment, and metropolitan decentralization [J]. The Quarterly Journal of Economics, 1968, 82 (2): 175-197.

[51] KLINGER D, KUZMYAK J. Personal travel in the United States, 1983 to 1984, Nationwide personal transport study [R]. 1986.

[52] KWAN M P. Space-time and integral measures of individual accessibility: A comparative analysis using a point-based framework [J]. Geographical Analysis, 1998, 30 (3): 191-216.

[53] LAZER W. Life style concepts and marketing [J]. Toward Scientific Marketing, 1963, 15 (4): 130-139.

[54] LEINBERGER C B. How business is reshaping America [J]. The Atlantic Monthly, 1986: 43-52.

[55] LEVINE J. Rethinking accessibility and jobs-housing balance [J]. Journal of the American Planning Association, 1998, 64 (2): 133-149.

[56] LEVINSON D M, KUMAR A. The rational locator: Why travel times have remained stable [J]. Journal of the American Planning Association, 1994, 60 (3): 319-332.

[57] LI S-M, LIU Y. The jobs-housing relationship and commuting in Guangzhou, China: Hukou and dual structure [J]. Journal of Transport Geography, 2016, 54: 286-294.

[58] LINDLEY J A. Urban freeway congestion: Quantification of the problem and effectiveness of potential solutions [J]. ITE journal, 1987, 57 (1): 27-32.

[59] MA K R, BANISTER D. Excess commuting: A critical review [J]. Transport Reviews, 2006, 26 (6): 749-767.

[60] MANSKI C F. The structure of random utility models [J]. Theory and Decision, 1977, 8 (3): 229.

[61] MARGOLIS M L. The Moving Frontier: Social and Economic Change in A Southern Brazilian Community [M]. Florida: University of Florida Press, 1973.

[62] MARION B M, HORNER M W. Development of a spatial dissimilarity-based index of jobs-housing balance [R], 2008.

[63] MILLER J S. Feasibility of using jobs/housing balance in Virginia statewide planning [R], 2010.

[64] ORSKI C K. Toward a policy for suburban mobility [R], 1986.

[65] PENG Z-R. The jobs-housing balance and urban commuting [J]. Urban Studies, 1997, 34 (8): 1215-1235.

[66] PISARSKI A E. Commuting in America: A national report on commuting patterns and trends [R]. 1987.

[67] PLUMMER J T. The concept and application of life style segmentation: The combination of two useful concepts provides a unique and important view of the market [J]. Journal of Marketing, 1974, 38 (1): 33-37.

[68] RAJA A Z. Linking Job/Housing Balance, Land Use Mix and Commute to Work [M]. Texas: Texas A&M University, 2012.

[69] RAPHAEL S, STOLL M A. Modest Progress: The Narrowing Spatial Mismatch Between Blacks and Jobs in The 1990s [M]. Washington, DC: Brookings Institution Center on Urban and Metropolitan Policy, 2002.

[70] SACHS M. Transportation in Suburban Job Growth Areas [M]. Illinois: Northeastern Illinois Planning Commission, 1986.

[71] SHEN Q. Location characteristics of inner-city neighborhoods and employment accessibility of low-wage workers [J]. Environment and Planning B: Planning and Design, 1998, 25 (3): 345-365.

[72] SMITH D. Community economic development, regionalism, and regional equity: Emerging strategies and changing roles for CED attorneys [J]. J Affordable Hous & Cmty Dev L, 2012, 21: 315.

[73] STOLL M A. Job sprawl, spatial mismatch, and black employment disadvantage [J]. Journal of Policy Analysis and Management: The Journal of the Association for Public Policy Analysis and Management, 2006, 25 (4): 827-854.

[74] SULTANA S. Job/housing imbalance and commuting time in the Atlanta metropolitan area: Exploration of causes of longer commuting time [J]. Urban Geography, 2002, 23 (8): 728-749.

[75] SULTANA S. Effects of married-couple dual-earner households on metropolitan commuting: Evidence from the Atlanta metropolitan area [J]. Urban Geography, 2005, 26 (4): 328-352.

[76] TIEBOUT C M. A pure theory of local expenditures [J]. Journal of Political Economy, 1956, 64 (5): 416-424.

[77] WACHS M, TAYLOR B D, LEVINE N, et al. The changing commute: A case-study of the jobs-housing relationship over time [J]. Urban Studies, 1993, 30 (10): 1711-1729.

[78] WANG D, CHAI Y. The jobs-housing relationship and commuting in Beijing, China: the legacy of Danwei [J]. Journal of Transport Geography, 2009, 17 (1): 30-38.

[79] WANG E, SONG J, XU T. From "spatial bond" to "spatial mismatch": An assessment of changing jobs-housing relationship in Beijing [J]. Habitat International, 2011, 35 (2): 398-409.

[80] WANG F. Modeling commuting patterns in Chicago in a GIS environment: A job accessibility perspective [J]. The Professional Geographer, 2000, 52 (1): 120-133.

[81] WEINBERG B A. Black residential centralization and the spatial mismatch hypothesis [J]. Journal of Urban Economics, 2000, 48 (1): 110-134.

[82] YANG J, FERREIRA J. Evaluating Measures of Job-housing Proximity: Boston and Atlanta, 1980 – 2001 [M]. Access to Destinations. Bingley: Emerald Group Publishing Limited. 2005.

[83] ZHAO P. Managing urban growth in a transforming China: Evidence from Beijing [J]. Land Use Policy, 2011, 28 (1): 96-109.

[84] ZHAO P. The impact of the built environment on bicycle commuting: Evidence from Beijing [J]. Urban Studies, 2014, 51 (5): 1019-1037.

第三章 职住关系与交通相互作用的理论基础

第一节 城市空间结构理论

城市空间结构理论揭示了城市内部的空间布局模式,并试图了解造成空间格局分化和演变的机制。该理论体系研究城市与其从属地区之间的空间关系和格局,通过重点关注居住空间和产业空间的分化揭示城市内部空间结构的规律。理论成果主要包括同心圆模式、扇形模式、多核心模式、二元经济模式等。

一、同心圆模式

伯吉斯经历了芝加哥城市的飞速发展,他提出城市内部存在同心圆状的空间分布形态(1923)。他认为城市的发展是以中央商业事务区(central business district,CBD)为中心呈圆形向外扩展。中央商业事务区位于内环,环绕中央商业事务区的地区依次形成海外移民和贫民居住带、低收入工人居住带、中产阶级居住带以及通勤区。

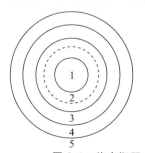

1—中央商业事务区
2—海外移民和贫民居住带
3—低收入工人居住带
4—中产阶级居住带
5—通勤区

图 3.1 伯吉斯同心圆城市地域结构

来源:许学强等,2009.

当考虑交通要素后,均质性的平面被打破。交通要素通过改变均质的通达性,影响城市内部可达性,进而造成土地价值的差异化和土地利用状态变化,导致同心圆模型发生变化,在空间上往往呈现出与交通要素相符的变化特征。如图 3.2 所示,线性道路要素会使得同心圆模式发生沿线的区位调整。

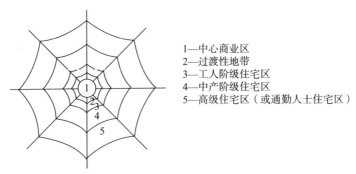

1—中心商业区
2—过渡性地带
3—工人阶级住宅区
4—中产阶级住宅区
5—高级住宅区(或通勤人士住宅区)

图 3.2 受交通线路影响的同心圆模式

来源:许学强等,2009.

二、扇形模式

霍伊特在保留同心圆模式的经济地租机制基础上,提出了扇形模式(1939)。他认为,在考虑了放射状运输线路的现实情况后,将存在线性易达性和定向惯性的影响,使城市向外扩展的方向呈不规则特征。由于轻工业和批发商业对运输线路的附加易达性最为敏感,线路附近将主要呈现这两种土地利用方式,即楔形。而住宅区的发展也将沿轴向进行(图 3.3)。

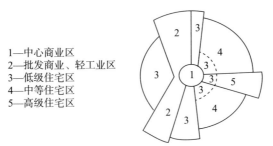

1—中心商业区
2—批发商业、轻工业区
3—低级住宅区
4—中等住宅区
5—高级住宅区

图 3.3 霍伊特扇形城市地域结构

来源:许学强等,2009.

扇形模式直接将交通可达性的差异纳入空间形态，且关注这一要素的敏感性差异，指出轻工业和批发商业对运输线路的附加可达性最为敏感，因而更容易沿交通线路布局。

三、多核心模式

伯吉斯、霍伊特等人的城市内部结构模式均为单中心假设，忽略了重工业对城市内部结构的影响和市郊居住区的出现等。据此，哈里斯和厄尔曼提出了更为精细的多核心模式（1945），主要考虑城市内存在各低级中心和其他成长点，形成的空间结构是圆形状的变异与散点状的结合（图 3.4）。

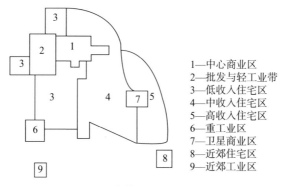

图 3.4　多核心城市地域结构

来源：许学强等，2009.

城市空间结构理论重点凸显了交通要素的重要影响。居住与就业的空间关系取决于居民居住选址、企业选址、居民出行等多种行为的内生互动，而这些行为在城市内部的空间差异主要受劳动力特征及交通可达性的影响。

城市职住活动在空间上的分离是居民通勤需求产生的根本原因，而交通设施格局和交通成本反过来又影响了居民居住选址和就业选址，进而影响职住关系（P. J. Zhao et al., 2011）。城市职住关系与交通之间的相互作用就是在成本最小化或效用最大化机制下达到的相对动态均衡，是职住关系均衡在某一地域某一时期的一种体现。

此外，城市空间结构理论的基础是城市内部区位条件的差异，这也是个体进行区位选择的时空背景。个体在差异化城市空间中进行就业地和居住地的选择，也就是在空间上对自己的社会经济属性进行选择和匹配。这揭示了职住关系的空间匹配和社会匹配双重视角。

第二节 区 位 论

一、选址理论

区位是事物所在的位置，涵盖该场所的特定条件。区位活动是人类活动的最基本行为，是人类生产生活的选择活动。可以说，人类在地理空间上的每一个行为都可以视为一次区位选择活动。区位论是在明确地理空间区位条件的基础上研究经济行为的空间选择及空间内经济活动组合的理论。可以说，区位论是从经济活动出发进行居住/就业地选择，从而决定城市的就业结构与居住结构。区位论主要包括四大经典理论：农业区位论（孤立国理论）、工业区位论、中心地理论、市场区位论。

（一）农业区位论

农业区位论（孤立国理论）由杜能（1826）根据农业生产经营经验总结所得。这一理论认为，在均质平原条件下，农业土地种植类型和经营的集约化程度不仅取决于土地的天然特性，更重要的是依赖于当时的经济状况和生产力发展水平，其中特别取决于农业生产用地到农产品消费地的距离。按照距离对作物生产消费的影响，最终形成以城市为中心、由内向外呈同心圆状分布的6个农业地带——第一圈为自由农业地带，生产易腐的蔬菜及鲜奶等食品；第二圈为林业带，为城市提供烧柴及木料；第三至五圈是以生产谷物为主，但集约化程度逐渐降低的农耕带；第六圈为粗放畜牧业带。最外侧为未耕的荒野。

（二）工业区位论

韦伯（1929）系统地提出了工业区位论，着重从运输费用、劳动力费用和集聚效应等方面分析工业区位的选择原则，探讨工业区位的移动规律。该理论认为，区位因子决定生产场所，企业最终都会选择生产费用最小、节约费用最大的地点。具体来说，存在三条区位法则：运输区位法则、劳动区位法则和集聚或分散法则。他认为运输费用决定着工业区位的基本方向，理想的工业区位是运距和运量最低的地点。除运费因素以外，劳动力费用因素与集聚因素会使得原有根据运输费用所选择的区位发生变化。

韦伯运用"区位因子"进行工业区位分析，揭示了工业企业选址的三大主导因子和规律。同时，他最早提出了集聚要素，集聚是工业企业在空间集中分布的一种生产力配置，能使企业获得节约成本的经济效果，也揭示了交通要素对企业选址的影响作用。

（三）中心地理论

克里斯塔勒（1933）通过对聚落分布的研究提出中心地理论，从中心居民点、城市供应、行政管理、交通等假设出发，论证了城市居民点及其地域体系。该理论发现组织物质财富生产和流通的最有效空间结构是一个以中心城市为中心、由相应多级市场区组成的网络体系。在此基础上，克氏提出了理想的、不受其他条件影响的正六边形的中心地网络体系（图3.5）。

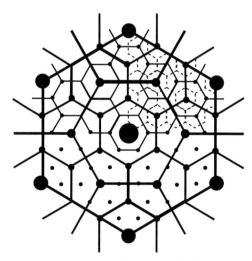

图 3.5　正六边形中心地网络体系

来源：许学强等，2009.

市场原则、交通原则和行政原则是支配中心地体系形成的三大条件，在不同的原则支配下，中心地网络呈现不同的结构。其中，交通原则对聚落体系的形成有深刻影响，这导致中心地不是以初始的、随机的方式分布在理想化的地表上，而是沿交通线分布，且交通线中点位置将成为下一级中心地所在。

这一理论深刻地揭示了城市内部市场分割及居住中心的区域基础和规模-位序的空间关系。其中，交通要素对于居住体系与市场区位的线状影响也反映了交通（道路、可达性等）对职住空间结构的塑造作用。

（四）市场区位论

廖什（1940）继承了克里斯塔勒的市场空间结构思想，把生产区位和市场范围结合起来，构建了市场区位及市场网的理论模型。这一理论认为，生产和消费都是在市场中进行，生产者的目标是谋求最大利润，而最低成本往往不一定能保证最大利润。因此，正确的区位选择是谋求最大市场和市场范围。每一单个企业产品销售范围最初是以产地为圆心，以最大销售距离为半径的圆形，而产品价格又是需求量的递减函数，因此单个企业的产品总销售额是需求曲线在销售圆内旋转而形成的圆锥体。当圆与圆之间的空档被新的竞争者占领，圆形市场被挤压，最后将形成六边形的市场网络范围。这种空间形态与克里斯塔勒的中心地理论得出相似的结果。

总结来说，区位论是系统揭示企业选址原则的重要理论，而企业选址和集聚活动将直接促进城市就业中心的形成，从而影响居民的就业和居住区位选择。从上述理论可以发现，市场条件差异、交通线路情况、行政因素是区位论模型中三个最重要的影响因子。其中，交通对企业的选址影响主要通过地块通达性差异实现，不同行业对交通通达性的需求和敏感性不同，导致不同行业的企业由于成本、市场等空间需求而差异化分布。由此，交通的区位差异在空间上导致了均质区位的异化，塑造了相应特征的城市产业空间结构、居住空间结构。交通通达性成为影响企业与个体居住地选址的关键因子，构成了职住关系的基础。

二、权衡理论

城市经济学应用在职住关系研究中,主要通过优化配置资源,从而使得价值和效用最大化。"职"与"住"是城市空间结构中最为关键的两大要素,因此基于城市经济学理论的研究就是从城市空间结构的基本理论与模型出发(Alonso,1964;Mills,1972;Muth,1969)。Alonso 单中心城市模型是城市经济学视角研究的基础理论,运用竞租曲线对城市社会空间模式进行了解析,解释了当企业选址外生给定的情形下居民的居住和就业行为。他假设单中心城市位于均质平原上,城市居民只有居住和就业两大活动,就业岗位全部集中在城市中心,中心区房价最高,距离市中心距离越远,住房成本越低而通勤成本越高。在收入水平和生活成本一定的情况下,居民在交通费用和住房价格之间进行权衡,使得效用最大化,即权衡理论(trade-off theory),如图 3.6 所示。

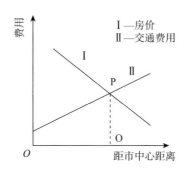

图 3.6 交通费用与房价的互补关系

来源:作者自绘.

家庭收入水平影响居民住房区位的选择。收入水平作为住房选址的重要预算约束条件,理论上高收入家庭的土地需求在任何区位都将高于低收入家庭。那么对于低收入家庭来说,通勤成本的变化要比住房成本的变化更加敏感,这使得低收入家庭的竞租曲线比较陡峭而高收入家庭竞租曲线相对平缓,如图 3.7 所示。在社会空间分异明显的城市区域,低收入家庭为了减少通勤成本居住在高地价、高密度的内城区域；高收入家庭在土地需求不变的前提下，为减少住房成本居住在土地价格较低、环境良好的郊区（王兴中，2000）。

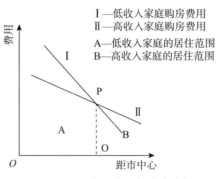

图 3.7　不同收入阶层的住房选择

来源：作者自绘.

第三节　出行行为理论

一、时空限制理论

Hägerstrand（1970）在效用理论的基础上，提出个体行为具有时空限制的特点。即个体的出行行为会因为受到时空限制而产生某些变化和联系，从而达到时空限制下的效用最大化。Hägerstrand 认为在分析个体行为时，不但要考虑空间对个体行为的影响，同时也需要考虑时间对个体行为的影响，在相应活动周期（一般为一天）内，出行活动受到个人时间安排和空间局限的限制。

Hägerstrand 提出时空棱柱图以刻画个体活动在时空限制下的特征和规律（图 3.8），描述了当个体出行和活动需求面临各种约束条件时出行活动的内在时空联系。个体必须在有限的时间内，有效安排出行时间和活动时间。也就是说，个体为了在相同的时间预算内参与更多的活动，最有效的方法是减少出行时间，倾向于将各个活动串联起来，以提高一日出行的整体效用。

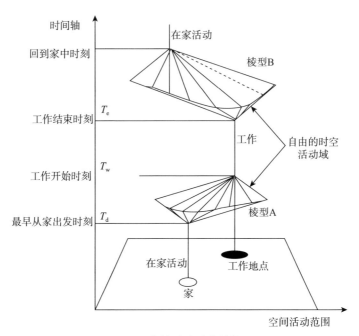

图 3.8 个体活动时空棱柱图

来源：陈团生，2007.

基于时空限制理论，交通出行研究形成了以出行链为代表的基于活动导向的出行研究方法。出行链是在一定的时间和空间内，多次出行活动有组织、有顺序地构成封闭行动链条的出行行为（杨敏等，2008；张景秋，2016）。在现代城市的生活节奏中，城市居民个体的出行行为更多表现为一种链的形式和裙带关系，形成个体出行的活动集。出行链的分析方法有助于刻画出行行为的组织性和时空特征。

时空限制理论强调个体出行受到更多既定的个人属性影响和时空限制，在很大程度上丰富了效用理论的实践性。时空限制理论的关键要义是个体会基于现有出行活动来规划或链结其他活动，以便利出行。因此，在多样的出行需求基础上，个体的通勤行为将会受到其他出行需求、出行目的的影响。这对于理解个体通勤行为具有重要意义。

二、前景理论

前景理论（prospect theory）是心理学及行为科学的研究成果，作为描述性行为理论描述了风险决策条件下有限理性人的实际行为。理论认为决策者在做出决策时并不以效用最大化为原则,当面临获得利益时大多十分谨慎,不愿冒风险;而面对失去利益时大多很不甘心,选择冒险。个体在这样的心理驱动下,对现有选择进行衡量与判断,做出选择(Kahneman et al., 1979)。

这一理论将决策过程分为编辑和评价两个阶段,并用函数将个体估算前景值量化。编辑阶段的作用是对所提供的选项进行初步分析,对相关收益和概率进行变性处理,使决策任务变得容易。评价阶段是评估编辑的前景,选择价值最高的前景。其中有两个重要函数:价值函数 $v(x)$ 和决策权重函数 $w(p)$。价值函数反映结果的主观价值;决策权重函数表示与概率相对应的决策权重,反映确定的概率对选项全部价值(V)的影响力。

$$V = \sum w(p) \cdot v(x)$$

$$v(x_i) = \begin{cases} (x_i - x_0)^\alpha, & x_i > x_0 \\ -\lambda (x_i - x_0)^\beta, & x_i < x_0 \end{cases}$$

$$w^+(p) = \frac{p^\gamma}{[p^\gamma + (1-p)^\gamma]^{\frac{1}{\gamma}}}$$

$$w^-(p) = \frac{p^\delta}{[p^\delta + (1-p)^\delta]^{1/\delta}}$$

将前景理论应用在出行的行为选择方面,即居民不仅要依据个人和家庭属性、交通环境以及出行目的等条件做出判断估计和决策,也要对未来状态进行判断估计和决策(Kahneman et al., 1979)。但由于交通问题是一个典型的不确定性问题,每个决策者都无法对未来进行准确的估计和预测,同时居民在出行的过程中进行的决策也存在着很大的不确定性,因此前景理论多用于描述不确定性下的居民出行时出行行为决策选择(赵凯华,2017),这也表明,个体条件和决策选择都会呈现动态的差异化结果。前景理论对出行行为动态变化的理论刻画强调了个体条件和出行决策的风险理性和动态性,尤其是当个体层面的要素呈现变化时,其出行选择甚至居住选择都将产生相应变化。

三、环境决定论

环境决定论认为个体行为决策的主要决定因素是环境。环境是地理、地球的外在氛围与脉络,也就是说,地理、社会、文化环境中的场景决定着个体的价值观念和行为。这一理论指出,地理环境、社会环境、文化环境、构筑环境的变化促成个体的相应行为,特定场所中人们所适应的地理环境的性质决定人的行为。

其核心观点认为,地理环境和构筑形态的变化导致行为的变化。这在建筑学领域反映为建筑决定论。建筑决定论指出,环境景观和建筑要素的特征及其变化决定着个体在建成环境下的行为,由人工或自然要素构成的构筑形态会导致社会性的行为变化。

因此,个体出行行为可以被认为是个体在现有建成环境下的选择,现有建筑环境是出行选择中的决定性要素。这其中,重点影响个体出行的包括交通设施、建筑形态、土地利用特征等。

四、行为心理理论

出行决策是个体的主观心理决策。Robbins（2004）建立了个体行为模型（图3.9）,以此清晰地展示心理决策的影响因素和机理。个体行为模型适用于所有决策情景,针对出行决策,该模型表示为在给定客观条件的情况下,出行者在人格与情绪、价值观与态度、学习与能力、动机等主管因素的影响下,经过认知等心理过程,选择主观上最优的方案采取行动。

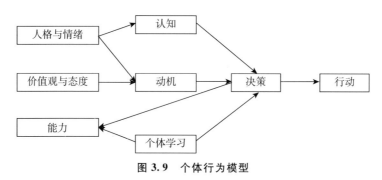

图 3.9　个体行为模型

来源：徐红利, 2013.

人格是指个体的品性和特质，代表个体会对客观出行条件做出的个性化的心理反应；态度是对出行相关事物或观念所持有的倾向和评价；能力是指出行者所拥有的经济资源、时间资源和知识；认知是个体对出行环境的理解；动机即为个体出行目的；学习是个体随着出行经验的增加对下一次出行的改进能力。具体可以建立个体出行行为概念模型（图3.10），展现出行者的心理过程和路径属性认知。

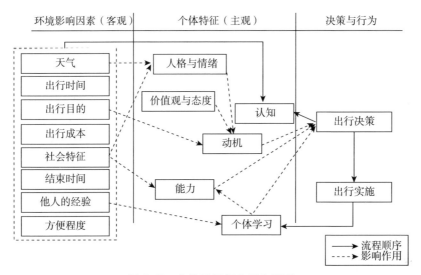

图 3.10　个体出行行为概念模型

来源：徐红利，2013.

个体行为模型强调个体认知和态度对出行决策的影响。这一理论指出，出行决策直接决定出行者的出行行为，而环境因素对决策结果的影响主要通过出行者的认知来实现，因此认知是出行决策过程的核心内容。其中，个体的态度、出行条件与能力、出行目的等是影响认知进而决定选择的重要因素。

第四节　职住关系与居民出行交互作用理论

一、区位协同理论

区位协同理论主要基于城市经济学及效用理论等西方经济学理

论，认为居民个体"职住平衡"是自由市场（包括住房、就业市场）机制作用下协同选择的结果，居民在权衡住房机会、就业机会、交通成本后做出理性选择，进而形成个体层面的职住关系（Downs, 2000; Dubin, 1991; Gordon et al., 1989b; Kim, 2008; Kitamura et al., 1997; Levinson et al., 1994）。

职住区位相互协调假设（co-location hypothesis）认为城市扩张过程中职住区位在市场机制的作用下相互动态协调，其结果是居民通勤成本不变或减少。该理论被广泛用于解释20世纪50—60年代北美城市郊区化过程中城市社会空间的变化及其通勤影响（Cervero et al., 1998; Hamilton et al., 1982）。就业者为避免高额的通勤成本自主选择更换就业地或者居住地，企业在自由市场中也能够自主迁移。"区位协同"理论的支持者认为，建立在区位论的理论之上，企业不是被动地适应城市结构的变化，而是会在潜在的就业者的居住位置附近进行布局以吸引就业者就近工作，提升对就业者的吸引力。在新城发展的过程中，随着居民向郊区的迁移，企业的选址和居民的住宅选址进行不断的动态调整，在郊区实现空间上新的平衡，从而减少了通勤时间（Cervero, 1996; Cervero et al., 1998）；同时，随着产业的外迁，与就业机会社会经济状况相匹配的居民也会主动地做出选择，选择在邻近就业机会的附近地点居住。如果新城居民和企业的选址符合该理论，则居民和企业在选址的过程中会趋于构建平衡的职住结构，从而缩短新城居民的通勤距离和通勤时间。

区位协同理论是基于中观层面个体和企业双重动态选择所产生的职住关系动态性理论。该理论强调，企业和个体的区位选择会随着城市空间变化而动态变化，一方面就业者会根据自己的消费偏好和各种基础设施等外部条件，以通勤特征/出行特征为职住选择变化出发点，在合理的通勤范围内进行动态居住区位选择，使自身效用最大化；另一方面企业在进行区位选择时也会考虑潜在员工的空间分布状况，尽量靠近劳动力密集区。这两个力量协同作用的结果会使得就业和居住在空间上很好地连接，并随着时间的推进不断相互调整，在市场作用下实现城市就业和居住的均衡发展。而由于城市基础设施和建筑物具有耐久性，就业和居住平衡的实现需要较长时间（Peng, 1997）。

区位协同理论的巨大贡献在于指出了职住选择是个体和企业区位条件的双向选择,虽然在研究中企业数据常常难以获得,但该理论加入了企业方视角,强调个体与企业的互动性的区位权衡(trade-offs)和选择变化,是现行研究中相对全面合理的理论解释。但需要注意,该理论是完全市场机制下的理论假说,其结论是建立在企业和居民可以自主随意地进行企业地和居住地调整的前提下。在中国城市等政府干预和制度影响力强的地区,这一理论的实践应用将会发生改变。

二、空间不匹配观点

"空间不匹配"(spatial mismatch)理论由哈佛大学著名经济学家 John Kain 于 1968 年提出(Kain,1968)。该假说指出,伴随着美国空间上郊区化过程的是种族的居住隔离。非洲裔美国人主要居住在美国的城市中心区,而伴随着郊区就业机会和大型社会配套设施的郊区化,白人的居住区位不断外迁,非洲裔美国人的就业和居住产生了空间上的隔离。居住在城市中心区的非洲裔美国人劳动技能较低,但随着大量制造业和低端服务业岗位的外迁,很多非洲裔美国人面临着找到与劳动技能相匹配工作的概率下降的问题,与此同时郊区低技能劳动力岗位的供给者也面临着雇佣城市中心区员工意愿下降的问题。出行距离的延长和出行成本的提高使得很多非洲裔美国人的就业面临问题,失业率上升。

这一观点从居住与就业关系的视角分析了内城低收入居民的生活状态,揭示了住房市场中的种族隔离。认为中心城区居住人口与就业机会间的空间障碍是导致美国黑人就业者高失业率、低工资以及长距离通勤的主要因素(Holzer,1991;Horner et al.,2007;Kain,1992)。反映了美国大都市由于就业岗位的郊区化和住房市场上的种族歧视,内城区往往出现黑人居住人口多于适宜就业岗位的状况,从而导致内城区黑人的高失业率、低工资和长通勤现象。在城市蔓延、郊区化等空间重构过程中,低收入者的居住区位往往与城市的就业区位和公共服务设施区位出现空间错位。

该理论着重关注城市中空间结构性要素和政策性要素对弱势群体的就业机会的影响,认为由于就业市场的郊区化和住房市场的种族歧视等原因，美国大都市内城往往出现黑人居住人口数量大于就业数量，而交通、政策等因素形成的空间障碍（spatial barrier）使得内城的黑人难以获得郊区的就业机会。空间不匹配的探讨虽根植于美国多样化族裔的背景，但也逐渐拓展到城市空间结构对其他社会弱势群体通勤不平等的分析，如女性、其他少数族裔、低收入者等其他弱势群体（Holzer，1991）。这一理论提出后引发了大量相关的实证研究，注重于从政策、交通、经济等多个方面验证空间障碍的存在（Kain，1992）。

空间不匹配观点是从政策与空间发展的角度，对长距离通勤弱势群体出行行为的制度化剖析。制度作为上层要素，是职住关系与居民出行相互作用中的双向影响因素。现行居住/就业政策或市场不仅直接影响个体出行选择，也会成为个体变化居住/就业地选择的动因。对制度、政策、结构性要素的关注，对相关研究具有重要借鉴意义，也将成为我国职住关系与居民出行研究的重要切入点。在中国城市用地扩张与郊区新城开发过程中，新城往往位于距离市中心较远的地区，旨在通过营造独立的职住中心缓解城市中心地区在就业、人口、交通等方面的压力。尽管郊区新城提供了一定数量的满足不同收入群体需求的就业岗位，但城市内主要的工作岗位依然集中于城市中心和副中心，因而对于新城不同的社会经济群体而言，新城对其就业的满足程度不同。如果低收入者在居住成本较低的新城居住以寻求工作，但需要长距离通勤获得城市中心区或是副中心的工作机会，则在郊区新城会存在相应的"空间不匹配"状况。而在交通上处于弱势地位的群体，"空间错位"会增大其在通勤方面的压力，增加其通勤成本，降低其劳动参与率。相反，如果新城能够对低收入就业者提供能够与其居住需求和支付水平相匹配的住房，也为低收入居住者提供与其工作技能相匹配的工作，则郊区新城对低收入者有利。

三、模式不匹配观点

"模式不匹配"是指不同社会经济阶层之间交通出行模式之间的错配。"空间不匹配"理论经过三十年的发展，有很多学者发现它不能解释不同收入群体间的通勤时间差异。交通模式是除了通勤距离以外影响通勤时间的另一个重要因素。在"空间不匹配"的条件下，无车进一步增大了低收入者的出行难度。即使是低收入者的通勤距离较短，但由于其小汽车拥有率低，加之所在地区的公共交通可达性差，在通勤时间上可能依然处于劣势地位（Shen, 2000; Taylor et al., 1995）。

在规划实践中，早在"空间错配"理论提出之时，美国民事骚乱咨询委员会（National Advisory Commission on Civil Disorders）已经认识到了"空间错配"问题给社会公平所带来的巨大挑战，提出了促进非洲裔美国人职住平衡的三项规划政策：采取措施激励企业在非洲裔美国人聚居的区域提供就业；在郊区营造非洲裔美国人的居住区并鼓励他们迁入；在非洲裔美国人的聚居区和新的就业中心之间建立更好的交通连接。该委员会强调，在上述三项政策中，交通方案并没有得到很好的落实。非洲裔美国人面临最大的问题是"逆向通勤"。与郊区居住者前往市中心工作不同，在市中心居住的美国人需要前往郊区寻找工作。美国国会在1998年提出了《21世纪交通公平法案》（Transportation Equity Act for the 21st Century），通过了关于工作可达性和逆向通勤的决议，确定了两条通过交通政策来缓解"空间不匹配"的策略：①针对美国享受最低福利保障的居民和低收入者的通勤服务；②为居住在城市中心地区、郊区和农村的低收入者提供到达郊区就业机会的交通服务。这一法案在政策上确立了交通对于低收入者就业获取的重要作用。对于美国享受最低福利保障的居民来说，5年的短期福利促使他们必须在短期内找到工作。而这一时间对于规划者而言，改变城市结构、职业和居住的分布格局不是一个现实的决策，但交通政策在短期之内可以有预见性成效。

Evelyn Blumenberg 和 Michael Manville 于 2004 年正式提出"模式不匹配"（modal mismatch）理论（Blumenberg et al., 2004），将出行模式在通勤不公平中的地位提升至理论高度。他们提出，对于不同收入的居民而言，居住和就业地点的邻近只是一种理想状态，但低收入者和高收入者之间的更大差异是在出行便利程度上。对于不同收入群体的人而言，有车无车成为就业参与率的重要因素。特别是在小汽车占出行主导作用的美国，有无小汽车成为出行便利程度最重要的衡量指标。对于低收入者而言，收入限制成为其拥有小汽车最大的约束，这就造成了低收入者特别是居住在城市中心地区的低收入者把握就业机会较为困难的现实。相比小汽车，公共交通虽然被认为是一种可行的解决低收入者通勤出行障碍的工具，但事实证明面临着很多挑战。对于公交公司而言，保证公交的上座率以维持公司运营是必备的条件。目前从需求上来看，主导的需求是郊区之间的交通和郊区到城市的交通。从通勤方面来说，公交主要满足的是中产阶级从郊区居住区到市中心就业区之间的交通，而"逆向交通"的需求有限。"模式不匹配"所强调的重点在于无论是小汽车还是公共交通，低收入者在出行便利程度上都处于不利境地。因此，"空间不匹配"可能在不同收入阶层之间均存在，但较高收入群体能够利用在交通工具上的便利条件缩短通勤时间，减少通勤障碍；低收入者在交通工具方面的劣势放大了"空间不匹配"带来的负面影响，对其就业参与率造成更大挑战。

"模式不匹配"这一理论从美国空间结构演变和对策的角度出发，将交通在通勤和就业获得上的重要程度提升至理论层面，在学术和规划实践上具有国际意义，对在中国城市的研究拓展也有重要参考价值。在中国，尽管不存在族裔方面的问题，公共交通也比美国发达许多，但在新城居民中，"模式不匹配"依然是造成通勤不平等的重要潜在问题，且没有引起相应重视。在北京，严格的小汽车管控政策和较高的使用成本使得低收入者、无北京户口者和北京市新近外来人口的小汽车拥有率较低。在公共交通方面，尽管轨道交通的普及和地面交通的发展极大地提升了新城居民的交通可达性，但轨道交通和地面公交站点的分布还是集中于主要居住区、就业区和商业区，在低收入者居住区和非正式就业区的站点分布较为稀疏，且这些站点与主要活动地点特别是就业地点的连通性较差。如果"模式不匹配"这一现象在郊区新城也存在，则不同收入组别之间的通勤不公平性会进一步提高。反之，如果"模式不匹配"的现象不显著，即低收入者享有良好的公共交通服务，则与中高收入群体之间的通勤不公平将相应缩小。

四、家庭责任假说

除上述理论所关注的空间因素外,社会因素对通勤行为的影响也逐步得到重视,甚至许多社会经济因素的变化反而会对出行选择造成影响。

家庭责任假说强调个体行为差异背后的家庭和社会因素。该理论认为已婚女性需要在家庭中承担较多的家庭责任,如家务劳动和照顾小孩等责任,其家庭角色要比工作角色更为重要,因而她们对通勤距离较为敏感,无法忍受长距离通勤。还有一些研究将该事实归因于女性在劳动力市场中处于弱势地位,工作收入较低,无法承受较高通勤成本,因而对通勤距离比较敏感。女性往往从事低技能需求的服务业,而低技能需求的服务业区位分布较为分散,因而她们在居住地附近找到工作岗位的可能性较大。虽然对于现象背后的机制解释有所不同,但社会经济属性对出行选择的影响是不容忽视的,且这类要素具有动态变化的可能。

家庭责任假说的理论意义在于揭示了社会和家庭因素在个体出行选择中的影响。必须注意的是,这种影响具有社会性与动态性,即个体社会与家庭因素变化会造成相关联的出行需求、出行敏感性、出行目的发生变化,影响职住选择或出行选择,由此构成职住关系与居民出行相互作用的现实结果。在我国经济社会背景下,其意义在于强调多样的个体社会属性差异及其动态变化对出行选择的影响。这种差异不仅包括性别、收入等可外在的社会经济差异,也包括家庭视角的活动安排限制和分工。同时,当某些社会经济属性发生变化时,将影响个体出行的选择,比如是否结婚、是否有小孩、是否购买汽车等。把社会经济属性的动态变化纳入考虑,将进一步完善职住关系与居民出行的相互作用机制。

五、制度约束理论

然而,基于市场理论的解释均建立在自由市场经济的基础上,往往轻视了制度和社会文化因素对于城市职住关系的影响。许多学者,尤其是社会地理学者研究发现管理制度、社会文化、家庭责任、生活习惯等因素对于城市职住关系有重要影响（Zhao et al., 2011），并且是不同群体之间的职住关系差异的显著原因（Zhao et al., 2016）。因此，城市居民职住关系可以被看作是在收入及其他社会文化制度等限制条件下，在权衡住房机会、就业机会、交通成本和公共服务等方面后做出的选择。尤其是在发展中国家背景下，由社会身份差异、制度安排和文化传统等造成的社会限制（social constraints）是造成居民间、不同社会群体间职住关系差异的重要因素（Zhao et al., 2016）。

在我国改革开放的大背景下，市场力量对于职住平衡和交通的影响在增长，但是，我国仍然处于计划经济向市场经济转型期，计划体制因素和传统社会文化因素对于中国城市的职住平衡与交通相互作用关系具有重要的影响。但是，在当前对于中国城市职住平衡和交通相互作用的研究中，对于制度和社会文化因素考虑不足，尤其是中国特色因素体现不够，例如住房制度、就业制度、户籍管理、公共服务设施布局与管理、社会保障制度、行政政策对于人口和产业疏解的干扰以及居民居住选址的社会文化因素等。

中国城市居民职住关系制度与社会文化层面的影响要素主要包括单位制、户籍两方面。许多研究已经发现，在我国，计划经济和市场经济制度的共存导致城市存在二元住房市场，住房来源成为影响居民个人层面职住平衡的重要特殊因素。在中国由计划经济转向市场经济过程中，城市住房市场与西方自由市场经济下的住房市场有着显著差别。Wang和Chai（2009）通过对北京的实证研究发现，在控制了其他社会经济变量后，住房来源与居民个人的通勤时间和出行模式选择有显著关系，居住在"单位房"的居民比住在"商品房"中的居民有更少的通勤时间以及更低的机动车使用水平。基于模型研究结果，Wang和Chai（2009）认为，计划经济时期的"单位制"遗产——即制度约束下的职住平衡关系在转型时期依然存在，与市场机制作用下形成的职住关系相比，传统的"单位制"在实现居民的个人职住平衡上更有优势。相似的研究结论也被Zhao等（2011）和Zhou等（2014）发现。实证研究结果表明，住房类型与城市居民通勤时间及通勤模式选择显著相关，并且居住在"单位房"的居民相对于居住在"商品房"的居民，通勤时间更短、机动车使用水平更低（Zhou et al.,

2014；Ta et al.，2017；Wang et al.，2009；Zhao et al.，2011）。

户籍政策是另一项中国特有的社会制度，对特大城市居民职住关系有着重要的影响，但不同研究显示出的户籍政策对于城市居民职住平衡影响结果并不相同。Zhao 和 Howden-Chapman（2010）基于北京市居民出行调查问卷数据，在控制其他社会经济变量的情况下，发现非本地户籍居民通勤时间更长，认为非本地户籍居民居住和就业选择机会受到更严重限制，职住地选择地理空间范围较小，进而降低实现其自身职住平衡的可能性，因此被迫承担更长的通勤时间。然而，Li 和 Liu（2016）的研究结果与以上研究结论正好相反，基于对广州市家庭居民出行的实证调研，这两位学者发现，户籍限制并没有制约外来移民实现其个人的职住平衡，在控制了其他个人社会经济因素后，非本地户籍居民相较于本地户籍居民有更短的通勤时间，其可能解释的原因是：①非本地户籍居民对通勤成本和工作地点更为敏感，因而更有可能通过调整居住地点来降低通勤成本（Liu et al.，2007）；②相较于本地户籍居民，外来移民有更低的住房自有率（外来移民为18.4%；本地户籍居民为81.5%），居住搬迁的成本很小，因而更容易通过搬迁实现职住平衡；③位于城市中心区和郊区工业园区附近的城中村为外来移民提供了充足、廉价、邻近工作地的住房，是帮助外来移民实现个人职住平衡的重要有利因素。

第五节 小 结

本书将职住关系与个体通勤行为结合起来，基于动态的全面的视角，建立二者相互影响的框架，进而通过区位选择机制和个体出行机制，验证和阐述二者的相互作用原理。回顾上述理论，研究命题涉及宏观、中观、微观等多层次视角，也需要全面囊括社会经济属性、建成环境、空间分布、个体态度等多维度的通勤影响因子。其中特别需要注意：

（一）明确"职住关系"的社会性和多层次关联特征

"职住关系"是指就业和居住选择所产生的一种影响出行和生活

的关系状态。从微观角度看,这是一种个体选择的社会关系;从中宏观角度看,这是一种空间状态属性。"职住关系"的多层内涵决定了相关概念在宏观、中观、微观不同层次之间的关联。"职住关系"的社会性体现在,职住关系是个体对带有社会属性的区位进行选择而产生的。即宏观城市空间的影响因子虽不直接影响个体出行,但它反映出的是空间要素分布,使得区位选择成为一种带有社会属性的空间位置的选择。因此,对个体职住选择的研究中需要注意相关指标必须兼顾空间属性与社会属性。

(二)充分理解个体出行机制与个体区位选择的关系

区位条件对个体出行产生重要影响。基于环境决定论和个体行为模型,个体所选择的区位,尤其是区位环境中的位置、设施、建成环境等会影响个体出行模式与出行态度。同时,根据时空限制理论,个体居住/就业区位的选择,决定了个人出行链上重要的通勤结点,这对其他出行需求可能产生关联性影响。

(三)用动态和关联的视角理解并综合相关理论

个体条件的动态性使得区位选择可能发生变化,进而影响职住关系。这一动态性是二者相互影响的基础。从理论出发,需要注意的是由于个体偏好、个人社会经济要素的动态变化,通勤需求与其他个人社会性需求会直接影响区位选择的变化,产生自微观到中观选择及职住关系的关联性变化。

职住关系和个体出行的相互影响机理主要通过区位选择的动态性和通勤收益变化而实现。具体来说,职住关系通过城市空间的区位差异和要素分布影响个体的职业/居住选择,与个体出行影响因子共同造成个体通勤时长与通勤方式的不同;而个体通勤属性具有动态性,会随着出行需求、生活阶段等发生变化或产生新诉求,重新影响个体的职住区位选择,部分通勤者进行居住地再选择,在空间上形成新的职住关系。

在二者相互影响过程中,通勤者居住地选择机制是塑造职住关系和个体通勤双向影响结构的重要因子。厘清居住区位选择的原则和本质,完善相应指标是研究的重要理论基础。基于上述理论梳理可以发现,区位竞租理论指出居住区位选择的经济学本质是权衡交通成本、居住成本、居住条件与环境下的综合选择。居民的居住区位选择是在工资收入约束下对住房成本和通勤成本进行权衡,追求效用最大化。即

> 区位选择收益=工资收入-交通距离×单位距离的交通成本-住房成本-基本生活维持成本,

且该收益所得还包括居住社区环境质量。因此,职住关系指标不仅需要反映职住分布的特征,还应该囊括个体职住选择中的成本权衡。

参考文献

[1] 陈团生.通勤者出行行为特征与分析方法研究[D].北京交通大学,2007.

[2] 罗宾斯.组织行为学精要[M].北京:中国人民大学出版社,2016.

[3] 王兴中.中国城市社会空间结构研究[M].北京:科学出版社,2000.

[4] 徐红利.城市交通流系统分析与优化[M].南京:南京大学出版社,2013.

[5] 许学强,周一星,宁越敏.城市地理学[M].北京:高等教育出版社,2009.

[6] 杨敏,陈学武,王炜,等.基于活动模式的工作者出行生成预测模型[J].东南大学学报(自然科学版),2008,38(3):525—530.

[7] 张景秋.城市办公出行与应急管理[M].北京:科学出版社,2016.

[8] 张毅.基于多维影响因素的通勤出行决策行为[M].上海:上海交通大学出版社,2015.

[9] 赵凯华.交通出行选择行为理论与模型应用分析[J].中国铁路,2017(2):55—61.

[10] ALONSO W. Location and land use, publications of the Joint Center for Urban Studies of the Massachusetts Institute of Technology and Harvard University [Z]. Cambridge, MA: Harvard University Press. 1964

[11] BALDWIN HESS D, ONG P M. Traditional neighborhoods and automobile ownership [J]. Transportation Research Record, 2002, 1805 (1): 35-44.

[12] BLUMENBERG E, MANVILLE M. Beyond the spatial mismatch: Welfare recipients and transportation policy [J]. Journal of Planning Literature, 2004, 19 (2): 182-205.

[13] BOARNET M G, SARMIENTO S. Can land-use policy really affect travel behaviour? A study of the link between non-work travel and land-use characteristics [J].

Urban Studies, 1998, 35 (7): 1155-1169.

[14] BOSCHMANN E E, BRADY S A. Travel behaviors, sustainable mobility, and transit-oriented developments: A travel counts analysis of older adults in the Denver, Colorado metropolitan area [J]. Journal of Transport Geography, 2013, 33: 1-11.

[15] CERVERO R. Jobs housing balance as public policy [J]. Urban Land, 1991, 50 (10): 10-14.

[16] CERVERO R. Jobs-housing balance revisited: trends and impacts in the San Francisco Bay Area [J]. Journal of the American Planning Association, 1996, 62(4): 492-511.

[17] CERVERO R. Office development, rail transit, and commuting choices [J]. Journal of Public Transportation, 2006, 9 (5): 3.

[18] CERVERO R, DAY J. Residential relocation and commuting behavior in Shanghai, China: The case for transit oriented development [Z]. 2008

[19] CERVERO R, GORHAM R. Commuting in transit versus automobile neighborhoods [J]. Journal of the American Planning Association, 1995, 61 (2): 210-225.

[20] CERVERO R, GRIESENBECK B. Factors influencing commuting choices in suburban labor markets: A case analysis of Pleasanton, California [J]. Transportation Research Part A: General, 1988, 22 (3): 151-161.

[21] CERVERO R, WU K-L. Sub-centring and commuting: Evidence from the San Francisco Bay area, 1980-1990 [J]. Urban Studies, 1998, 35 (7): 1059-1076.

[22] CHATMAN D G. Residential choice, the built environment, and nonwork travel: Evidence using new data and methods [J]. Environment and Planning A, 2009, 41 (5): 1072-1089.

[23] DOWNS A. The Need for A New Vision for the Development of Large US Metropolitan Mreas [M]. New York: Salomon Bros., 1989.

[24] DOWNS A. Stuck in Traffic: Coping with Peak-hour Traffic Congestion [M]. Washington, DC: Brookings Institution Press, 2000.

[25] DUBIN R. Commuting patterns and firm decentralization [J]. Land Economics, 1991, 67 (1): 15-29.

[26] EWING R. Best Development Practices: Doing the Right Thing and Making Money at the Same Time [M]. London: Routledge, 2019.

[27] EWING R, CERVERO R. Travel and the built environment: A meta-analysis [J].

Journal of the American Planning Association, 2010, 76 (3): 265-294.

[28] FRANK D, DANA F. Purchasing Power: Consumer Organizing, Gender, and the Seattle Labor Movement, 1919-1929 [M]. Cambridge: Cambridge University Press, 1994.

[29] FRANK L, PIVO G. Relationships between land use and travel behavior in the puget sound region. Final summary report [R], 1994.

[30] FRIEDRICH C J, WEBER A. Alfred Weber's Theory of the Location of Industries [M]. Chicago: University of Chicago Press, 1929.

[31] GIULIANO G. Is jobs-housing balance a transportation issue? [J]. UC Berkeley: University of California Transportation Center, 1991: 305-312.

[32] GIULIANO G, SMALL K A. Is the journey to work explained by urban structure? [J]. Urban Studies, 1993, 30 (9): 1485-1500.

[33] GORDON P, KUMAR A, RICHARDSON H W. Gender differences in metropolitan travel behaviour [J]. Regional Studies, 1989, 23 (6): 499-510.

[34] GORDON P, RICHARDSON H W, JUN M-J. The commuting paradox evidence from the top twenty [J]. Journal of the American Planning Association, 1991, 57 (4): 416-420.

[35] HäGCRSTRAND T. What about people in regional science [J]. Regional Science Association, 1970, 24: 7-21.

[36] HAMILTON B W, RöELL A. Wasteful commuting [J]. Journal of Political Economy, 1982, 90 (5): 1035-1053.

[37] HOLZER H J. The spatial mismatch hypothesis: What has the evidence shown? [J]. Urban Studies, 1991, 28 (1): 105-122.

[38] HORNER M, MURRAY A. A multi-objective approach to improving regional jobs-housing balance [J]. Regional Studies, 2003, 37 (2): 135-146.

[39] HORNER M W, MEFFORD J N. Investigating urban spatial mismatch using job-housing indicators to model home-work separation [J]. Environment and Planning A, 2007, 39 (6): 1420-1440.

[40] ZHOU J, ZHANG C, CHEN X, et al. Has the legacy of Danwei persisted in transformations? The jobs-housing balance and commuting efficiency in Xi'an [J]. Journal of Transport Geography, 2014, 40: 64-76.

[41] JONES P M, DIX M C, CLARKE M I, et al. Understanding Travel Behaviour [M]. Brookfield: Gower Publishing Company, 1983.

[42] KAHNEMAN D, TVERSKY A. Prospect theory: An analysis of decision under

risk [J]. Econometrica, 1979, 47 (2): 263-291.

[43] KAIN J F. Housing segregation, negro employment, and metropolitan decentralization [J]. The Quarterly Journal of Economics, 1968, 82 (2): 175-197.

[44] KAIN J F. The spatial mismatch hypothesis: Three decades later [J]. Housing Policy Debate, 1992, 3 (2): 371-460.

[45] KIM C. Commuting time stability: A test of a co-location hypothesis [J]. Transportation Research Part A: Policy and Practice, 2008, 42 (3): 524-544.

[46] KITAMURA R. An evaluation of activity-based travel analysis [J]. Transportation, 1988, 15 (1): 9-34.

[47] KITAMURA R, MOKHTARIAN P L, LAIDET L. A micro-analysis of land use and travel in five neighborhoods in the San Francisco Bay Area [J]. Transportation, 1997, 24 (2): 125-158.

[48] LEVINE J. Rethinking accessibility and jobs-housing balance [J]. Journal of the American Planning Association, 1998, 64 (2): 133-149.

[49] LEVINSON D M. Accessibility and the journey to work [J]. Journal of Transport Geography, 1998, 6 (1): 11-21.

[50] LEVINSON D M, KUMAR A. The rational locator: Why travel times have remained stable [J]. Journal of the American Planning Association, 1994, 60 (3): 319-332.

[51] MILLS E S. Studies in the Structure of the Urban Economy [M]. Baltimore: John Hopkins Press, 1972.

[52] MUTH R F. Cities and Housing: The Spatial Pattern of Urban Residential Land Use [M]. Chicago: University of Chicago Press, 1969.

[53] PENG Z-R. The jobs-housing balance and urban commuting [J]. Urban Studies, 1997, 34 (8): 1215-1235.

[54] PRATT G, HANSON S. Time, space, and the occupational segregation of women: A critique of human capital theory [J]. Geoforum, 1991, 22 (2): 149-157.

[55] ROBBINS S P. Decide & Conquer: Make Winning Decisions and Take Control of Your Life [M]. London: FT Press, 2004.

[56] SHEN Q. Spatial and social dimensions of commuting [J]. Journal of the American Planning Association, 2000, 66 (1): 68-82.

[57] TA N, CHAI Y, ZHANG Y, et al. Understanding job-housing relationship and commuting pattern in Chinese cities: Past, present and future [J]. Transportation Research Part D: Transport and Environment, 2017, 52: 562-573.

[58] TAYLOR B D, ONG P M. Spatial mismatch or automobile mismatch? An examination of race, residence and commuting in US metropolitan areas [J]. Urban Studies, 1995, 32 (9): 1453-1473.

[59] WANG D, CHAI Y. The jobs-housing relationship and commuting in Beijing, China: The legacy of Danwei [J]. Journal of Transport Geography, 2009, 17 (1): 30-38.

[60] WANG-BAO L, XIAO-PEI Y. Comparison of influencing factors for residential mobility between different household register types in transitional urban China: A case study of Guangzhou [J]. Geographical Research, 2007, 26 (5): 1055-1066.

[61] ZHAO P, HOWDEN-CHAPMAN P. Social inequalities in mobility: The impact of the hukou system on migrants' job accessibility and commuting costs in Beijing [J]. International Development Planning Review, 2010, 32 (3-4): 363-385.

[62] ZHAO P, LI S. Restraining transport inequality in growing cities: Can spatial planning play a role? [J]. International Journal of Sustainable Transportation, 2016, 10 (10): 947-959.

[63] ZHAO P, LÜ B, DE ROO G. Impact of the jobs-housing balance on urban commuting in Beijing in the transformation era [J]. Journal of Transport Geography, 2011, 19 (1): 59-69.

[64] LI S-M, LIU Y. The jobs-housing relationship and commuting in Guangzhou, China: Hukou and dual structure [J]. Journal of Transport Geography, 2016, 54: 286-294.

第四章　职住关系与交通相互作用的实证依据

第一节　职住关系对通勤出行的影响

职住平衡的概念最先于20世纪在美国被提出，旨在改善美国城市郊区扩张和空间蔓延所带来的城市问题。尤其在20世纪60年代以后，郊区化带来的城市交通拥堵和空气污染问题日益严重，就业-居住平衡被作为解决城市问题的重要途径引入城市发展策略。由此，职住平衡与通勤之间的关系及其所带来的影响逐渐成为研究热点。其中，备受关注的是职住平衡作为规划政策所引起的空间影响和交通绩效。对此，学者展开大量实证研究，研究结果不尽相同。

一、职住关系优化减少通勤时耗

多数学者认为职住关系优化能改善交通出行情况，尤其对城市居民的通勤活动具有重要影响。职住失衡的直接后果是个体出行距离和时间的延长，从而给城市交通带来巨大负担。Cervero（1989）对美国40多个主要郊区就业中心的研究得出，高比率的职住失衡往往伴随着步行和自行车出行比率的降低和邻近郊区就业中心高速公路的拥堵。Schwanen（2001）对荷兰的研究也发现就业和居住的空间失衡是造成通勤距离增加的主要原因。Frank等人（1994）对1989年西雅图地区的通勤研究也表明，在就业和居住空间失衡的地区，个体通勤距离和通勤时长都比相对平衡的地区要长。

职住平衡政策在空间上保证了个体的通勤时长及距离被控制在相对合理、可接受的范围，从而减少了城市长距离出行行为。Nowlan 和 Stewart（1991）基于对多伦多的实证研究发现，建设就业中心所预想的大量交通流被同时在中心区建设的大量住宅抵消了，因而推论在中心区拥有新住房的人群同时也工作于此，并未导致净通勤量的增加。Nowlan 等（1991）对多伦多中心商业区的研究发现，随着在中心区居住人口的增加，工作日进入中心区的通勤流量减少了。尤其是对佛罗里达州 500 个城镇数据的回归分析，结果表明城镇内部通勤占比与居住-就业平衡度呈显著正相关（Ewing, 1996），因此长距离通勤比例随职住平衡水平的提升而下降，从总量角度验证了职住平衡政策的有效性。Weitz 等（1997）和 Horner 等（2003）对美国其他地区的实证研究也都证明了此观点。这些研究表明，在城市就业中心增加房屋供应可以减少高峰期进出的通勤流量，降低长距离通勤比例，大大缓解城市交通拥堵。

国内相关的实证研究也得出了类似结论。周素红等（2005, 2006）等采用熵的概念测度了广州的就业-居住均衡性和交通需求的空间均衡性，发现二者具有一致性，即职住失衡地区的交通出行需求更强。李强等（2007）对北京回龙观和天通苑两大居住区展开实证研究，发现该地区居民由于职住两地分离，不仅派生出每日固定时段的大量向心式交通流，加剧了城市交通拥堵，而且延长了居民的通勤距离与时间。孙斌栋等（2008）以上海市为例，构造了职住空间均衡指数，从历史维度对该指数的变化与上海交通出行的关系进行了分析，研究发现上海城市的就业与居住空间不匹配性逐渐增强，在城市交通层面上带来的后果是跨区交通增加，平均出行时间与平均出行距离延长。刘灿齐（2006）则提出一种新的交通需求管理策略——就近居住补贴，按就业地和居住地之间的交通距离对就业者进行补贴，越近者补贴越高。他认为该政策能够激励人们就近择业，从而达到降低城市交通周转量的目的，解决我国城市因职住失衡带来大量交通流的现实问题，进而引导城市用地朝通勤短程化和功能混合化方向发展。

二、职住关系优化对出行影响不大

部分学者对职住空间优化的交通绩效持怀疑态度。Gordon（1989）等的研究表明，在美国通勤行为只占工作日个人出行总量的四分之一，并且即使是在交通高峰时段内，上下班交通流也不是主流。非工作交通不仅占交通流的比例很高，增长速度也很快，但它与职住平衡的关系难以确定。Scott 等人（1997）也认为就业和居住空间上的失衡只能对通勤行为做出部分解释，仅通过职住平衡政策来提高通勤效率很难达到规划者的初衷。

甚至，Wachs（1993）利用长达六年的动态数据研究发现，该州的职住关系得到改善，但就业者的平均通勤时长却增加了。其研究同时发现，邻里环境、学校的质量以及潜在的安全等都对居住地的选择有重要影响。Giuliano（1993）指出，美国 20 世纪 70—90 年代，人口的增长、小汽车使用率的提高、女性工作者就业比重的增加以及高速公路建设不足等因素都对交通拥堵的恶化产生了显著影响，而这些因素与就业和居住的空间分布不存在对应关系。

三、其他影响因素的作用

结合交通出行研究和社会地理学研究结果，一些学者提出职住关系并非居民居住地选择的决定性因素，而是个体差异、学校质量、公路情况、社区环境等其他要素在交通出行上发挥着更重要的作用，影响了居民的通勤模式及相应通勤时距（Levine，1998）。其中，以下因素被学者广泛认为对于个体出行存在重要影响。

（一）建成环境

建成环境的指标体系包括城市土地利用、道路设施、交通服务、多特征综合等类别，涵盖具有物质空间特征的硬指标和社会空间特征的软指标。建成环境的指标体系从早期的"3Ds"发展到了现在的"5Ds"，"5Ds"内部又包含若干细分指标（见表 4.1）。

表 4.1　建成环境指标体系

体系类型	特征因子	特征指标
土地利用	密度（density）	人口密度 居住密度 就业密度 从业人口密度 活动密度
	多样性（diversity）	土地利用混合度 职住平衡度
道路设施	道路网设计（design）	道路网密度 交叉口密度 人行道比例 平均地块面积 四向交叉口比例 平均街道宽度 行人过街设施密度 断头路密度
交通服务	公交设施（distance to transit）	家庭/单位与最近公交站点距离 公交线路密度 公交站点密度 公交服务覆盖率
多特征综合	目的地可达性（destination accessibility）	就业可达性 商业可达性 CBD 可达性

一般认为，建成环境会对出行方式的选择产生影响，其中土地利用混合度、道路网密度、交叉口密度等是较为显著的影响变量。Baldwin 和 Ong（2022）发现家庭所在邻里社区的土地利用混合度越高，尤其商业服务和交通设施的可达性与密度越高，则家庭拥有小汽车的数量会越低，居民更倾向选择其他出行模式。Nasri 等（2014）

以巴尔的摩-华盛顿都会区为研究区域进行数量化的建模研究，结果显示土地利用的密度、混合度和公交站点密度对小汽车出行具有反向影响，而 CBD 可达性、交叉口密度则对小汽车出行具有正向效应；Shatu 和 Kamruzzaman（2014）通过 TOD 社区与非 TOD 社区的案例对比研究，发现 TOD 社区因其良好的公共交通使用机会和服务水平，居民汽车使用率降低了 5%，公共交通使用增加 4%，且居民使用汽车的出行距离也更短。Zhao（2014）对北京居民自行车通勤情况进行实证研究，发现低土地利用混合度会促进自行车通勤频率，目的地可达性会影响居民是否使用自行车外出。

Ewing 和 Cervero（2010）对近百篇相关文献进行了整合分析（meta analysis），深入总结了以"5Ds"为代表的建成环境特征因子与出行行为之间的关系，并通过加权弹性系数的计算得到了定量结果。如表 4.2 至表 4.4 所示，高密度的混合开发、以公交和慢行为导向的道路设施系统、良好的就业可达性、便捷的公交设施等因素能够促进步行和公交出行，抑制小汽车出行。

表 4.2　建成环境特征与步行出行行为之间的定量关系

类　型	建成环境因子	建成环境具体指标	文献数量	加权弹性系数
土地利用	密度	人口密度	10	0.07
		就业密度	6	0.04
		商业用地比例	3	0.07
	多样性	土地利用混合度	8	0.15
		职住平衡度	4	0.19
		与最近商业设施距离	5	0.25
道路设施	道路网设计	交叉口	7	0.39
		四向交叉口比例	5	-0.06
交通服务	公交设施	与最近公交站点距离	3	0.15
多特征综合	目的地可达性	1 000 米以内的就业数量	3	0.15

第四章 职住关系与交通相互作用的实证依据

表 4.3　建成环境特征与小汽车出行行为之间的定量关系

类　　型	建成环境因子	建成环境具体指标	文献数量	加权弹性系数
土地利用	密度	人口密度	9	-0.04
		就业密度	6	0.00
	多样性	商业用地比例	10	-0.09
		土地利用混合度	4	-0.02
		职住平衡度	6	-0.12
		与最近商业设施距离	3	-0.12
道路设施	道路网设计	交叉口	6	-0.05
		四向交叉口比例	5	-0.20
交通服务	公交设施	与最近公交站点距离	3	-0.05
多特征综合	目的地可达性	1 000 米以内的就业数量	3	-0.22

表 4.4　建成环境特征与公交出行行为之间的定量关系

类　　型	建成环境因子	建成环境具体指标	文献数量	加权弹性系数
土地利用	密度	人口密度	10	0.07
	多样性	就业密度	6	0.01
		土地利用混合度	6	0.12
道路设施	道路网设计	交叉口	4	0.23
		四向交叉口比例	5	0.29
交通服务	公交设施	与最近公交站点距离	3	0.29

（二）个体社会经济属性

个体社会经济属性包括年龄、性别、职业、教育水平、收入等表征居民个体经济水平和社会地位不同的因素。一般认为，个体社会经济属性的差异将直接或间接影响出行模式和出行需求。

Pratt（1991）认为社会经济变量是比城市空间形态和职住关系等空间因素更显著影响出行行为的因子，这些社会经济因素主要包括年龄、性别和私家车的使用等。Gordon等（1991）研究发现已婚女性的通勤距离相对较低，并将其解释为性别和家庭造成的出行差异，即已婚女性承担家庭责任的角色与男性不同，造成她们对通勤距离非常敏感。Boarnet与Sarmiento等（1998）通过研究居民出行日志，发现土地利用因素对非工作出行的影响皆不显著，收入等社会经济因素对出行的影响反而更为重要。Boschmann和Brady（2013）研究老龄人口的出行特征，通过描述性统计数据的比较分析，发现社区内老龄人口的出行活动量、出行距离、出行方式选择等都具有区别于其他年龄段人口的显著特征，总出行数量和出行的平均距离随年龄增长而下降，老龄人口的出行方式也更偏好步行，较少使用小汽车。

另外，家庭结构也是非常重要的影响因子。Baldwin和Ong（2002）发现，家庭收入、人口规模等家庭特征与家庭小汽车拥有特征具有显著的相关性，进而影响居民是否使用小汽车出行。20世纪80年代之后，美国双职工家庭在增加，这使得居住区位选择变得更加复杂。若居住地邻近其中一个家庭成员的工作地点，就有可能远离另一家庭成员的工作地点。

（三）个人偏好与自选择

也有学者提出，出行行为在很大程度上是个体偏好和自选择的行为。居民自选择指的是人们根据自身交通出行的倾向和需要选择居住在什么样的社区。它主要基于两个方面：对居住区与出行的偏好和社会经济属性。在自选择机制下，出行行为是具有特定社会经济属性的个体，基于自我认知、空间区位和出行态度的自我选择结果。该观点侧重偏好和出行态度对出行的影响。

Kitamura和Mokhtarian等人（1997）认为高密度、高混合度住区居民较少使用小汽车出行，这是因为高密度住区往往意味着较低收入群体的集聚，即机动车拥有率低。研究还发现个体态度是比建成环境更为重要、更直接和更具影响力的因素。Chatman（2009）通过居民调查访谈发现，大多数受访家庭在选择居住社区与进行外出活动时，个体出行态度和偏好是比建成环境更为重要的影响因素。杨文越和曹小曙（2018）的实证研究同样验证了居住自选择效应在中国城市的存在，其中居民关于出行相关的态度对出行方式的影响不大，偏好则具有非常关键的效应。居民对公共交通出行的偏好有利于促进其采取低碳出行模式，对城市节能减排具有重要意义。

（四）政策制度

但也有一些学者指出，交通出行问题本质上源于制度政策对要素空间分布的影响，进而导致职住分离、社会隔离、交通公平等问题。

美国分区制度和 Zoning 规划体制通过影响住宅区的规划设计带来职住分离，出行需求和出行量增加。一方面，某些地方政府为了追求财政收入，在城市中心用写字楼来代替老化住宅区，造成就业过度集中；另一方面，许多郊区市县实行隔离分区制度，限制低收入住房的建设（Downs et al., 1989），造成现实中的职住分离。如美国马里兰州的某一就业中心属于极度的居住-就业不平衡，每三个就业岗位对应一户居民。但当地政府仍采用分区政策，阻止建造预期规划的 1 500 个新公寓居住单元（Cervero et al., 1995），造成居民职住分离和长距离通勤现象加剧。

空间错位假说的提出则反映出种族政策的市场化对个体职住选择和出行行为的影响。大量相关研究表明，内城区低收入居民由于住房市场的种族隔离，往往出现黑人居住人口多于适宜就业岗位的状况，从而导致内城区黑人的高失业率、低工资和更长的通勤。总体而言，中心城区居住人口与就业机会间的空间障碍是导致黑人就业者高失业率、低工资以及长距离通勤的主要因素（Holzer, 1991; Horner et al., 2007; Kain, 1992）。这本质上源于社会制度和社会现实造成就业岗位、住房机会、公共服务设施与交通条件的空间差异，进而在城市蔓延、郊区化等空间重构过程中出现空间错位。

Wang（2009）以北京市为案例，研究发现住房制度（居民住房来源及住房市场化制度）与职住关系、交通模式和通勤时长之间存在相互作用。居民的通勤选择及通勤时耗会因住房状况产生差异，拥有市场化住房的居民通勤时长更短。

四、职住关系优化对通勤出行产生何种影响

(一) 通勤时长和距离

职住关系是衡量就业地和居住地空间匹配的重要指标，是直接影响出行时间和距离的因素。许多学者通过实证研究发现，职住平衡状态会缩短个体通勤时长和距离（Cervero，1989；Frank et al.，1994；Weitz et al.，1997）。Levinson（1998）对华盛顿的案例研究表明，居住在工作机会较充足区域，或工作在住房较充足区域居民的通勤出行相对较短。Zhao 等（2011）基于职住区位相互协调假设，认为居民和企业在区位选择上相互动态协调。只要符合他们的心理预期，居民可以再次选择职住地；企业也会在空间上寻求成本最低点，从而调整工作机会分布。这些都会促使居住地和就业地在空间上不断趋于平衡，降低通勤距离。

冯建等（2003）通过居民问卷调查发现北京职住空间失衡现象严重，居住郊区化使通勤距离过长。李雪铭等（2007）从职住通勤角度，利用时空效应分析得出小汽车节省了通勤时长，促使人们居住郊区化的结论。孙斌栋等（2010）多角度地构造了职住平衡指数，对职住平衡与通勤时耗之间的因果关系进行了系统的统计分析，研究发现，职住平衡是影响个体通勤时耗的重要因素，上海职住空间分布平衡程度下降使得居民平均通勤时长和通勤距离显著增加，跨区通勤量也增多。

(二) 出行方式

理想的职住平衡状态不仅能够缩短个体出行时间和距离，也能促进绿色出行结构。大部分居民可以就近工作，采用步行、自行车或其他非机动车方式作为出行方式，即便使用机动车的出行距离和时间也较短，能够控制在一个合理范围内（Cervero，1991；Giuliano，1991）。

大部分学者认同职住空间分布会影响居民的通勤方式，认为均衡程度越高，低碳通勤方式占比越高；均衡程度越低，小汽车等通勤方式比例越高。Peng（1997）运用 GIS 技术和数学模型对职住关系和通勤模式进行分析，发现车公里数（VMT）和职住比之间并非线性相

关，只有当职住比低于 1.2 或者高于 2.8 时，VMT 会随着该比值有显著变化，这说明当职住关系不均衡到一定程度，机动车出行比例均会大大增加。Cervero（1988）研究发现，郊区的就业中心集聚性越强，职住关系的均衡性就会越差，相对应地，机动车出行的比例会越高。据统计数据，就业岗位每提高 5 000 个，机动车通勤比例增加 3.5%。Cervero（2006）对加州都市区的郊区就业中心进行实地调查和访谈，发现公共交通使得就业地和居住地的空间匹配度提高，通勤距离相对拉近，就业者多选择公共交通通勤，而便捷的公共交通服务（包括停车设施等）也增加了低碳出行占比。

第二节 出行（通勤）对区位（再）选择和职住关系的影响

居住/就业区位选择是职住关系的基础，当个体的居住/就业区位选择发生变化时，职住关系也随着发生变化。而出行对职住关系的影响作用则主要体现在：出行有关因素的变化会使得个体的居住/就业区位发生改变，进而发生居住地变化，影响职住关系。总的来看，出行对区位（再）选择的影响路径主要通过出行通达性、出行成本和出行需求的变化实现。

一、出行通达性对区位（再）选择的影响

出行通达性是指所在居住区与外部联系的便利程度，是影响居民住宅区位选择的重要因素（张文忠，2001），它直接影响居民通勤（通学）和外出活动的便捷水平，因此成为个体在居住区位（再）选择时的重要考虑因素。也就是说，通勤对职住选择以及职住关系的影响作用体现在，通勤出行的通达性可能影响居民的居住选择。

许多实证研究验证了出行通达性在居住区位选择中的重要作用。Molin 和 Timmermans（2003）研究发现，个体在居住选择时相较住房属性和社区属性更加看重可达性。Smith 和 Gihring（2006）以多伦多为例，研究发现轨道交通开通后，居住区交通通达性提高，从而引发居住空间集聚。张文忠（2001）研究发现，住宅区位的交通通达性是

决定居民住宅区位选择的重要条件之一，一般有直达市区主要交通中心或能与地铁相连接线路的居住区位是居民的首选地。Cervero（2008）以上海为例，选取了上海郊区化进程中有代表性的三个镇区共 20 个房产开发项目与社区进行实地探访与研究。研究结果显示整合城市发展与轨道交通能够重组区域可达性与居民潜在流动意愿，使得居民的住区选择更靠近郊区地铁站点。

二、出行成本对区位（再）选择的影响

出行成本包括出行的时间和货币成本，是出行活动的经济化度量因素。通勤的时间和货币成本本质上是职住关系的体现，是影响个体职业地和居住地区位（再）选择的一大因素。当居住地发生变化时，职住关系也发生了变化，由此形成区域内动态的职住选择与相对稳定的职住关系格局。

许多研究验证了出行（通勤）成本对职住（再）选择的作用。Weisbrod 等人（1980）研究发现个体对居住区的再选择是通勤成本与其他因素（如住房成本和生活环境）间的权衡。Molin 和 Timmermans（2003）发现了可达性在居住选择中的重要性，然而，当满足个体对出行可达性的要求后，则更侧重考虑区位和成本而非交通条件。Schmidt（2014）研究发现，个体在考虑住房选择时，往往需要在交通成本和住房成本之间做出权衡。相应地，很多职住分离的居民在过长的出行压力下，往往主动寻求转换工作以减少财务和时间成本。

也有研究详细剖析了个体在选择居住地时，在出行成本方面的权衡与选择偏好。Tillema 等（2010）就出行成本对个体居住区选择的影响机制进行了探究，研究发现出行成本确实是居住区选择的影响因素之一，且个体对出行成本的变动（包括交通收费和燃料成本）比对住房成本更敏感。从个体意愿看，居民更愿意通过支付更高的住房费用，接受更长的出行时间来避免较高的出行成本。

三、出行需求对区位（再）选择的影响

出行需求是人们为了满足个人或家庭需求、迁移到在空间上有距离的场所而派生出来的一种移动需求（Kitamura，1988）。个体的出行

不是为了出行而出行，而是伴随着某种社会需求。新出行需求的派生不仅会增加出行活动，还可能影响个体的居住选择，发生迁居行为。

家庭特征是派生其他出行需求的重要因素，因而影响了个体出行，出现家庭迁居。首先，许多研究发现居民的家庭规模越大，活动和出行发生的概率越大（Jones et al., 1983），双职工家庭的居住选择需要考虑双方职工的通勤距离与出行便捷度；家中小孩数目增多则会增加家庭成员户外休闲活动和移动行为，且随着孩子年龄增长，也需要根据孩子的教育需求迁居或购置新房。其次，家庭资源变化也会派生新的出行需求，可能产生迁居行为。家庭收入就是一个重要的制约因素，实证研究表明高收入家庭倾向于更多、更丰富和更高级的户外活动和非通勤活动，特别是户外休闲活动和购物活动，因收入带来的社会阶层变化会使得居住地也发生变化（Kitamura, 1988）。此外，家庭生命周期也影响不同家庭成员的活动和出行模式，处于不同生命周期阶段的人群明显地表现出不同的活动时间分配和出行行为。

我国特殊的社会制度派生了独特的出行需求和居住需求。学区房制度是许多家庭购置新房或产生迁居的关键因素。其本质上是由学区空间分割，而孩子需要就近上学获取高水平教育资源的需求决定的。

第三节　国内研究现状小结

在研究成果方面，针对职住平衡对出行的影响，国内研究有"支持"和"怀疑"两派观点。"支持派"学者认为职住平衡对通勤行为有显著影响（李平华等，2005；周素红等，2005）；也有一些研究表明职住平衡对通勤的影响并不显著，或是在一定条件下才会显现显著关系（刘志林等，2011；孙斌栋等，2008）。针对交通出行对职住关系的反作用，大部分认为出行通达性与便捷度对居住、就业区位选择以及企业选址产生影响，从而影响某一地区的职住平衡度。出行对居住选址的影响主要体现在出行成本（时间、货币）和交通便捷度上（李霞等，2010；郑思齐等，2005）。而交通的便捷度对于居住选址的影响集中体现在交通设施供给和变化对于居住选址的影响（潘海啸等，2009）。

（一）在研究内容上

当前国内研究的主体往往偏重职住关系对出行的单向影响分析，而相互作用研究较少，缺乏对职住平衡与交通出行之间关系的相互作用的综合研究，导致对于职住平衡与交通出行相互作用的理解存在片面性。同时，国内学者在研究交通出行对职住平衡的反作用时，侧重交通网络格局对职住区位选择的影响（张文忠，2001；郑思齐等，2004；周素红等，2010），而忽略了出行成本、目的与需求等因素。

（二）在机制解释上

当前国内研究对于制度因素、社会文化因素考虑不足，尤其是中国特色因素体现不够。在国际上，职住平衡与交通相互作用的机制解释理论以城市经济学、效用理论等西方市场经济理论为主，较为普遍的理论是 co-location hypothesis（Cervero et al., 1998；Hamilton et al., 1982）。基于市场的理论解释均建立在自由市场经济的基础上，往往轻视了制度和社会文化因素对于城市职住关系的影响。许多学者，尤其是社会地理学者研究发现管理制度、社会文化、家庭责任、生活习惯等因素对于城市职住关系有重要影响（Zhao et al., 2011）。在我国，市场力量对于职住平衡和交通的影响在增长，但计划体制因素和传统社会文化因素对于中国城市职住平衡与交通相互作用关系仍发挥着重要作用。研究中，对于住房制度、就业制度、土地制度、学区制度、社会保障制度、居民居住选址的社会文化传统因素等中国特色因素的探讨有待加强。对于这些因素的深入分析和研究将有助于更加全面解释中国城市职住平衡与交通相互作用的特征。

（三）在研究方法上

现有研究和测定方法以集计方法和空间分析为主，缺乏基于居民个体的非集计时空分析，不利于对深层次影响机制进行剖析。当前研究偏重集计研究而轻居民个体尺度的综合分析，对职住平衡的测度多以行政区范围内的职住比为主，这种集计法忽视了居民个体在社会经济属性和交通出行等方面的差异，不能准确地反映现实情况。尤其是随着城市住房和就业市场空间的扩张和快速交通（如轨道交通、小汽车、快速公交等）的发展，居民的职住平衡空间的尺度越来越突破行政区范围，需要从城市职能和社会活动的角度以交通小区为空间范围，开展基于居民个体的非集计分析。

总体来说，虽然现有研究成果丰富，但结论和观点尚未统一，研究内容、研究数据、研究采用分析指标等都有一定不足。国内现有相关研究的研究范围主要集中于特大城市和大城市，研究内容以职住平衡影响交通出行的视角为主，对出行的反作用影响研究较少；研究数据主要来源于居民出行调查与城市统计数据，少部分通过小样本的其他问卷调查数据，需要结合多层次多视角的多样化数据以得出更具有科学性的结论；相关研究囊括的影响因素以家庭特征、个人特征和出行特征等传统因素为主，缺乏动态数据的系统性分析。

参考文献

[1] 冯健，周一星. 近 20 年来北京都市区人口增长与分布[J]. 地理学报，2003，58（6）：903—916.

[2] 李平华，陆玉麒. 可达性研究的回顾与展望[J]. 地理科学进展，2005，24（3）：69—78.

[3] 李强，李晓林. 北京市近郊大型居住区居民上班出行特征分析[J]. 城市问题，2007，(7)：55—59.

[4] 李霞，邵春福，曲天书，等. 基于网络广义极值模型的居住地和通勤方式同时选择模型研究[J]. 北京大学学报：自然科学版，2010（6）：926—932.

[5] 李雪铭，杜晶玉. 基于居民通勤行为的私家车对居住空间影响研究：以大连市为例[J]. 地理研究，2007，26（5）：1033—1042.

[6] 刘灿齐. 就近居住补贴交通需求管理策略及其模型[J]. 交通与计算机，2006，24（4）：9—12.

[7] 刘志林，王茂军. 北京市职住空间错位对居民通勤行为的影响分析：基于就业可达性与通勤时间的讨论[J]. 地理学报，2011，66（4）：457—467.

[8] 潘海啸，陈国伟. 轨道交通对居住地选择的影响：以上海市的调查为例[J]. 城市规划学刊，2009，5：71—76.

[9] 孙斌栋，李南菲，宋杰洁，等. 职住平衡对通勤交通的影响分析：对一个传统城市规划理念的实证检验[J]. 城市规划学刊，2010，6：55—60.

[10] 孙斌栋，潘鑫，宁越敏. 上海市就业与居住空间均衡对交通出行的影响分析[J]. 城市规划学刊，2008，1：77—82.

[11] 杨文越，曹小曙. 居住自选择视角下的广州出行碳排放影响机理[J]. 地理

学报，2018，73（2）：346—361.

[12] 张文忠. 城市居民住宅区位选择的因子分析［D］. 2001.

[13] 郑思齐，符育明，刘洪玉. 利用排序多元 Logit 模型研究城市居民的居住区位选择［J］. 地理科学进展，2004，23（5）：86—93.

[14] 郑思齐，符育明，刘洪玉. 城市居民对居住区位的偏好及其区位选择的实证研究［J］. 经济地理，2005，25（2）：194—198.

[15] 周素红，刘玉兰. 转型期广州城市居民居住与就业地区位选择的空间关系及其变迁［J］. 地理学报，2010，65（2）：191—201.

[16] 周素红，闫小培. 广州城市空间结构与交通需求关系［J］. 地理学报，2005，60（1）：131—142.

[17] 周素红，闫小培. 广州城市居住-就业空间及对居民出行的影响［J］. 城市规划，2006，30（5）：13—18.

[18] BALDWIN HESS D, ONG P M. Traditional neighborhoods and automobile ownership［J］. Transportation Research Record，2002，1805（1）：35-44.

[19] BOARNET M G, SARMIENTO S. Can land-use policy really affect travel behaviour? A study of the link between non-work travel and land-use characteristics［J］. Urban Studies，1998，35（7）：1155-1169.

[20] BOSCHMANN E E, BRADY S A. Travel behaviors, sustainable mobility, and transit-oriented developments: A travel counts analysis of older adults in the Denver, Colorado metropolitan area［J］. Journal of Transport Geography，2013，33：1-11.

[21] CERVERO R. Jobs-housing balancing and regional mobility［J］. Journal of the American Planning Association，1989，55（2）：136-150.

[22] CERVERO R. Jobs housing balance as public policy［J］. Urban Land，1991，50（10）：10-14.

[23] CERVERO R. Jobs-housing balance revisited: trends and impacts in the San Francisco Bay Area［J］. Journal of the American Planning Association，1996，62（4）：492-511.

[24] CERVERO R. Office development, rail transit, and commuting choices［J］. Journal of Public Transportation，2006，9（5）：3.

[25] CERVERO R, DAY J. Residential relocation and commuting behavior in Shanghai, China: The case for transit oriented development［Z］. 2008

[26] CERVERO R, GORHAM R. Commuting in transit versus automobile neighborhoods［J］. Journal of the American Planning Association，1995，61（2）：210-225.

[27] CERVERO R, GRIESENBECK B. Factors influencing commuting choices in suburban labor markets: A case analysis of Pleasanton, California [J]. Transportation Research Part A: General, 1988, 22 (3): 151-161.

[28] CERVERO R, WU K-L. Sub-centring and commuting: Evidence from the San Francisco Bay area, 1980-1990 [J]. Urban Studies, 1998, 35 (7): 1059-1076.

[29] CHATMAN D G. Residential choice, the built environment, and nonwork travel: Evidence using new data and methods [J]. Environment and Planning A, 2009, 41 (5): 1072-1089.

[30] DOWNS A. The Need for a New Vision for the Development of Large US Metropolitan Areas [M]. New York: Salomon Bros., 1989.

[31] EWING R. Best Development Practices: Doing the Right Thing and Making Money at the Same Time [M]. London: Routledge, 2019.

[32] EWING R, CERVERO R. Travel and the built environment: A meta-analysis [J]. Journal of the American Planning Association, 2010, 76 (3): 265-294.

[33] FRANK D, DANA F. Purchasing Power: Consumer Organizing, Gender, and the Seattle Labor Movement, 1919-1929 [M]. Cambridge: Cambridge University Press, 1994.

[34] JONES P M, DIX M C, CLARKE M I, et al. Understanding Travel Behaviour [M]. Brookfield: Gower Publishing Company, 1983.

[35] GIULIANO G. Is jobs-housing balance a transportation issue? [J]. UC Berkeley: University of California Transportation Center, 1991: 305-312.

[36] GIULIANO G, SMALL K A. Is the journey to work explained by urban structure? [J]. Urban Studies, 1993, 30 (9): 1485-1500.

[37] GORDON P, KUMAR A, RICHARDSON H W. Gender differences in metropolitan travel behaviour [J]. Regional Studies, 1989, 23 (6): 499-510.

[38] GORDON P, RICHARDSON H W, JUN M-J. The commuting paradox evidence from the top twenty [J]. Journal of the American Planning Association, 1991, 57 (4): 416-420.

[39] HAMILTON B W, RöELL A. Wasteful commuting [J]. Journal of Political Economy, 1982, 90 (5): 1035-1053.

[40] HOLZER H J. The spatial mismatch hypothesis: What has the evidence shown? [J]. Urban Studies, 1991, 28 (1): 105-122.

[41] HORNER M, MURRAY A. A multi-objective approach to improving regional jobs-housing balance [J]. Regional Studies, 2003, 37 (2): 135-146.

[42] HORNER M W, MEFFORD J N. Investigating urban spatial mismatch using job-housing indicators to model home-work separation [J]. Environment and Planning A, 2007, 39 (6): 1420-1440.

[43] JONES P M, DIX M C, CLARKE M I, et al. Understanding Travel Behaviour [M]. 1983.

[44] KAIN J F. The spatial mismatch hypothesis: Three decades later [J]. Housing Policy Debate, 1992, 3 (2): 371-460.

[45] KITAMURA R. An evaluation of activity-based travel analysis [J]. Transportation, 1988, 15 (1): 9-34.

[46] KITAMURA R, MOKHTARIAN P L, LAIDET L. A micro-analysis of land use and travel in five neighborhoods in the San Francisco Bay Area [J]. Transportation, 1997, 24 (2): 125-158.

[47] LEVINE J. Rethinking accessibility and jobs-housing balance [J]. Journal of the American Planning Association, 1998, 64 (2): 133-149.

[48] LEVINSON D M. Accessibility and the journey to work [J]. Journal of Transport Geography, 1998, 6 (1): 11-21.

[49] MOLIN E, TIMMERMANS H. Accessibility considerations in residential choice decisions: Accumulated evidence from the Benelux; Proceedings of the 82nd Transportation Research Board Annual Meeting, F, 2003 [C].

[50] NASRI A, ZHANG L. The analysis of transit-oriented development (TOD) in Washington, DC and Baltimore metropolitan areas [J]. Transport Policy, 2014, 32: 172-179.

[51] NOWLAN D M, STEWART G. Downtown population growth and commuting trips: Recent experience in Toronto [J]. Journal of the American Planning Association, 1991, 57 (2): 165-182.

[52] PENG Z-R. The jobs-housing balance and urban commuting [J]. Urban Studies, 1997, 34 (8): 1215-1235.

[53] PRATT G, HANSON S. Time, space, and the occupational segregation of women: A critique of human capital theory [J]. Geoforum, 1991, 22 (2): 149-157.

[54] SCHMIDT C. Optimal commuting and migration decisions under commuting cost uncertainty [J]. Urban Studies, 2014, 51 (3): 477-492.

[55] SCHWANEN T, DIELEMAN F M, DIJST M. Travel behaviour in Dutch monocentric and polycentric urban systems [J]. Journal of Transport Geography, 2001, 9 (3): 173-186.

[56] SCOTT D M, KANAROGLOU P S, ANDERSON W P. Impacts of commuting efficiency on congestion and emissions: case of the Hamilton CMA, Canada [J]. Transportation Research Part D: Transport and Environment, 1997, 2 (4): 245-257.

[57] SHATU F M, KAMRUZZAMAN M. Investigating the link between transit oriented development and sustainable travel behavior in Brisbane: A case-control study [J]. Journal of Sustainable Development, 2014, 7 (4): 61-70.

[58] SMITH J J, GIHRING T A. Financing transit systems through value capture: An annotated bibliography [J]. American Journal of Economics and Sociology, 2006, 65 (3): 751-786.

[59] TILLEMA T, VAN WEE B, ETTEMA D. The influence of (toll-related) travel costs in residential location decisions of households: A stated choice approach [J]. Transportation Research Part A: Policy and Practice, 2010, 44 (10): 785-796.

[60] WACHS M, TAYLOR B D, LEVINE N, et al. The changing commute: A case-study of the jobs-housing relationship over time [J]. Urban Studies, 1993, 30 (10): 1711-1729.

[61] WANG D, CHAI Y. The jobs-housing relationship and commuting in Beijing, China: the legacy of Danwei [J]. Journal of Transport Geography, 2009, 17 (1): 30-38.

[62] WEISBROD G, LERMAN S R, BEN-AKIVA M. Tradeoffs in residential location decisions: Transportation versus other factors [J]. Transport Policy and Decision Making, 1980, 1 (1): 13-26.

[63] WEITZ J, SCHINDLER T. Are Oregon's communities balanced? A test of the jobs-housing balance policy and the impact of balance on mean commute times [R]. 1997.

[64] ZHAO P. The impact of the built environment on bicycle commuting: Evidence from Beijing [J]. Urban Studies, 2014, 51 (5): 1019-1037.

[65] ZHAO P, LÜ B, DE ROO G. Impact of the jobs-housing balance on urban commuting in Beijing in the transformation era [J]. Journal of Transport Geography, 2011, 19 (1): 59-69.

[66] EWING R, DEANNA M, LI S-C. Land use impacts on trip generation rates [J]. Transportation research record, 1996, 1518 (1): 1-6.

第五章　中国的职住平衡政策及其交通影响

第一节　单位制度与职住平衡

一、单位制度

中华人民共和国成立后，中国政府开始实行社会主义计划经济发展思路。"一五"期间，在苏联等社会主义国家的援助下，近千个工业项目落地建设。这期间产生了大量的生产和建设企业，这些企业来自国家的直接投资并服务于国家经济发展计划，并不具有独立的市场经营身份，因此与公共管理机构和其他公共权力系统整合在一起。企业最终形成半独立于公共系统之外的集体空间，并以社会性生产的职能部门出现在国家计划体制内，这样的企业被称为"单位"（薄大伟，2014）。

随着"一五"计划的完成，1958年起计划经济体制开始全面实施。中国城市地区开始推行"单位负责制"，单位吸纳社会成员进行统一管理，通过户籍制度强化其与所处城市的空间关系，构成配给社会的结构基础。人口被限制在最小的范围内流动，"单位"构成了中国城市空间中最基本的单元。除了提供薪水外，单位还承担着为大部分城市居民提供住房、医疗、教育等各项社会服务设施的责任，并负责成员的思想改造、政治学习、治安保卫、结婚离婚、入团入党、奖惩处分等。在计划经济时代，"单位"在很大程度上将政治、经济、文化空间与物理空间融为一体，是各项实践活动的总称。1967年，已有超过90%的城市人口进入社会主义单位中。

国有企业在处理单位成员工作与生活的关系时,采取了在邻近生产区的区域建设生活区的做法(Wang et al., 2009)。这种做法既能有效保证生产的正常秩序,又能为企业职工提供生活中的便利,在客观上达到了职住合一的效果。因此,这种生活区紧邻生产区的单位大院职住模式迅速流行开来,为大多数工业企业所采用,形成那个时代具有代表性的单位大院符号(图5.1)。

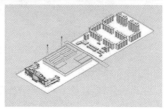

图5.1 典型的单位大院

来源:Y. Wang, 2012.

随着中国改革开放与市场经济的发展,私人企业的迅速发展和市场规模的不断扩大,中国经济逐渐具有了以市场为导向的自主性,不再仅满足于下达的生产计划或指标。同时,随着限制公民迁徙与行动自由的配给制终结,国家不再是配置资源的唯一主体,更多资源配置交由市场完成。市场化带给企业更多的自主权和自由流动的资源,国家分配工作不再是社会成员唯一的选择，传统的劳动就业制度必须面对市场竞争。正如曹锦清、陈中亚等评论者指出的：单位制度的瓦解是历史进程和经济发展不可避免的结果。单位的组织形态是抽象的，服务于整体利益，是计划经济时代的产物。然而，在市场经济背景下，具体的个人利益被突出强调，单位组织逐渐向契约组织转化。

伴随着单位制的重构，与之相关的单位制福利与社区也渐渐变化。原本单位负责的医疗、养老、社会保险、住房、教育等在市场化后，从单位或者企业内部转移到外部及社会中去，通过国家的社会福利保障系统、私人保险等方式得以解决。20世纪90年代开始，中国开始了一系列住房、养老、医疗福利制度的改革，发布了包括《建立住房公积金制度的暂行规定》《国务院关于建立统一的企业职工基本养老保险制度的决定》《国务院关于建立城镇职工基本医疗保险制度的决定》等一系列政策文件。随着单位制的衰落，单位社区开始衰败，这种衰败不仅体现在物理层面，也体现在其特有的社区文化与社区精神的全面萎缩，城市生活重心逐渐从单位大院转移到新建的商品化街区和现代化小区（图5.2）。

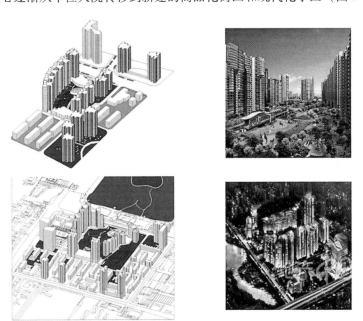

图5.2 现代化小区

来源：Y. Wang，2012.

从城市空间结构和职住关系来看，住在单位社区的居民通勤距离显著低于其他类型居住区，相应的通勤成本也较低。柴彦威等（2011）发现，受单位分配住房的影响，在一个家庭中户主的通勤距离显著小于其他家庭成员。随着单位制的瓦解，职住分离现象逐渐凸显。20世纪80年代，北京开始出现居住郊区化现象（周一星，1996），而就业机会仍主要集中在城市中心区，居住和就业空间分离初露头角。伴随土地有偿使用制度建立、住房市场化改革和"退二进三"产业政策的实施，北京城市内部空间经历了大规模的调整和重组过程。一方面，经济结构开始向服务型经济转型，工业企业大规模外迁，城市内部用地功能发生置换；另一方面，市场机制在住房资源配置中的作用不断增强。居住和就业空间分离现象日益明显，并导致居民通勤时间和距离明显增加。

单位制度的退出是一个渐行的过程。直到今天，单位仍是中国城市大部分职工具有归属感的机构，并且在住房、福利等方面有着一定的控制权，即使是在新型的城市社区中，单位仍通过各种支持起着一定的作用。可以说，单位在中国城市社会中的作用仍然存在，只不过这种影响和过去相比更"隐形化"（柴彦威等，2008），可能表现在习惯心理、观念结构和生活方式等方面，尤其是老年群体普遍存在着强烈的单位情结（李昌霞等，2004）。市场经济条件下，尽管人们在选择住房、工作的时候拥有越来越大的自由度，但不可否认的是经历过单位制度的很多人仍然受到长期以来单位社会结构、单位意识和单位行为的影响（曹丽晓等，2006）。

二、单位制度与职住平衡

学术界对单位制与职住平衡也进行了探讨，认为单位制带来的就业与职住匹配更有利于职住平衡。D. Wang 等和郑思齐等分别以北京市为例展开研究。D. Wang 等（2009）关注两种不同住房来源人群的通勤行为：一是从传统国有或集体所有单位获得住房的人群，二是从自由市场获得住房的人群。研究构建了结构方程模型探究这两种人群的通勤行为受就业-居住空间关系的影响情况。研究结果显示：从传统国有或集体所有单位获得住房的就业者，更可能在同一个区域就业和居住；从单位获得住房的就业者更倾向于选择步行、自行车等非机动化的出行方式。这是因为单位住房一般距离单位较近，就业者通勤距离较短，步行、自行车等非机动化的出行方式更具性价比。从城市空间结构以及职住关系来看，单位居住区居民的职住距离显著低于其他类型居住区，仍然享有职住接近带来的较低通勤成本；曾受单位住房福利分配的影响，家庭中户主的职住距离较非户主成员显著较短（柴彦威等，2011）。

郑思齐等（2009）着重研究了通勤时间和通勤流量的影响因素，以期探究就业与居住关系的相互作用机制。他们建立的通勤时间影响因素模型中主要变量涵盖性别、年龄、文化水平、工作性质、经济条件和家庭构成等个体特征，利用这些特征差异来展现各个群体的通勤费用差异与职住偏好因素。

除个体层面的社会经济因素外，研究者还建立了模型探究制度因素以及市场因素（涵盖就业以及住房供给等）对通勤流量产生的作用（郑思齐等，2009）。研究结果显示：就业供给、公共服务和住房供给是影响北京市就业-居住关系和交通通勤的重要因素。就业与居住之间的关系能够影响交通通勤。学者们也都从优化就业-居住关系的角度给出了减少通勤支出，解决交通拥堵问题的政策建议（郑思齐等，2015）。一方面，应当着力促进就业-居住空间的均衡来降低交通出行需求，通过在规划管理方面和政策导向方面做出努力来保留传统单位在实现就业-居住空间均衡、维持较低水平交通出行需求等方面的优势，进一步减少机动化出行所带来的能源消耗和环境污染，提高城市可持续发展活力。另一方面，在市场经济背景下，政府需要通过政策措施合理配置城市空间资源，优化功能分区，提高公共服务来保障居民能够在就业选择与居住成本之间更好地权衡。

第二节　住房政策与职住平衡

一、住房与交通需求

住房与交通在城市空间上是密切耦合的。从微观个体层面看，居民的居住区位选择是住房成本和交通成本的权衡过程,二者此消彼长。迫于城市中心区逐节攀升的房价,许多中低收入家庭不得不选择居住在郊区,在相对低廉的住房成本下承受高交通成本(包含货币成本和时间成本)(Alonso,1964)。

对于处于经济转型期的中国而言,居住与就业模式的变革带来了交通通勤需求的变化。20世纪80年代以来,土地和住房制度的改革打破了原先"单位大院"式职住合一的土地利用模式,经济活动和居住用地的分离趋势逐渐明显(郑思齐等,2007),居住的离心化程度远远高于就业和城市公共服务的离心化程度。从城市层面看,中国城市的空间结构正在经历快速变革,城市面积扩张、就业中心崛起、居住空间离心化趋势愈加显著。一方面,这种城市空间结构演变的社会收益体现为集聚经济效益。但另一方面,其社会成本体现为交通压力增大所导致的拥堵和污染等负外部性,及职住分离的现象使许多大城市边缘的大型居住区成为名副其实的"睡城"(姜文婷,2014)。为实现城市的理性增长和经济社会的可持续发展,提高城市居民的生活质量,需要深刻认识住房和交通在城市空间上的内在联系,实施住房和交通相互统筹的城市空间规划策略。

国内居住空间研究主要针对居住空间现实存在的问题。随着住房制度改革,不同人群的居住选择行为导致城市居住空间分离及社会阶层化分布,居住空间逐渐异质化和离散化。为提升居民的通勤效率,一些学者指出可以通过实施住房政策来缓解职住分离(郑思齐等,2014)。

第一,可以在优势区位(如新城、城市副中心等)适当提高居住用地开发强度,增加单位土地面积上的住房供给。高密度的居住模式还具有其他优点,如更有利于公共交通发挥作用,减少私家车使用(Bhat et al.,2007)。第二,进一步放开原有公房(房改房)的上市条件,提高存量住房的周转率。计划经济时代遗留下来的"单位大院"多处于城市优势区位,目前还有很大一部分住房(公房、房改房)不能进入市场流通。即使这些住房中的居民不再需要居住在城市中心,也很难置换出来,而在城市中心区域就业的居民无法购买到这些住房。Zheng等(2006)的实证研究表明,这些"单位大院"住房的低周转率降低了城市空间效率。放开这些住房的上市交易条件,发展住房二级市场，将有助于增加内城就业中心附近的住房供给量，并能够有效降低部分就业者的通勤距离。

由于城市中心区房价过高，许多通勤者不得不选择在郊区居住，造成职住距离过长、通勤效率低下。针对这种现象，政策必须要从居住空间的供给出发，加大区域性保障房建设，合理确定居住用地投放时序，同时建设企业职工宿舍等（郑思齐等，2014）。例如，广州开发区为解决职住失衡问题实施了一系列住房规划政策，鼓励员工在本地居住。加强区域公共设施建设，吸引就业员工在本地居住。2008年起大举兴建国际学校，建设广州国际体育演艺中心、广州国际网球中心等体育设施。一批服务配套设施逐渐兴起，吸引新萝岗人原地居住。同时，在规划阶段，按职住平衡需求进行用地平衡布局，削减工业用地，增加居住用地比例。为更进一步缓解交通拥堵，开发区还增加了区域内部组团之间的交通联系通道数量，提高道路通行能力，缩短区内时空距离。优先发展公共交通系统，建成快速公交、轨道交通等一体化交通体系，提高居民公交出行比例，提高轨道及有轨电车等大运量公共交通的覆盖度。

此外，城市轨道交通建设也能够使住房政策发挥更大效用。郑思齐等（2014）对北京市职住平衡水平的实证分析表明：就业地附近若有地铁站点，就业者的通勤距离会显著增加。事实上，交通成本的降低会增加职住间的距离，因为集聚经济相对于交通成本的优势更加凸显，企业更倾向集聚而从较远地方寻找合适的员工，劳动力也更有可能在较大空间范围内寻找合适的职位及可支付的住房。但这种职住分离并非坏事，因为无论是企业还是居民收益都会增加。也就是说，地铁建设为人们在更大的空间范围中带来了更多选择机会，从而提高企业和劳动力，居民和住房间的匹配程度。地铁线路往往从城市中心区延伸到郊区，有效增加了城市中心区"可达范围"内的住房供给。

二、我国与职住平衡相关的住房政策

长期以来，住房政策都是我国调控市场需求、分配社会资源的重要手段。职住平衡的实现更与居住环境息息相关。为实现职住平衡，我国出台了一系列住房政策，旨在满足各个层次人群的需求。中共中央、国务院印发的《国家新型城镇化规划（2014—2020年）》指出，要完善住房政策，在就业集中的开发区和产业园区布局居住区、加盖职工宿舍，以满足职工的需求，缩短通勤距离，提高宜居性。住房和城乡建设部于2018年出台的《关于进一步做好房地产市场调控工作有关问题的通知》也进一步强调了以住房政策调控市场的重要性，从宏观层面对住房政策的实施点明了目标，即合理确定住房和用地供应规模、结构、时序，引导相关资源合理配置。

作为我国代表性大城市，北京与上海也面临着一定程度的职住失衡。为促进职住平衡，缓解交通拥堵，提高通勤效率，建设宜居城市，北京与上海也各自出台了相应住房政策，旨在解决各个层次人口的居住与就业问题。针对新城的产业园区就业人员，主要通过鼓励产业园区建设配套的职工宿舍，促进就近就业，实现职住平衡。具体的实施措施与政策解读如表5.1所示。

表5.1 与职住平衡相关的住房政策

政策出处	政策内容	政策解读
中共中央、国务院：《国家新型城镇化规划（2014—2020年）》（2014）	采取廉租住房、公共租赁住房、租赁补贴等多种方式改善农民工居住条件。完善商品房配建保障性住房政策，鼓励社会资本参与建设。农民工集中的开发区和产业园区可以建设单元型或宿舍型公共租赁住房，农民工数量较多的企业可以在符合规定标准的用地范围内建设农民工集体宿舍。审慎探索由集体经济组织利用农村集体建设用地建设公共租赁住房	完善住房政策，增加建设与开发区、产业园区相配套的职工宿舍，使得职工能够实现就近工作。随着大城市房价的攀升、流动人口的增加，平衡住房、就业、交通需求成为重中之重。建设开发区与产业园区的同时，增设职工宿舍，有助于加强职住平衡，减少通勤时间，更加有利于资源配置
	健全住房供应体系。加快构建以政府为主提供基本保障、以市场为主满足多层次需求的住房供应体系	健全住房政策，满足多层次主体的需求。有助于实现住房资源的合理配置

（续表）

政策出处	政策内容	政策解读
住房和城乡建设部：《关于进一步做好房地产市场调控工作有关问题的通知》（2018）	要统筹城镇基础设施和空间布局，促进大中小城市和小城镇协调发展，增强中小城市和小城镇的承载力和吸引力，引导产业、就业和人口有序流动，促进职住平衡	促进就业和人口流动，统筹城市空间布局，对于职住平衡的实现提出了新的要求
	各城市要结合当地经济社会发展水平、住房供需状况、人口变化情况，科学编制住房发展规划，明确住房发展目标、重点任务和政策措施，合理确定住房和用地供应规模、结构、时序，引导相关资源合理配置	对各城市的住房政策提出总体指导要求，合理配置住房资源，防止资源错配带来的职住分离现象的发生
北京市政府：《北京城市总体规划（2016年—2035年）》（2017）	探索通过多种方式提供面向本地就业人口的租赁住房，引导就业人口就近居住和生活	提高各类住房的供给，引导就业人口就近居住
北京市政府：《2019年北京市交通综合治理行动计划》（2019）	多措并举，积极解决保障城市运行服务行业务工人员住宿问题；研究制订鼓励以租赁方式解决职住平衡的相关政策，增加中心城区、高密度就业区租赁型职工集体宿舍	通过住房政策来解决职住分离的问题，增加就业区周边的配套居住设施
北京市住房和城乡建设委员会 北京市公安局 北京市规划和国土资源管理委员会：《关于发展租赁型职工集体宿舍的意见（试行）》（2018）	顺应产业结构优化调整，多渠道解决城市运行和服务保障行业务工人员住宿问题，促进职住平衡	提出解决多层次住房需求的政策目标，保障就业人员的居住需求

第五章　中国的职住平衡政策及其交通影响

（续表）

政策出处	政策内容	政策解读
上海市政府：《上海市加快推进具有全球影响力科技创新中心建设的规划土地政策实施办法》（2019）	增加产业园区、科研创新聚集区和周边地区的租赁住房供应，筹措供应市场化租赁住房用地，支持园区平台在产业园区内集中建设单位租赁房，满足科技研发和创新创业人才的居住需求，促进职住平衡	增加就业区周边的住房供应，为企业员工提供住房保障，减少其通勤时间
上海市政府：《关于加快培育和发展本市住房租赁市场的实施意见》（2017）	鼓励各区通过新增用地建设租赁住房，引导土地、资金等资源合理配置，重点在高校及科研院所周边、科创园区、产业集聚区、商业商务集聚区，以及交通枢纽地区（含轨交站点周边）等交通便捷、生产生活便利、租赁住房需求集中区域，优化审批流程，加快开工建设，有序推进租赁住房建设供应。鼓励有条件的企事业单位、产业园区利用产业类工业用地，按照规定的比例，统一规划、集中设置，配套建设单位租赁房、职工宿舍等租赁住房	合理配置就业地周边的住房资源，配合交通设施的建设，从根本上缓解交通拥堵，促进职住平衡

资料来源：根据政府文件整理.

其他城市也积极出台相关规划政策以促进职住平衡。2017年，成都出台的成都市房地产业发展、住房租赁市场发展、住房保障三项"五年规划"中，明确提出应遵循职住平衡原则。《成都市住房租赁市场发展五年规划（2017—2021年）》中提到，应坚持因地制宜，切实促使住房租赁市场发展与重塑城市空间和经济地理、引导人口有序疏解、吸引人才加快集聚相结合，立足于全面建设体现新发展理念的国家中心城市，调整供需结构，强化职住平衡。引导房地产企业转型经营，鼓励房地产企业规模化租赁经营各类产业园区的配套住房；并通过完善公共配套设施、引入专业物业管理等措施，满足周边就业人员的居住需求，促进职住平衡。在各类产业园区周边，新供住宅用地中配建一定比例优先面向产业园区工人的租赁住房，进一步促进职住平衡。

第三节 就业政策与职住平衡

一、就业对交通出行的影响

就业地选择对居民的职住关系、交通需求存在重要影响。研究表明，由于就业中心大多集中在城市中心地区，而保障房住区以及新建小区往往处于城市郊区，长距离通勤、跨区通勤等现象在我国大城市日益凸显。这种宏观层面上的居住地与就业地分离可能会导致居民通勤效率低下、交通拥堵现象严重（郑思齐等，2007）。

孙斌栋等（2008）建立了就业-居住偏离度指数测度模型，以检验上海市的就业和居住关系，并进一步深入研究了就业与居住空间均衡对交通出行的影响。研究表明，上海市就业-居住均衡关系展现出明显的圈层规律：中心城区和相邻的徐汇区、长宁区及虹口区吸引就业的功能不断增强，外围区域内的普陀区以及杨浦区等，主要由其居住性主导，而嘉定区以及处在郊外的松江区、青浦区、金山区的就业优势地位不断强化。三个样本年内上海市的就业-居住偏离度指数呈增大趋势，进一步加剧了城市交通拥堵状况，研究结果与上海市交通调查出行数据相吻合。从就业产业结构来看，以制造业为主的第二产业大部分都分布在远离城市中心的区域，而以服务员为主的第三产业则一般分布在城市核心地区。各区域就业和居住功能显然展现出地域分化特征，加剧了城市的就业-居住空间分离状况。总的来说，就业-居住空间均衡是对城市交通产生作用的关键因素。

二、就业政策与职住平衡

为实现职住平衡，政府可以通过就业政策对区域内的交通需求进行管理，对功能分区的规划建设做出主动引导以增强用地功能混合性，从而为居民的居住性选择创造条件。具体而言，对于核心城区的旧城改造项目不可只是简单"退二进三"，需明确必要的居住功能；而对于城市外围和近郊地区，则需要适当增强就业功能性，达到城市各行政区域的就业-居住空间均衡。通过科学合理的城市用地功能组合，有效减少跨区交通通勤流量，从而改善城市交通拥堵状况。

有学者也指出，居民对就业地与居住地的选择还受家庭成员结构、工作岗位流动性和教育资源配置情况等重要因素的影响，使得就业-居住难以绝对均衡，只能不断朝均衡的理想状态引导（毕瑜菲等，2019）。城市交通状况的缓解需要多措并举，提高交通供需管理水平、优化交通资源配置等其他措施也十分必要。

近年来我国政府出台的相应就业政策如表 5.2 所示。在推动中心城市向外疏解非核心功能的同时优化就业岗位的分布，同时增加居住及配套服务设施，建设宜居新城。此外，通过鼓励高新技术行业在新区扎根，为新城的发展注入更多经济活力。

表 5.2 与职住平衡相关的就业政策

政策出处	政策内容	政策解读
中共中央、国务院：《国家新型城镇化规划（2014—2020年）》（2014）	推动特大城市中心城区部分功能向卫星城疏散，强化大中城市中心城区高端服务、现代商贸、信息中介、创意创新等功能	通过新城建设、旧城改造等政策，推进职住平衡的实现。合理分配各城区主要职能，强化中心城区的主要功能，疏解非中心功能，能够有效配置就业岗位，避免资源过于集中
北京市政府：《北京城市总体规划（2016年—2035年）》（2017）	适度增加居住及配套服务设施用地，优化居住与就业关系	从总体层面上提出职住平衡目标
	优化就业岗位分布，缩短通勤时间，创新职住对接机制	通过规划就业空间来提升交通效率

(续表)

政策出处	政策内容	政策解读
上海市政府:《上海市加快推进具有全球影响力科技创新中心建设的规划土地政策实施办法》(2019)	鼓励采用先租后售方式,在承租企业或机构的税收、就业、研发投入等指标达到产业、科技部门或园区管理机构设定条件后,再转让物业	通过先租后售,鼓励企业快速发展,并实现新城产业园区就业的增长
	支持科研创新和实体产业发展,转型发展"四新"经济、战略性新兴产业、现代服务业等	支持新产业的发展,创造更多就业机会

来源:根据政府文件整理.

以北京市为例,为推进职住平衡,2019年北京市开展了"春风行动",旨在"促进转移就业,助力脱贫攻坚"。由于北京市的城区布局具有明显的区分度,以中关村、西二旗、国贸等地为代表形成的就业区,与以天通苑、回龙观等居住小区聚集区造成了跨区通勤、长距离通勤的现象。此外,随着城市化建设的推进,大量进城务工人员居住在五环外的郊区,他们因为无法负担城市中心的高房价,而不得不选择长距离通勤(Zhao et al., 2011)。北京市"春风行动"的服务对象主要包括:有就业创业意愿的农村劳动力、农民工,特别是本地区低收入农户劳动力;农村建档立卡贫困劳动力,特别是与本市建立对口支援、帮扶协作地区的有劳动能力和转移就业意愿、来京务工的农村建档立卡贫困劳动力;在2019年就业援助月专项活动中被确定为帮扶对象且未实现就业的劳动者;其他有就业创业意愿的劳动者;有用人需求的用人单位。结合各片区低收入农户劳动者的就业需求,依托城乡"手拉手"就业协作专项活动等,城市各片区开展了多项招聘服务活动。这一活动的实施是对"就地解决就业"的探索性尝试,通过就业政策来消化区域内部的交通出行需求。

第四节 城市开发政策与职住平衡

一、新城建设政策与职住平衡

在建设新城过程中,为实现可持续发展,需要考虑新城空间结构的合理布局并建设通达的交通网络,实现新城居民的职住平衡。我国针对新城建设出台的相关政策如表5.3所示。国家层面,提出了集约紧凑、疏密有致、环境优先的原则要求,鼓励中心城区人口向新城转移的同时,也要严格控制城市规模、防止城市边界无序蔓延。为减少就业与居住距离,相关政策还提出了统筹规划、完善新城配套设施的要求,在新城就业地周边增加居住用地、建设职工宿舍,以保障新城居民的高效通勤。

表5.3 新城政策与职住平衡

政策出处	政策内容	政策解读
中共中央、国务院:《国家新型城镇化规划(2014—2020年)》(2014)	按照统一规划、协调推进、集约紧凑、疏密有致、环境优先的原则,统筹中心城区改造和新城新区建设,提高城市空间利用效率,改善城市人居环境	提出对新城建设的要求,解决大城市居住与就业不平衡的问题
	严格新城新区设立条件,防止城市边界无序蔓延。因中心城区功能过度叠加、人口密度过高或规避自然灾害等原因,确需规划建设新城新区,必须以人口密度、产出强度和资源环境承载力为基准,与行政区划相协调,科学合理编制规划,严格控制建设用地规模,控制建设标准过度超前。统筹生产区、办公区、生活区、商业区等功能区规划建设,推进功能混合和产城融合,在集聚产业的同时集聚人口,防止新城新区空心化。加强现有开发区城市功能改造,推动单一生产功能向城市综合功能转型,为促进人口集聚、发展服务经济拓展空间	建设新区的同时严格控制城市边界的蔓延,防止城市过度发展。城市规模的过度扩张将增加就业与居住匹配困难,出现长距离通勤,增加拥堵的可能性。因此规划政策提出,应合理规划新城,在疏解人口与就业压力的同时,防止新城城区空心化。新城的建设应当考虑城市发展的综合功能,避免"睡城"的出现,恶化就业与居住关系
国务院:《全国国土规划纲要(2016—2030年)》(2017)	以盘活存量用地为主,严格控制新增建设用地,统筹地上地下空间,引导中心城市人口向周边区域有序转移	控制城市空间的过度扩张,疏解中心城区的压力的同时,能够合理匹配新城的人口与就业

来源:根据政府文件整理.

城市层面，地方政府也出台了相关政策。深圳市从规划层面控制引导职住平衡，从加快轨道建设与公交优先减轻路面压力、改造提升拥堵节点挖掘道路潜力、降低高峰期小汽车使用强度、强化交通组织与管理等多方面入手，综合整治交通拥堵。根据深圳市总体规划，深圳市将构建"三轴两带多中心"的城市结构，其中"多中心"是建立三级城市中心体系，包括福田-罗湖、前海两个城市主中心，龙岗中心等5个城市副中心及航空城等8个城市组团中心。规划、交通部门也在围绕这一"多中心"结构，在规划控制、政策引导方面促进职住平衡。根据城市空间结构和土地利用的最新变化，开展新一轮轨道网、干线路网规划修编，强化跨二线轴向和重点发展片区的支撑。

二、土地利用与职住平衡

城市空间布局与土地利用从宏观层面上影响个体的职住关系。为实现职住平衡，我国政府出台了一系列土地利用政策，旨在高效利用土地开发，优化人口与就业布局。同时合理规划公共交通网络，在空间上提高就业可达性与土地利用混合度，促进职住平衡的实现。

城市层面，职住平衡也作为一项重要政策目标。2017年，"职住平衡"在《北京城市总体规划（2016年—2035年）》中首次作为政策目标被提出。当时明确提到，到2020年，北京全市城乡职住用地比例由2015年的1∶1.3调整为1∶1.5以上，到2035年调整为1∶2以上。未来北京将注重引导就业岗位布局和居住人口布局合理分布。北京核心区逐步降低人口密度，逐步降低建设密度，增加绿地和水域，加强建筑高度控制；积极引导共享自行车、网约车、分时租赁等新兴交通模式健康发展；深入推进学区制改革和九年一贯制办学，做到各区都有高等院校和三甲医院等。具体的国家层面与城市层面的政策内容如表5.4所示。

表 5.4　与职住平衡相关的土地利用政策

政策出处	政策内容	政策解读
中共中央、国务院：《国家新型城镇化规划（2014—2020年）》(2014)	完善中心城区功能组合，统筹规划地上地下空间开发，推动商业、办公、居住、生态空间与交通站点的合理布局与综合利用开发。制定城市市辖区设置标准，优化市辖区规模和结构。按照改造更新与保护修复并重的要求，健全旧城改造机制，优化提升旧城功能	土地利用政策的实施对于实现职住平衡也具有重要意义。统筹空间开发，合理布局就业、居住、交通网络，对于优化城市空间、合理配置资源、缓解交通拥堵具有重要意义
国务院：《全国国土规划纲要（2016—2030年）》(2017)	坚持集约发展，高效利用国土空间。在资源环境承载能力较强、集聚开发水平较高或潜力较大的城市化地区，着力推进国土集聚开发，引导人口、产业相对集中布局	发展潜力较大的城市同时也面临着人口的大量涌入，解决好就业与居住关系的平衡显得尤为重要
	以优化人口分布、产业结构、城镇布局等为重点，转变国土空间开发利用方式	调整、规划特大城市的空间结构，平衡就业与居住关系，优化人口、就业、交通、其他资源在城市空间上的分布
	以盘活存量用地为主，严格控制新增建设用地，统筹地上地下空间，引导中心城市人口向周边区域有序转移	控制城市空间的过度扩张，疏解中心城区的压力的同时，能够合理匹配新城的人口与就业
	适当扩大建设用地供给，提高存量建设用地利用强度，完善基础设施和公共服务，加快人口、产业集聚，打造推动国土空间均衡开发、引领区域经济发展的重要增长极	完善基础设施与公共服务，注重土地利用的高效性，合理规划居住、就业用地，促进职住平衡的实现

(续表)

政策出处	政策内容	政策解读
国家发展和改革委:《2019年新型城镇化建设重点任务》(2019)	优化城镇化布局形态,按照统筹规划、合理布局、分工协作、以大带小的原则,立足资源环境承载能力,推动城市群和都市圈健康发展,构建大中小城市和小城镇协调发展的城镇化空间格局	在总体层面上提出了城市空间布局的重要性,强调了从大城市到中小城市都应该合理分配资源、协调布局、和谐发展
	科学编制详细规划,促进城市工业区、商务区、文教区、生活区、行政区、交通枢纽区科学衔接与混合嵌套,实现城市产城融合、职住平衡	具体提出了实现职住平衡的目标,通过统筹布局城市功能区、交通网络格局、各产业,实现产城融合,避免职住分离现象的产生
北京市政府:《北京城市总体规划(2016年—2035年)》(2017)	优化中心城区产业结构,有效控制就业岗位规模。完善北京城市副中心、新城承接中心城区功能转移的就业政策,提高公共服务水平和综合吸引力,引导中心城区人口随功能转移,实现新城宜居宜业、职住平衡。加强联系中心城区与北京城市副中心、新城的公共交通建设,提高快捷通勤能力	完善城市的区域规划,疏解非首都功能、发掘新城就业岗位,强调宜居宜业、职住平衡
北京市交通委员会等:《北京市"十三五"时期交通发展建设规划》(2016)	从源头减少交通需求。增强城市布局的合理性,使住宅、商业、办公、文化等不同功能区相互交织、有机组合,并结合环境整治、存量土地再开发,推进职住平衡,让居民工作、生活、就学等尽量接近居住地,缩短出行距离	利用土地政策进行交通需求管理,通过增强城市布局的合理性,优化城市空间资源,使居民的工作与生活更加方便

(续表)

政策出处	政策内容	政策解读
上海市政府:《上海市加快推进具有全球影响力科技创新中心建设的规划土地政策实施办法》(2019)	按照建设宜居宜业的科技产业商务社区的目标,控制性详细规划根据实际需求的变化,合理确定配套服务设施的比例结构,适当增加公共租赁公寓、教育文化场所、商业商务设施以及公共开放空间等配套服务功能	建设宜居的科技产业社区,在创造就业岗位的同时,也积极建设配套服务设施,增强社区综合功能

来源:根据政府文件整理.

第五节 交通政策与职住平衡政策梳理

一、国家层面交通政策与职住平衡政策

从职住平衡的视角看交通需求管理,能够更加全面理解城镇化与可持续发展。2014年的《国家新型城镇化规划(2014—2020年)》,强调了积极稳妥、扎实有序推进城镇化的重要性,把与"职住平衡"高度相关的"产城融合"列为解决快速城镇化阶段出现的"空城"等问题的重要举措。以职住平衡为导向将土地使用、住房以及经济发展各部分的内容有效地整合在一起,将职住平衡与交通需求管理政策相结合,能够更好地为城市发展提供政策建议。

政策指出,为实现职住平衡,应当根据资源环境承载能力构建科学合理的城镇化宏观布局,以综合交通网络和信息网络为依托,科学规划建设城市群,严格控制城镇建设用地规模,严格划定永久基本农田,合理控制城镇开发边界,优化城市内部空间结构,促进城市紧凑发展,提高国土空间利用效率(表5.5)。

表 5.5 《国家新型城镇化规划（2014—2020 年）》中职住平衡相关内容

政策内容		政策解读
指导思想		
促进城镇发展与产业支撑、就业转移和人口集聚相统一		强调了城镇发展中城市空间发展规划的重要性，追求产业、就业、人口的空间分布平衡
严格控制城镇建设用地规模，合理控制城镇开发边界，优化城市内部空间结构，促进城市紧凑发展，提高国土空间利用效率		对优化城市内部空间结构提出了要求，强调了职住平衡的重要性
实施目标		
综合政策	户籍管理、土地管理、社会保障、财税金融、行政管理、生态环境等制度改革取得重大进展，阻碍城镇化健康发展的体制机制障碍基本消除	通过实施一系列城市管理政策，使得居民的就业、居住、交通选择更加灵活，促进职住平衡
	完善公共就业创业服务体系	
	在加快改革户籍制度的同时，创新和完善人口服务和管理制度，逐步消除城乡区域间户籍壁垒，还原户籍的人口登记管理功能，促进人口有序流动、合理分布和社会融合	
	建设安全高效便利的生活服务和市政公用设施网络体系。优化社区生活设施布局，健全社区养老服务体系，完善便民利民服务网络，打造包括物流配送、便民超市、平价菜店、家庭服务中心等在内的便捷生活服务圈	完善社会服务体系，优化生活空间布局，使得就业、居住、教育、医疗等资源在空间上的分布更加合理

(续表)

	政策内容	政策解读
综合政策	密度较高、功能混用和公交导向的集约紧凑型开发模式成为主导,建成区人口密度逐步提高	通过土地利用政策以及交通管理政策实现城市内部的职住平衡
交通政策	建设城市综合交通枢纽:建设以铁路、公路客运站和机场等为主的综合客运枢纽,以铁路和公路货运场站、港口和机场等为主的综合货运枢纽,优化布局,提升功能。依托综合交通枢纽,加强铁路、公路、民航、水运与城市轨道交通、地面公共交通等多种交通方式的衔接,完善集疏运系统与配送系统,实现客运"零距离"换乘和货运无缝衔接	强调了交通需求在城市规划中的重要性。提出了加强交通系统的建设、完善交通设施的目标,改善交通条件、提升服务水平,为城市间、城市内部的空间结构规划提供了基本保障
	将公共交通放在城市交通发展的首要位置,加快构建以公共交通为主体的城市机动化出行系统,积极发展快速公共汽车、现代有轨电车等大容量地面公共交通系统,科学有序推进城市轨道交通建设。优化公共交通站点和线路设置,推动形成公共交通优先通行网络,提高覆盖率、准点率和运行速度,基本实现100万人口以上城市中心城区公共交通站点500米全覆盖	首要发展城市公共交通,建设以公共交通出行为主的交通网络系统。从交通需求管理的角度来看,支持公共交通的发展,有助于优化大城市交通出行结构,减少交通拥堵。同时,健全完善的交通网络将提升城市居民就业可达性,促进职住平衡
	强化交通综合管理,有效调控、合理引导个体机动化交通需求。推动各种交通方式、城市道路交通管理系统的信息共享和资源整合	关注个体交通需求,倡导多元化交通出行、绿色出行

来源:根据政府文件整理.

实现职住平衡、缓解交通拥堵的重要性在国家层面其他规划政策中也有所提及。《全国国土规划纲要（2016—2030年）》中特别指出，要加强城市空间规划，坚持集约发展，高效利用国土空间。在推进职住平衡方面，该纲要对新城建设、人口集聚、产业就业布局等关键问题进行了说明。《"十三五"现代综合交通运输体系发展规划》则对城市交通的发展方向提出了具体要求。该文件强调了增强公共交通服务的重要性，指出要完善基础设施建设，发展智慧交通，针对居民的交通出行需求完善交通系统的建设。发展多层次的交通运输服务，满足不同人群出行需求的同时，进一步合理配置空间资源，有效解决居住与就业匹配的问题，使得居民出行更为高效便捷。《2019年新型城镇化建设重点任务》更是直接提出职住平衡的政策目标（表5.6）。

表5.6 其他国家层面政策中职住平衡与交通政策

政策出处	政策内容	政策解读
国务院：《"十三五"现代综合交通运输体系发展规划》（2017）	增强交通公共服务能力，积极引导新生产消费流通方式和新业态新模式发展，扩大交通多样化有效供给，全面提升服务质量效率，实现人畅其行、货畅其流	加强公共交通的建设，提升公共交通系统的服务质量，减少交通出行中的低效与拥堵
	有序推进交通基础设施建设，完善功能布局，强化薄弱环节，确保运输能力适度超前，更好发挥交通先行官作用。坚持建设、运营、维护并重，推进交通与产业融合	完善交通系统网络的布局，加强交通基础设施的建设，使其能够起到更好的联通作用，确保居住与就业关系向良性循环的方向发展。同时完善交通系统配套设施的建设，如停车场、自行车道的建设，为可持续交通发展打下良好基础
	优化城市内外交通，完善城市交通路网结构，提高路网密度，形成城市快速路、主次干路和支路相互配合的道路网络，打通微循环。推进城市慢行交通设施和公共停车场建设	

(续表)

政策出处	政策内容	政策解读
国务院:《"十三五"现代综合交通运输体系发展规划》(2017)	发展多层次城市客运服务。大力发展公共交通,推进公交都市建设,进一步提高公交出行分担率。强化城际铁路、城市轨道交通、地面公交等运输服务有机衔接,支持发展个性化、定制化运输服务,因地制宜建设多样化城市客运服务体系	完善客运服务体系,推动多元化交通体系的发展,使得不同层次人群的交通需求得到满足
	优化交通运行和管理控制。建立高效运转的管理控制系统。建设综合交通运输运行协调与应急调度指挥中心,推进部门间、运输方式间的交通管理联网联控在线协同和应急联动	加强交通需求管理,建立高效的交通管理系统,以促进城市空间资源的有效分配,提升职住平衡度
国家发展和改革委:《2019年新型城镇化建设重点任务》(2019)	优化城市交通网络体系,构建级配合理的城市路网系统,强化城市轨道交通线网规划指导	指出了交通需求管理的重要性,从交通网络的建设出发,完善城市交通出行系统
	落实公交优先发展政策,优先在中心城区及交通密集区形成连续、成网的公交专用道,推动轨道交通、公共汽电车等的融合衔接和便利换乘	再次强调发展公共交通的重要性,指出在中心城区建设全面公共交通网络的重要目标,为实现交通联通、职住平衡打好基础

来源:根据政府文件整理.

二、城市层面交通政策与职住平衡政策

各级地方政府也出台了相应交通政策以促进职住平衡,如表5.7所示。北京市近几年来大力发展公共交通,完善公共交通网络、提高服务水平、缩短通勤时间。同时结合小汽车限购、出行限号的政策,

鼓励居民选择公共交通出行。随着交通网络的完善,北京市同时在规划上下功夫,完善规划体制,推进公交都市建设。

上海市也十分注重交通政策与职住平衡的结合。上海市政府出台的《上海市综合交通"十三五"规划》中,着重强调了完善交通系统、发展公共交通的重要性,从多个方面设置了实现职住平衡、缓解交通拥堵、提升通勤效率的目标。第一,保证交通系统有机整合、高效运行。加强公共交通网络的建设,构筑科技创新引领、信息深度整合的智慧交通。第二,大力完善新城交通体系。由于新城承载了从中心城区分散出去的就业与人口,加强新城与周边工业园区、大型居住区的交通联系,有助于实现新区内部的自洽。结合各新城土地利用规划、发展特点,因地制宜完善新城内部交通系统。第三,提升综合交通信息服务水平,建设数字化交通信息平台,更加智能地进行资源整合与调配。

表 5.7　城市层面职住平衡最新政策

政策出处	政策内容	政策解读
北京市政府:《北京城市总体规划(2016年—2035年)》(2017)	大幅提升通勤主导方向上的轨道交通和大容量公交供给,完善城市主要功能区、大型居住组团之间公共交通网络,提高服务水平,缩短通勤时间。推进公共交通导向的城市发展(TOD)模式,围绕交通廊道和大容量公交换乘节点,强化居住用地投放与就业岗位集中,建设能够就近工作、居住、生活的城市组团	通过实施交通管理政策,完善交通网络,提升通勤效率;同时,在规划建设上也考虑到居住与就业的平衡
北京市政府:《2019年北京市交通综合治理行动计划》(2019)	调控需求,强化交通承载约束能力	强调了交通需求管理政策的重要性
北京市政府:《2019年政府工作报告》(2019)	在规划落实上下功夫,坚持产城融合,完善管理体制和市场化服务机制,推动科学城功能与科学、项目、产业等同步规划建设	从规划政策出发,完善规划体制,促进职住平衡

（续表）

政策出处	政策内容	政策解读
北京市交通委员会等：《北京市"十三五"时期交通发展建设规划》（2016）	继续实施公交优先发展战略，推进公交都市建设。轨道交通运营线路达到18条554千米。优化调整地面公交线网。出行结构进一步优化，公共交通出行比例由"十一五"末的39.8%提高到50%。推进公共自行车系统建设，建成公共自行车网点1 730个，规模达到5万辆，覆盖11个区	指出了发展公共交通的重要意义，实施公交优先发展战略，积极建设公共交通基础设施，为职住平衡的实现打下良好基础
	中心城公共交通出行比重达到55%，其中轨道交通客运量占公共交通客运量比例达到60%；郊区新城进一步提高公共交通出行比例，保证交通安全、有序。拥挤路段的公交专用道高峰时段运行车速高于相邻车道社会车辆的运行车速；中心城快速路高峰时段的平均运行车速高于40千米/小时	交通系统有机整合、高效运行。加强公共交通网络的建设，构筑科技创新引领、信息深度整合的智慧交通
上海市政府：《上海市综合交通"十三五"规划》（2016）	按照全市重大功能性项目、重大产业项目、重大基础设施等向新城倾斜的要求，进一步加强新城自身交通体系建设。强化松江新城、嘉定新城、青浦新城、南桥新城、南汇新城等长三角城市群综合性节点城市交通枢纽和支撑能力；提升金山新城、城桥新城等交通基础设施建设标准。构建新城与中心城、新城之间、新城与近沪地区多层次交通联系通道，研究利用既有铁路资源开行市域列车，建设市域快速轨道交通骨干线路，完善放射线高速路网和国省干线建设	大力完善新城交通体系。加强新城与周边工业园区、大型居住区的交通联系。结合各新城土地利用规划、发展特点，因地制宜完善新城内部交通系统

(续表)

政策出处	政策内容	政策解读
上海市政府：《上海市综合交通"十三五"规划》(2016)	面向公众出行信息需求，通过移动终端、网站等多种载体，提供涵盖公共交通、对外交通和道路交通的综合性、多层次信息服务，包括交通资讯、实时路况、公交车辆到站动态信息、停车动态信息、水上客运、航班和铁路动态等，提供出行路径规划、出租召车、出行过程中的信息交互等服务	提升综合交通信息服务水平，建设数字化交通信息平台

来源：根据政府文件整理.

参考文献

[1] 薄大伟. 单位的前世今生：中国城市的社会空间与治理[M]. 柴彦威, 张纯, 何宏光, 等译. 南京：东南大学出版社, 2014.

[2] 鲍伟慧. 中国单位制的发展与转型问题研究[J]. 呼伦贝尔学院学报, 2018, 26（3）：42—45.

[3] 北京市交通委员会. 北京市"十三五"时期交通发展建设规划[Z]. 2016.

[4] 北京市人民政府. 北京城市总体规划（2016年—2035年）[Z]. 2017.

[5] 北京市人民政府. 北京市住房和城乡建设委员会 北京市公安局 北京市规划和国土资源管理委员会关于发展租赁型职工集体宿舍的意见（试行）[Z]. 2018.

[6] 北京市人民政府. 2019年北京市交通综合治理行动计划[Z]. 2019.

[7] 北京市人民政府. 2019年政府工作报告[Z]. 2019.

[8] 毕瑜菲, 郭亮, 贺慧. 职住平衡理念的实施难点与优化策略研究[J]. 城市发展研究, 2019, 26（3）：1—8.

[9] 曹丽晓, 柴彦威. 上海城市老年人日常购物活动空间研究[J]. 人文地理, 2006, 21（2）：50—54.

[10] 柴彦威, 陈零极, 张纯. 单位制度变迁：透视中国城市转型的重要视角[J]. 世界地理研究, 2007, 16（4）：60—69.

[11] 柴彦威, 刘志林, 沈洁. 中国城市单位制度的变化及其影响[J]. 干旱区地理, 2008, 31（2）：155—163.

[12] 柴彦威,塔娜,毛子丹.单位视角下的中国城市空间重构[J].现代城市研究,2011,(3):4—9.

[13] 柴彦威,张艳,刘志林.职住分离的空间差异性及其影响因素研究[J].地理学报,2011,66(2):157—166.

[14] 成都市人民政府办公厅.成都市房地产业发展五年规划(2017—2021年)[Z].2017.

[15] 甘晢.北京市2019年"春风行动"将推动职住平衡,以"一刻钟社区服务圈"内有用人需求的单位为重点,促进就地就近稳定就业[N].工人日报,2019-02-02.

[16] 国务院.国家新型城镇化规划(2014-2020年)[M].北京:人民出版社,2014.

[17] 姜文婷.北京亦庄新城:面向职住平衡的开发区转型发展规划研究[D].清华大学,2014.

[18] 李昌霞,柴彦威,刘璇.北京城市老年人购物决策过程中的评价性认知特征[J].人文地理,2004,19(6):89—92.

[19] 潘未末.从规划控制引导职住平衡[N].深圳特区报,2016-03-05.

[20] 任洁.我国城市社区治理中的政府行为研究[D].河南大学,2017.

[21] 上海市人民政府.上海市综合交通"十三五"规划[Z].2016.

[22] 上海市人民政府.关于加快培育和发展本市住房租赁市场的实施意见[Z].2017.

[23] 上海市人民政府.上海市加快推进具有全球影响力科技创新中心建设的规划土地政策实施办法[Z].2019.

[24] 孙斌栋,潘鑫,宁越敏.上海市就业与居住空间均衡对交通出行的影响分析[J].城市规划学刊,2008,1:77—82.

[25] 王宁.后单位制时代,"单位人"转变成了什么人[J].学术研究,2018(11):46—54.

[26] 杨帅.社区治理视角下"后单位社区"居民参与研究[D].东北师范大学,2018.

[27] 郑思齐,曹洋.居住与就业空间关系的决定机理和影响因素:对北京市通勤时间和通勤流量的实证研究[J].城市发展研究,2009,(6):29—35.

[28] 郑思齐,龙奋杰,王轶军,等.就业与居住的空间匹配:基于城市经济学角度的思考[J].城市问题,2007(6):56—62.

[29] 郑思齐,徐杨菲,谷一桢.如何应对"职住分离":"疏"还是"堵"?[J].学术月刊,2014,46(5):29—39.

[30] 郑思齐,徐杨菲,吴璟,等.三重双赢:中国新城发展的新理念[J].住宅产业,2014(7):17—20.

[31] 郑思齐,徐杨菲,张晓楠,等."职住平衡指数"的构建与空间差异性研究:以北京市为例[J].清华大学学报(自然科学版),2015(4):475—483.

[32] 周一星.北京的郊区化及引发的思考[J].地理科学,1996(3):7—15.

[33] ALONSO W. Location and land use, publications of the Joint Center for Urban Studies of the Massachusetts Institute of Technology and Harvard University [Z]. Cambridge, MA: Harvard University Press. 1964

[34] BHAT C R, GUO J Y. A comprehensive analysis of built environment characteristics on household residential choice and auto ownership levels [J]. Transportation Research Part B: Methodological, 2007, 41 (5): 506-526.

[35] WANG D, CHAI Y. The jobs-housing relationship and commuting in Beijing, China: The legacy of Danwei [J]. Journal of Transport Geography, 2009, 17 (1): 30-38.

[36] WANG Y. Persistence of the collective urban model in Beijing [Z]. 2012.

[37] ZHAO P, LÜ B, DE ROO G. Impact of the jobs-housing balance on urban commuting in Beijing in the transformation era [J]. Journal of Transport Geography, 2011, 19 (1): 59-69.

[38] ZHENG S, FU Y, LIU H. Housing-choice hindrances and urban spatial structure: Evidence from matched location and location-preference data in Chinese cities [J]. Journal of Urban Economics, 2006, 60 (3): 535-557.

第六章　北京市职住关系和居民出行变化

第一节　城市发展与职住关系整体特征

一、北京市行政区划概况

1949年以来，北京市行政区域发生了多次调整，行政辖区不断扩大。20世纪50年代，相继将河北省昌平、宛平、通县、顺义、大兴、良乡、房山、平谷、密云、怀柔、延庆等地划归北京市管辖，初步形成了主体城区规模。经过几十年的发展，北京目前辖东城、西城、海淀、朝阳、石景山、丰台、顺义、通州、大兴、房山、门头沟、昌平、平谷、密云、怀柔、延庆16个区，总计147条街道、38个乡和144个镇。

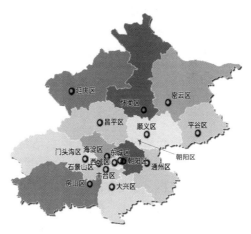

图 6.1　北京市行政区划

二、1949年后至改革开放前北京城市空间变化

改革开放以前，为促进有限资金的高效利用，政府采取"项目"制直接投资的举措，产生了大量工厂、机关、大专院校等大型单位。这些单位作为财政上的独立单元，与所在城市联系微弱，每个单位工程的投资资金，涵盖了专门满足工人基本日常需求的建设资金，包括住房、饮食、医疗和教育等方方面面。单位成为这段时期内独特的封闭而自足的空间领域。从空间层面来看，每个单位大院范围内都是一个职住高度平衡的空间系统；从个人层面来看，个体通勤无论从时间、距离或者经济层面，都是一种近乎完美的状态。

20世纪50年代，北京市进行了较大规模的旧城改造，扩建天安门广场，兴建十大建筑沿长安街布局形成新的东西向城市轴线，与原有的南北向皇城轴线相互呼应。1957—1966年的十年中建设了夕照寺、三里屯等9个居住小区，主要分布在二环与三环路之间。1958年以来的社会主义改造阶段，北京也加入了工业化浪潮，城市空间开始向郊区扩展。到20世纪70年代，城区规模已扩展至三环路以外，且大量人口涌入北京，被各个"单位"所吸纳。这一时期，多数"老北京人"仍居住在老城区，"新北京人"居住在外围新建成区的"单位社区"中。

三、20世纪90年代北京城市空间变化

1978年改革开放以来，市场经济取代了严格的计划经济。随着土地制度、城镇住房、就业制度的改革，中国城市的社会经济空间发生了巨大的转变。伴随北京市常住人口和流动人口数量的剧增，城市建成区空间范围不断向外扩张。从1992年二环建成，到2009年六环建成通车，不足二十年的时间内，北京市区面积扩张了约2000平方千米（表6.1）。

北京市内城区基本城市骨架保持不变，但土地利用功能结构被重构，开始逐步建设中央商务区。在旧城改造规划中，王府井、东单、西单、西四、新街口、北新桥、菜市口、珠市口等商业中心被重建，王府井-东单则成为新的购物中心区（李志刚等，2011）。随着2008年北京奥运会的召开，旧城改造步伐加快，各类拆迁安置和补偿工作

表 6.1　北京市环路建设情况表

城市空间范围	始建时间	建成时间	全长/千米	备　注
宫城		1421	3	
皇城		1421	9	到清代扩展为约 11 千米
内城		1421	23.6	
外城		1553	28	
二环路	20 世纪 60 年代	1992.9	32.7	北京市第一条环城快速公路；中国大陆第一条全封闭、全立交、没有红绿灯的城市快速环路
三环路	20 世纪 80 年代初	1994	48.3	共建 44 座立交桥、跨河桥 9 座、过街天桥 62 座，人行通道 15 座
四环路	1990 前	2001 年 6 月	65.3	共建设大小桥梁 147 座，并设有完善的交通安全设施
五环路	2000 年 11 月	2003 年 10 月	98.6	双向六车道，连续停车带
六环路	1998 年 12 月	2009 年 9 月	187.6	双向四车道高速公路，设计时速 80 千米，为收费公路；与北京市 7 条放射型高速公路和多条国道连接，距市中心 15～20 千米

逐渐推进，人口迁出缓解了老城区的人口压力，也进一步加速了住房的郊区化进程。内城居住功能逐步减退，城市边缘区在房地产市场和高技术产业发展的作用下外向蔓延愈发明显。郊区同时集中了贫、富两个阶层，富裕阶层居住在高档别墅、商品房楼盘，低收入阶层则由于旧城改造而被迫外迁（李志刚等，2011）。城市社会空间结构在短时间内发生剧变，许多城市社会问题随之而来（Feng et al., 2007）。

2008 年以后，北京市城市空间扩张加速。就业岗位和商品房小区在空间上分布分散，私人小汽车蓬勃发展，轨道交通建设稳步推进。不同行业不同岗位对就业者专业能力有着不同程度的门槛要求，同时也为其提供与之相匹配的收入水平。商品房小区因其所处地段、建造品质以及周边设施情况等因素而呈现一定的价格梯度。北京市民根据自身的职业能力、购买水平和选择偏好，决定工作地点和居住地点。由此，微观个体很多时候不得不承受或者相关条件下愿意承受不同时间和距离的通勤；宏观上造成了早晚通勤时间的交通拥堵及相关城市问题，职住分离成为城市常态。

四、职住关系整体特征

"职住比"能够较直观地反映某一区域人口在职住数量上的平衡度，本书采用"就业的人口数量"表示能够提供的就业岗位数量，得到 1996—2013 年北京市整体职住比变化（表 6.2）。结果显示，从 1996—2013 年，北京市的职住比（即就业人口比重）呈先降后增的特征。由于统计口径的变化，只考虑统计口径一致的 2004 年、2008 年、2013 年的数据，北京市整体职住比例在 0.5 上下变化，总体职住平衡较好。

表 6.2　1996—2013 年北京市整体职住比变化表

	1996	2001	2004	2008	2013
全市常住人口/万人	1 184.0	1 366.6	1 493.1	1 695.0	2 114.8
全市就业人口/万人	633.5	615.3	704.2	816.9	1 111.3
全市职住比	0.535	0.450	0.472	0.482	0.526
全市职住比标准差	0.153	0.188	0.137	0.190	0.214

来源：历次人口普查、基本单位普查和经济普查数据.

按地区来看，可将各个地区按照职住比分为"强就业性""弱就业性""职住均衡""弱居住性""强居住性"五类，如图 6.2 所示。可以看出，"强就业性"地区（如东城区和西城区）的职住比在 1996—2013 年不断增加，而"居住性"地区的职住比变化不大或降低，只有顺义区从"居住性"地区转变为"就业性"地区，全市各区职住比的标准差也在逐年增加，北京近二十年来正在形成职住分离的局面。

图 6.2 北京市分区职住比分布情况

20世纪90年代以来，城市快速扩张蔓延，北京市城市居住就业空间也经历了剧烈的重构过程。1980—2015年，北京市总人口年均增长42万人。2011—2015年，常住外来人口增加118万人，占北京市总人口增量56%。与此同时，1980—2015年，北京市建成区面积增长887平方千米，年均增长25.05平方千米，以"放射线+环线"为主要方式的"摊大饼"式空间扩张，造成了北京市日益严重的城市蔓延。城市蔓延与住房郊区化过程，造成了现阶段北京市严重的职住失衡（如图6.3和图6.4所示）。

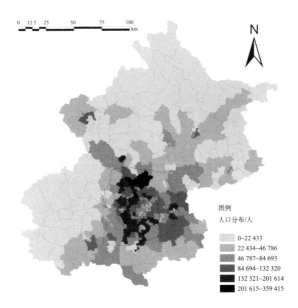

图 6.3　北京市各街道常住人口数量

来源：2010 年北京市第六次人口普查数据.

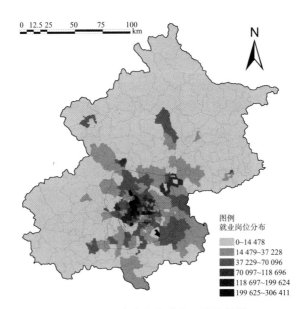

图 6.4　北京市各街道就业岗位数量

来源：2013 年第三次经济普查数据.

第二节　北京就业特征及其空间变化

一、北京市就业数量与结构变化

从北京市就业数量的变化来看，1978—2000 年处于平稳发展阶段。1978 年各产业从业人员共计 444 万人，2000 年达到 619 万人，年均增长率 1.5%。2000 年以后，就业人员增速显著变快，2014 年达到 1 157 万人，2000—2014 年，就业人数将近翻了一倍，年均增速 4.6%。

从就业结构的变化来看，1978 年三次产业就业人数比例接近 3∶4∶3，2014 年就业结构比则接近 5∶20∶75。这一时期内第三产业从业人员数量大幅增加，从 140 万人增加到 894 万人；第三产业从业人员数量占比从 30% 增加到 75%。第二产业从业人员绝对数量变化不大，但由于总就业人数的显著增大，第二产从业人员数量占比逐渐缩小，约从 40% 降到 20%。第一产业从业人员数量从 1978 年的 126 万人，大幅下降到 2014 年的 52 万人，占比也从 1978 年的 30% 迅速下降到不足 5%（图 6.5）。

图 6.5　北京市就业人口数量及就业结构变化

来源：北京市统计年鉴.

二、北京市就业空间变化

(一) 就业人口分布变化

分街道来看，2001年北京市就业人口数量前五位街道包括西城区展览路街道（18.4万人）、丰台区卢沟桥街道（15.9万人）、东城区东华门街道（14.8万人）、海淀区海淀街道（14.7万人）和丰台区花乡新村（14.3万人）。2010年就业人口数量前五位的街道则变成了海淀区的海淀街道（42.5万人）、海淀区的中关村街道（38.8万人）、朝阳区的建外街道（29.2万人）、海淀区的上地街道（26.9万人）和海淀区的北下关街道（24.6万人）。

分区县来看，2001年朝阳区就业人口数量最多，约为175万人，占比达20.7%；其次为海淀区，就业人口数量160万人，占比18.9%。延庆就业人口数量（9.3万人）仅占1.1%，门头沟（1.6%）、密云（2.2）和平谷（2.1%）就业人口占比均相对较少。2010年海淀区和朝阳区依然是就业岗位数量最多的两个区，所占比重略有提升(22.9%)；其次为丰台区(87万人)，占比约为10.3%。延庆（1.1%）、门头沟（1.2%）、密云（1.5%）、平谷（1.7%）就业人口数量占比仍然相对最低。

从图6.6和图6.7来看，2001—2010年，北京市就业人口分布基本维持由中心向外围的同心圆衰减态势。朝阳区、海淀区、西城区、宣武区和顺义区就业人口比重略有增加；崇文、东城、石景山、丰台、昌平、通州、大兴、房山、怀柔、门头沟、密云、平谷就业人口比重均有下降；延庆就业人口比重维持不变。总体上，中心城区就业人口比重增加，近郊和远郊就业人口比重均有下降。因此，北京市就业人口分布在这十年间向中心城区更加集中。图6.8～图6.27是不同行业就业人口按街道的分布情况。2001年十大行业就业人口集中分布在中心城区，以计算机行业、零售业、商业、餐饮、信息技术最为明显。2010年则在空间中趋向于呈现出均衡化发展态势，反映了行业就业岗位的大量外迁。由于住房郊区化等因素影响，房地产行业就业人口数量从中心向外围逐步增加；批发行业由于占地面积较大同时对交通区位要求较高，主要分布在郊区。

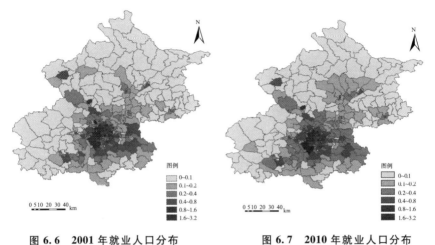

图 6.6　2001 年就业人口分布　　　　　　图 6.7　2010 年就业人口分布

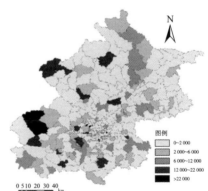

图 6.8　2001 年商业就业人口分布　　　　图 6.9　2010 年商业就业人口分布

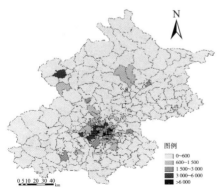
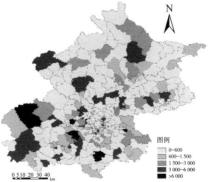

图 6.10　2001 年餐饮就业人口分布　　　图 6.11　2010 年餐饮就业人口分布

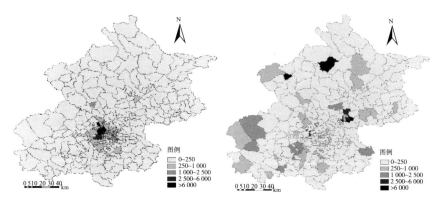

图 6.12　2001 年计算机就业人口分布　　图 6.13　2010 年计算机就业人口分布

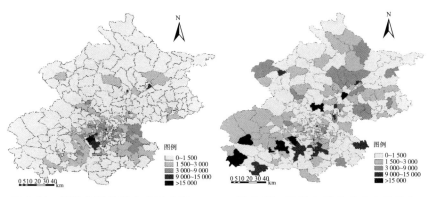

图 6.14　2001 年建筑就业人口分布　　图 6.15　2010 年建筑就业人口分布

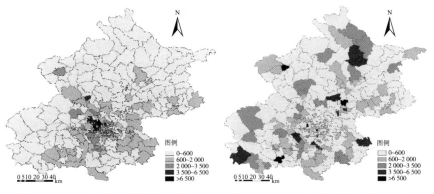

图 6.16　2001 年教育就业人口分布　　图 6.17　2010 年教育就业人口分布

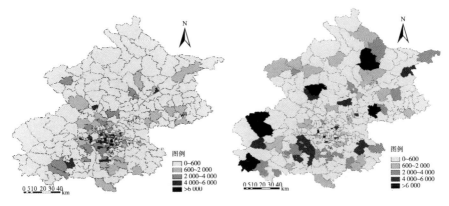

图 6.18 2001 年医疗就业人口分布　　图 6.19 2010 年医疗就业人口分布

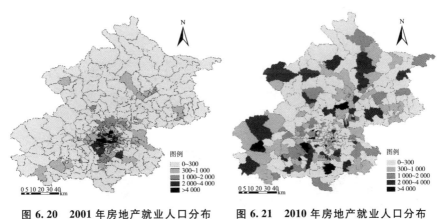

图 6.20 2001 年房地产就业人口分布　　图 6.21 2010 年房地产就业人口分布

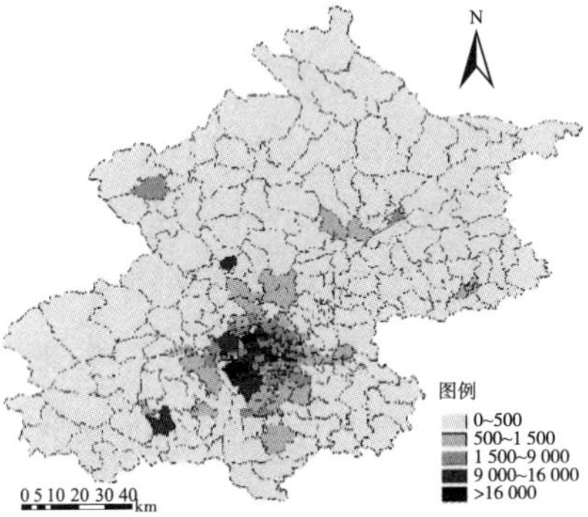

图 6.22 2001 年零售就业人口分布 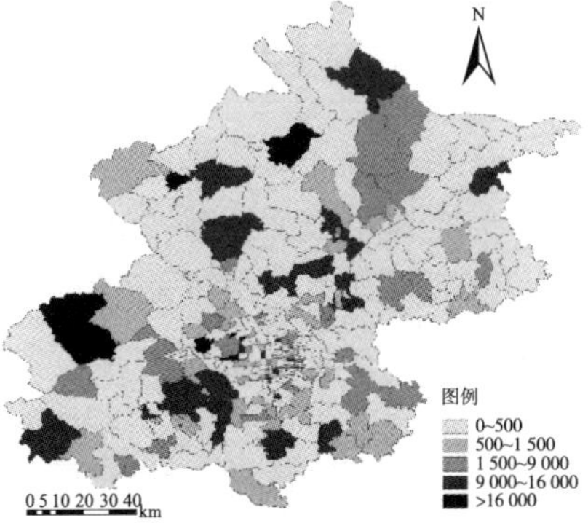　　图 6.23 2010 年零售就业人口分布

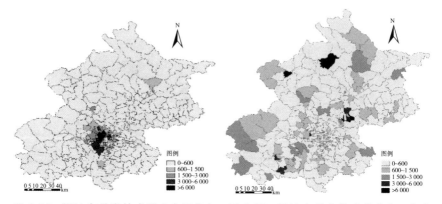

图 6.24　2001 年信息技术就业人口分布　　图 6.25　2010 年信息技术就业人口分布

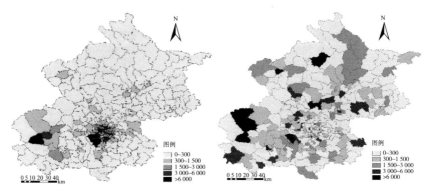

图 6.26　2001 年批发行业就业人口分布　　图 6.27　2010 年批发行业就业人口分布

来源：北京市统计年鉴（图 6.6～图 6.27）．

从北京市分区就业密度分布情况（图 6.28）可以看出，石景山区作为京西历史文化重点区，就业密度在 1996—2013 年先减后增，其余地区就业密度均不断上升。海淀区是内城中就业密度最早发展起来的，北部带动南部的就业密度提高；城市发展新区内，东部带动西部的就业密度提高；城市生态涵养区范围内，就业密度较低且增长不显著。

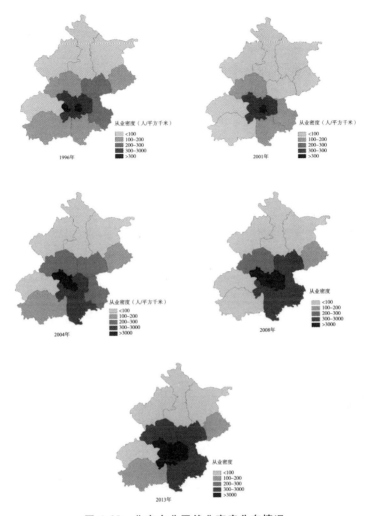

图 6.28 北京市分区就业密度分布情况

(二) 就业用地与就业中心空间结构变化

整体来看，2002 年以来北京市建设用地面积逐年递增，14 年的时间内扩张了 220 平方千米，年平均增长率为 2.4%，各类型用地有着不同程度的增长。分用地类型来看，居住用地面积占比略有下降，工业用地和仓储用地面积占比有上升。2014 年以后，各类型用地面积占比基本维持不变（表 6.3）。

表 6.3　北京市建设用地平衡表

单位：km^2

时间	建设用地面积	居住用地	工业用地	仓储用地	公共设施用地	市政公用设施用地	特殊用地	对外交通用地	道路广场用地	绿地
2002	1043.0	330.6 (32%)	162.8 (16%)	24.2 (2%)	138.3 (13%)	25.6 (2%)	53.0 (5%)	45.8 (4%)	135.3 (13%)	127.4 (12%)
2003	1238.7	352.4 (28%)	177.8 (14%)	28.3 (2%)	204.3 (16%)	30.5 (2%)	54.8 (4%)	51.1 (4%)	164.8 (13%)	174.7 (14%)
2004	1254.4	366.2 (29%)	196.8 (16%)	28.6 (2%)	184.7 (15%)	31.6 (3%)	54.8 (4%)	55.2 (4%)	170.4 (14%)	166.1 (13%)
2006	1254.2	363.7 (29%)	282.1 (22%)	39.4 (3%)	225.4 (18%)	37.5 (3%)	15.3 (1%)	36.6 (3%)	134.4 (11%)	119.9 (10%)
2007	1289.3	372.2 (29%)	288.1 (22%)	39.3 (3%)	229.1 (18%)	41.0 (3%)	15.3 (1%)	45.7 (4%)	134.9 (10%)	123.6 (10%)
2008	1310.9	373.2 (28%)	289.5 (22%)	38.2 (3%)	230.2 (18%)	38.3 (3%)	15.1 (1%)	51.0 (4%)	145.1 (11%)	130.5 (10%)
2009	1349.8	383.3 (28%)	291.2 (22%)	38.1 (3%)	233.1 (17%)	39.1 (3%)	15.0 (1%)	51.2 (4%)	158.9 (12%)	140.0 (10%)
2011	1425.9	405.4 (28%)	313.5 (22%)	38.4 (3%)	248.9 (17%)	39.6 (3%)	15.0 (1%)	51.2 (4%)	167.3 (12%)	146.5 (10%)
建设用地面积		居住用地	工业用地	物流仓储用地	公共管理与公共服务用地	公用设施用地	商业服务业设施用地	道路交通设施用地	绿地与广场用地	
2014	1389.2	408.5 (29%)	240.0 (17%)	49.5 (4%)	164.4 (12%)	29.1 (2%)	125.6 (9%)	260.7 (19%)	111.4 (8%)	
2015	1454.7	417.2 (29%)	263.6 (18%)	51.6 (4%)	173.5 (12%)	32.1 (2%)	133.5 (9%)	269.1 (18%)	114.3 (8%)	
2016	1463.8	420.9 (29%)	263.3 (18%)	51.5 (4%)	174.9 (12%)	31.7 (2%)	135.1 (9%)	270.9 (19%)	115.5 (8%)	

来源：中国城市建设统计年鉴。

以天安门为北京市城市中心点，各区人民政府所在地为北京各区中心点进行测距，得到 1996 年、2001 年、2004 年、2008 年和 2013 年各区就业人口密度与距离市中心的关系，并进行单中心拟合得到如下结果（图 6.29）。

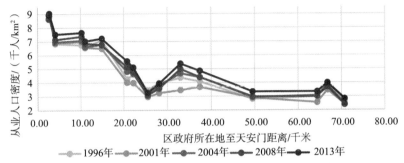

图 6.29　单中心结构下北京就业人口密度与距离的关系

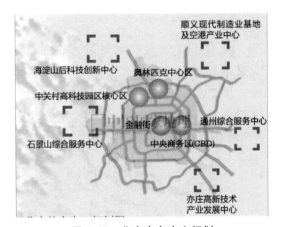

图 6.30　北京市多中心规划

整体来看，北京市存在距城市中心越远，就业人口密度越低的空间特征，就业人口密度呈现较大起伏变化。除市中心以外的就业副中心，有波峰点如海淀区、石景山区、顺义区，对应的就业中心为中关村高科技区、石景山综合服务中心、顺义现代制造业基地及空港中心（图 6.30）。常见人口模型中，使用对数函数进行拟合最能反映北京市区就业人口密度的分布特征，结果表明北京市就业人口密度分布呈现从 1996—2013 年的单中心性加强的特征，一定程度上反映了北京城六区的吸引力增加，拟合函数如下：

1996 年：$D(r) = 15\,321 - 4\,227 \ln(r)$ $R^2 = 0.6427$

2001 年：$D(r) = 17\,676 - 4\,927 \ln(r)$ $R^2 = 0.626$

2004 年：$D(r) = 15\,467 - 4\,265 \ln(r)$ $R^2 = 0.6477$

2008 年：$D(r) = 16\,072 - 4\,411 \ln(r)$ $R^2 = 0.6801$

2013 年：$D(r) = 20\,358 - 5\,566 \ln(r)$ $R^2 = 0.7065$

第三节　北京居住特征及其空间变化

一、北京市居住人口与居住用地的变化

1978—1994 年，北京市常住人口相对低速平稳增长。1978 年城市常住人口数量为 872 万人，1994 年为 1 125 万人，年均增速约 1.6%。1994—1996 年，常住人口数量迅速增加了 135 万人，随后三年至 1999 年，人口数量基本维持不动。

2000 年开始，北京市常住人口数量进入快速增长阶段。截至 2000 年年底，北京市常住人口达 1 382 万人，其中户籍人口 1 114 万人。2010 年年底，北京市常住人口达到 1 961 万人，十年间增长 579 万人，远远超过 2004 年北京市城市总体规划提出的 2020 年 1 800 万的总人口目标，年均增长约 9%。2010 年后常住人口增速趋缓。

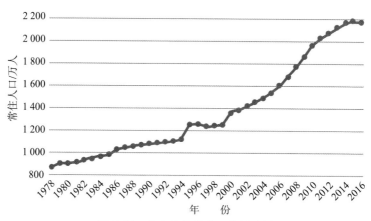

图 6.31　北京市常住人口数量变化

来源：北京市统计年鉴、中国统计年鉴.

2002年,北京市建设用地总面积1043平方千米,2016年达1464平方千米,增加了421平方千米,年均增长率约为2.5%。城市居住用地面积在这两年分别为331平方千米和421平方千米,年均增长约2%。

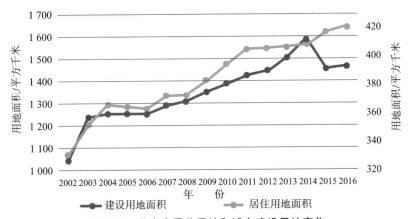

图 6.32 北京市居住用地和城市建设用地变化

来源:北京城市建设统计年鉴(2002—2016年).

二、北京市人口空间分布的演变

表6.4展示了北京市1962—2010年常住人口变化。从全市层面来看,2000—2010年人口数量发生了一次爆炸性增长,常住人口增长近50%。从分区情况来看,1962—1982年老城区人口增长率(3%)远低于近郊区(31%)和远郊区(27%)。除宣武区以外,各行政区基本保持人口正增长趋势,尚未进入郊区化阶段。1982—1990年,老城区常住人口数量下降,八年内下降3.4%。反观近郊区,人口增长率高达41%,郊区化进程显著。1990—2000年,老城区人口大幅下降,下降幅度达到14%,近郊区(62%)和远郊区(16%)人口高速增长,郊区化加剧。2000—2010年,老城区的人口变化情况重新从负向增长转为正向增长,近郊区和远郊区由于吸引了大量外来人口,人口数量大幅增加。

表 6.4　北京市分区常住人口数量变化情况

	1962—1982 年	1982—1990 年	1990—2000 年	2000—2010 年
全市	21.0%	17.4%	28.8%	44.5%
城区	3.0%	-3.4%	-14.0%	2.3%
东城	4.8%	-7.0%	-13.9%	7.0%
西城	3.7%	-1.1%	-11.3%	-4.6%
崇文	8.4%	-5.1%	-20.2%	-0.0%
宣武	-3.8%	-1.1%	-14.6%	8.1%
近郊区	31.1%	40.8%	61.5%	49.6%
朝阳	41.9%	41.7%	63.5%	54.8%
丰台	27.1%	34.9%	72.6%	54.2%
石景山	32.7%	34.6%	59.5%	25.9%
海淀	23.5%	44.6%	53.6%	46.5%
远郊区县	27.2%	13.2%	15.8%	55.8%

来源：北京市统计年鉴、北京市人口普查数据.

剔除各区面积差异影响，以人口密度反映其分布情况（图 6.33）。整体来看，北京市人口密度最高区域集中在东城区和西城区，且随距城市中心距离的增加而降低。四大城市功能区间的人口密度降低梯度明显，城六区（东城区、西城区、朝阳区、海淀区、丰台区、石景山区）人口密度北部高于南部。1996—2013 年，整体常住人口总数和密度提升，其中东城区和西城区的人口密度略有降低，其余区的人口密度都有不同程度增加，人口密度提高最多的是昌平区，提高了 319.8%，净增加数量最多的是朝阳区和海淀区，分别增加 219.4 万人和 196.2 万人。

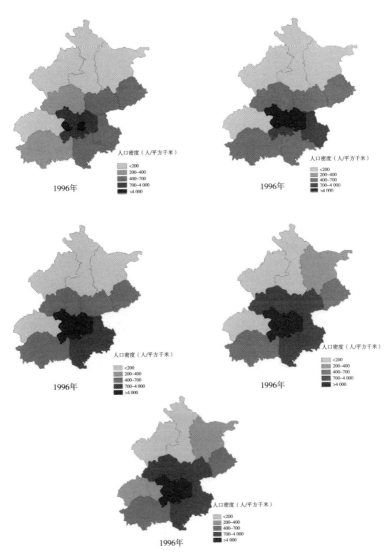

图 6.33 北京市分区人口密度分布情况

三、北京市居住小区与生活服务设施空间分布

从 2015 年北京市居住小区 POI（兴趣点）数量分布来看，城六区居住小区数量较多，近郊区次之，远郊区最少。在城市中心周边不平衡地发展出了 CBD、金融区、大学区等高人口密度功能区。郊区居

住小区POI数量少，但以点为单位进行空间识别的前提下，存在天通苑等规模巨大且居住人口数量庞大的居住小区。

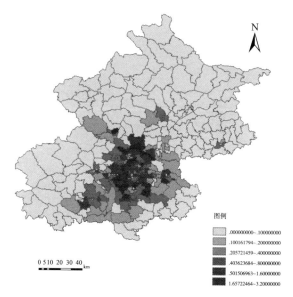

图6.34 北京市街道2015年居住小区POI数量

从北京市各街道购物地、学校、就餐地和休闲地POI数量情况来看，学校空间分布较为均匀，就餐地POI和购物地POI呈现中中心集聚的趋势，休闲地POI主要集中分布在昌平、房山和怀柔等城郊地区。

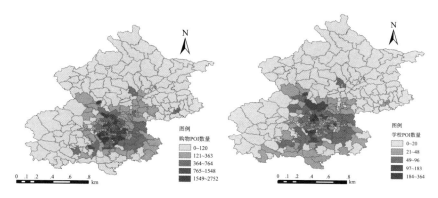

图6.35 北京市街道购物地POI数量　　**图6.36 北京市街道学校POI数量**

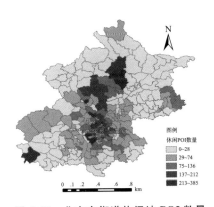

图 6.37 北京市街道休闲地 POI 数量

来源：百度地图.

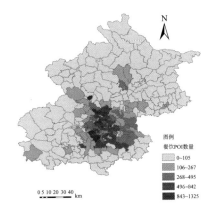

图 6.38 北京市街道就餐地 POI 数量

第四节 北京市居民出行特征变化

一、北京市私人小汽车发展历程

1984年中共中央、国务院发布《关于农民个人或联户购置机动车船和拖拉机经营运输业的若干规定》，从政策上确立了私人购置汽车合法性，中国汽车消费从单一公款购车转向多元化消费渠道。1994年《汽车工业产业政策》继续鼓励家庭或个人小汽车购买和使用，彻底改变了原本小汽车主要由国企、行政机关、事业单位公款购买的消费结构。2000年党的十五届五中全会通过《中共中央关于制定国民经济和社会发展第十个五年计划建议》，明确表示"鼓励轿车进入家庭"，我国居民私家车消费进入高速发展时期。据国家统计局资料，2000年北京市私人汽车拥有量49万辆，经过十年的快速增长，2010年达到372万辆，年均增长率约22.5%。

小汽车数量的爆发式增长，在促进汽车产业蓬勃发展的同时也带来了严重的交通拥堵、空气污染等城市问题。基于此，北京市先后出台多项政策和措施以缓解这些问题。2010年北京市出台《小客车数量调控暂行规定》，2011年1月1日起开始实施机动车牌照摇号政策。2011年和2012年额度指标均为24万个，其中个人占88%。两年时间内全市净增小客车 39 万辆，不足 2010 年全年的一半，机动车快速增长速度得到了有效控制，如图 6.39 所示。截至 2017 年年底，北京市私人汽车拥有量共 467 万辆。

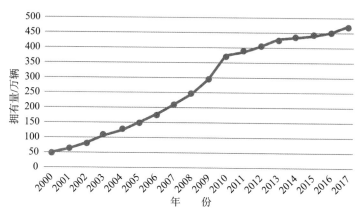

图 6.39　北京市私人小汽车拥有量变化折线

来源：国家统计局．

2008 年奥运会前，为解决交通拥堵问题和提升空气质量，北京市开始实施机动车尾号限行政策并在此之后长期实行，工作日每天对特定尾号的机动车在五环路以内道路一定时间内限行，本地机动车限行时间早上 7 点至晚上 8 点，非本地机动车限行时间为早上 9 点到下午 5 点。

二、北京市居民出行总量和结构变化

据北京市交通发展年度报告数据，2001—2014 年北京市六环内日均出行总量持续上升，2001 年全市日均出行 1 605 万人次，2014 年达 3 146 万人次，将近翻了一番，年均增长率约为 5.3%。对中心城区而言，2015 年工作日日均出行 2 729 万人次（不含步行），绿色出行比例达 70.7%。受非首都功能疏解、人口总量调控等政策的影响，相较 2014 年中心城区日均出行量（2 954 万人次）下降 4.4%，其中，通勤出行量为 1 810 万人次（不含步行）。

从结构特征来看，从 1986 年到 2014 年，北京市居民出行结构表现出显著变化。1986 年居民日常出行最常采用的交通方式为自行车，占比约 63%；其次为公交车（26.5%）；其他交通方式出行比例不足

7%。2014年居民出行交通方式中小汽车占比最高（31.5%），其次为公交（28.6%）和地铁（19.4%）。总体上居民出行对不同交通方式的选择趋于均衡化。

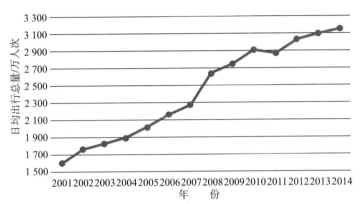

图 6.40　北京市 2001—2014 六环内日均出行总量变化（不含步行）

来源：历年北京市交通发展年度报告.

分不同交通方式来看（如图 6.41 所示），小汽车出行比例在 2010 年达到峰值（34.2%），随后逐渐缓慢下降。公交车出行比例变化不大（23%~29%），一直是居民日常出行的重要交通工具。2000 年以后北京市轨道交通建设进入快速发展阶段，居民地铁出行占比逐年提高至约 20%。自行车出行占比逐年下降，一方面是由于居民出行距离不断上升，另一方面在公共交通服务水平不断提升的背景下，其便捷高效性逐渐取代了自行车。同时，出租车出行占比在相对稳定中略有下降。

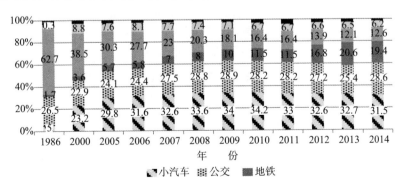

图 6.41　北京市历年交通出行方式构成（步行除外）

来源：2015 年北京市交通发展年度报告.

三、北京市居民出行目的变化

图 6.42 和图 6.43 展示了北京市 2015 年和 2010 年居民不同出行目的占比情况（六环内）。2010 年居民通勤类出行（上下班和上下学）占比达 43.32%，生活类出行占比 19.07%，包括：购物（8.96%），健身休闲娱乐（4.44%），个人事务（3.05%），探亲访友（1.95%）。2015 年通勤类出行占比上升至 52.0%。总的来看，通勤作为基本刚性需求一直是居民日常出行的主要目的，而随着居民生活水平的提高，非通勤出行占比越来越大。

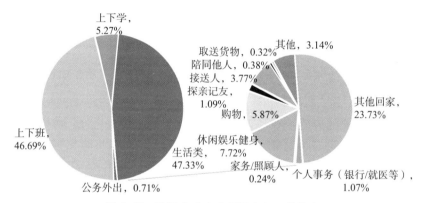

图 6.42　2015 年北京市居民出行目的构成

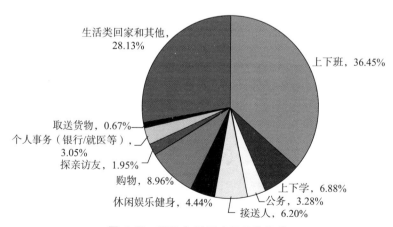

图 6.43　2010 年居民出行目的构成

来源：2016 年、2011 年北京市交通发展年度报告.

四、北京市居民出行距离与时耗变化

分居民不同交通出行方式来看,轨道交通平均出行距离最长,其次为班车、小汽车、公交汽车、出租车、电动自行车、自行车和步行。2010—2015 年,居民采用出租车和小汽车的出行距离逐渐变大,2010 年小汽车平均出行距离 9.3 千米,2015 年则达到 13.2 千米。自行车、步行等出行距离变化不大。公交汽车出行距离从 2010 年的 9.6 千米,下降至 2015 年的 7.3 千米。

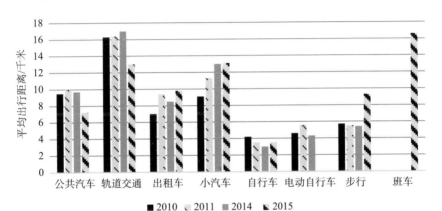

图 6.44 北京市居民各个交通方式平均出行距离

来源:北京交通发展年报。

从居民出行时耗特征来看,2010—2015 年,北京市六环内居民采用各主要交通方式出行时耗在早高峰普遍略低于晚高峰。分交通模式而言,公交车、轨道交通和步行出行时耗逐年下降,出租车、小汽车、自行车和电动自行车出行时耗有所上升。

表 6.5 北京市居民各个交通方式平均出行时间(分钟)

	2010 年		2011 年		2014 年		2015 年	
	早高峰	晚高峰	早高峰	晚高峰	早高峰	晚高峰	早高峰	晚高峰
公交汽车	60.7	66.4	56	57	59.6	65.3	60.5	58.1
轨道交通	73.1	74.8	58	51	73.6	75.3	62.3	56.8
出租车	33.2	39.4	33	37	41.3	44.7	44.2	47.5

（续表）

	2010年		2011年		2014年		2015年	
	早高峰	晚高峰	早高峰	晚高峰	早高峰	晚高峰	早高峰	晚高峰
小汽车	32.9	38.9	35	39	38.5	46.4	39.9	40
自行车	20.6	22.1	20	22	22.3	24.4	21.4	23.1
电动自行车	22.1	23.9	14	22	23.4	26.7	—	—
步行	16.8	17.3	17	17	/	/	15.5	15.7
班车	—	—	—	—	—	—	59.4	61.5

来源：各年北京市交通发展年度报告.

参考文献

[1] 中共中央关于制定国民经济和社会发展第十个五年计划的建议[J]. 中国党政干部论坛，2000（B10）：2—10.

[2] 李志刚，顾朝林. 中国城市社会空间结构转型[M]. 南京：东南大学出版社，2011.

[3] FENG J, ZHOU Y, LOGAN J, et al. Restructuring of Beijing's social space[J]. Eurasian Geography and Economics, 2007, 48（5）：509-542.

第七章　北京市职住平衡调查与测定

第一节　数据获取与职住平衡测定

一、数据获取

本节数据获取自 2017 年 4—6 月在北京市开展的职住平衡与交通出行居民问卷调查。数据有效样本覆盖了北京市 37 个居住小区，4 044 位居民，调查小区空间分布情况如图 7.1 所示。调查小区选取充分考虑到了所处区位、公共交通设施可达性、小区年代、规模、房屋价格及建筑类型等诸多因素，保证空间分布上的相对均衡。各调查小区的基本属性特征如表 7.1 所示。调查形式为通过微信扫描纸质二维码，跳转电子问卷，受访者在移动端完成线上调查。纸质二维码的发放包括在小区内部人力派发和在公共告示栏张贴两种方式，确保受访对象的随机性。

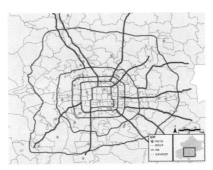

图 7.1　北京市职住平衡与交通出行居民问卷调查小区的空间分布

表 7.1 调查小区基本信息展示

小区名	区	最近地铁站距离/米	价格/(元·米$^{-2}$)	建造年份	层数/层	户数/户	样本数量
芳城园三区	丰台区	150	62 000	1 990	25	2 868	112
四方景园	丰台区	1 000	58 026	2 005	28	1 420	101
交东小区	东城区	250	130 000	2 001	6	1 841	89
利泽西园	朝阳区	250	67 519	2 013	24	2 369	123
金隅丽港城	朝阳区	1 000	79 419	2 004	26	1 214	66
都市心海岸	朝阳区	340	61 333	2 003	19	598	24
永乐东区	石景山区	600	61 539	1 980	6	7 986	143
大栅栏胡同区	西城区	300	—	—	1	—	64
北坞嘉园	海淀区	4 300	68 126	2 010	6	2 574	166
板厂南里小区	东城区	1 900	97 842	1 980	5	420	52
百万庄中里	西城区	576	123 351	1 988	5	754	51
光辉里小区	朝阳区	250	120 000	2 002	31	1 083	61
大河庄苑	海淀区	1 000	99 000	2 005	16	1 322	110
燕北园	海淀区	1 000	85 414	1 997	6	1 258	106
朝阳小区	朝阳区	600	110 019	2 005	6	980	59
三丰里	朝阳区	890	80 116	1 992	6	2 304	113
新华街五里	丰台区	900	51 932	1 984	24	1 624	106
正阳北里	丰台区	900	57 615	2 000	14	2 062	110
怡海花园	丰台区	100	62 338	1 999	10	1 762	101

第七章 北京市职住平衡调查与测定

(续表)

小区名	区	最近地铁站距离/米	价格/(元·米$^{-2}$)	建造年份	层数/层	户数/户	样本数量
富锦嘉园	丰台区	1 300	59 198	2 008	6	2 910	127
三环新城	丰台区	100	62 026	2 004	29	8 161	113
天通苑东区	昌平区	2 000	39 000	2 002	6	5 267	212
长虹小区	房山区	100	29 760	1 998	6	1 182	81
建新北区	房山区	600	45 948	1 988	6	2 874	105
金隅万科城	昌平区	1 200	49 912	2 012	22	5 021	150
卢西嘉园	丰台区	3 900	38 104	2 006	6	858	56
时代龙和大道	大兴区	800	48 663	2 007	15	1 913	111
长阳半岛	房山区	600	57 000	2 015	18	7 088	143
新康家园	大兴区	810	51 724	2 000	18	1 391	71
林青公园	大兴区	50	49 000	2 010	24	5 896	75
天宫院小区	大兴区	750	35 947	2 010	18	2 466	146
上地东里	海淀区	350	130 000	2 000	6	3 104	123
上林溪	海淀区	2 200	80 000	2 012	9	1 553	142
龙泽融泽嘉园	昌平区	1 900	48 645	2 011	31	10 809	191
潞河名苑一期	通州区	2 000	37 427	2 000	6	576	65
天时名苑	通州区	100	50 400	2 007	28	2 048	108
太玉园	通州区	2 400	20 681	2 005	6	7 742	268

151

二、基于调查问卷的职住平衡

4 044 份有效样本中就业人数共计 3 440 人,占比 85%;其中全职就业者 3 265 人,兼职就业者 175 人。受访对象中工作地与居住地最大距离近 90 千米,最小距离为 0,是在家办公的就业者。全样本职住距离平均值为 6.9 千米,中位数 3.2 千米,标准差 8.4。从分布情况来看(表 7.2),30% 居民的工作地在居住小区 1 千米半径范围内;近 20% 居民在距离居住小区 1~3 千米范围内工作。超七成居民工作地在住宅 10 千米半径范围内,只有 8% 居民的职住距离超过 20 千米。

表 7.2 就业者的居住地-就业地距离分布表

居住地-就业地距离/千米	样本数量/个	百分比/(%)	累计百分比/(%)
[0, 1)	1 034	30.1	30.1
[1, 3)	646	18.8	48.8
[3, 6)	447	13.0	61.8
[6, 10)	363	10.6	72.4
[10, 15)	374	10.9	83.3
[15, 20)	290	8.4	91.7
[20, 30)	221	6.4	98.1
[30, ∞)	65	1.9	100.0

注:居住地-就业地距离,为根据调查对象工作地和居住地的经纬度坐标,计算所得的直线距离,误差小于 0.2 米. 计算公式如下:

$$a = \frac{\pi}{180}(\text{lat}A - \text{lat}B); \quad b = \frac{\pi}{180}(\text{lon}A - \text{lon}B);$$

$$\text{distance} = 2a \cdot \sin\sqrt{\sin\left(\frac{a}{2}\right)^2 + \cos\left(\frac{\pi}{180}\text{lat}A\right)\cos\left(\frac{\pi}{180}\text{lat}B\right)\sin\left(\frac{b}{2}\right)^2} \cdot 6378137$$

(其中,a、b 分别表示 A、B 两地的经度差和纬度差;lat 和 lon 分别表示经度和纬度)

从不同收入群体的职住距离分布来看(图 7.2),大部分就业居民职住距离在 10 千米以内;低收入群体职住距离普遍较低,集中在 10 千米以下;高收入群体的职住距离分布范围较广,大部分人群职住距离在 10~20 千米。

第七章 北京市职住平衡调查与测定

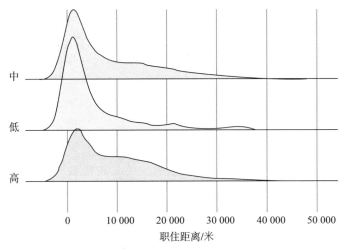

图 7.2 不同收入群体的职住距离分布

从不同交通方式来看（图 7.3），步行或自行车通勤居民的职住距离较短，大多小于 10 千米，采用自驾车和公共交通方式居民的职住距离分布范围较广，一些甚至超过 30 千米。这与不同交通方式本身的特点有关，一般而言，职住距离越近，采用步行或自行车通勤较为方便；而当职住距离增加到一定程度时，机动车出行便成为首选。

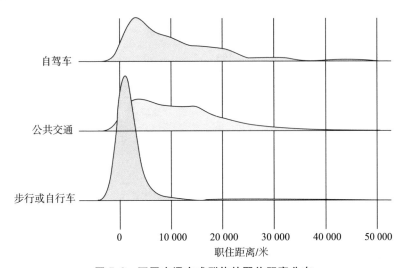

图 7.3 不同交通方式群体的职住距离分布

从就业者通勤时间特征来看，居民单程通勤时间均值为36分钟，中位数30分钟，最小通勤时间接近于0，即在家办公的就业者；最大通勤时间200分钟，采用的主要交通方式是地铁，起止地为从通州区张家湾镇到丰台区新村街道。通勤时间由空间距离及其采用的交通方式共同决定，因此反映了职住邻近度和个体层面的交通能力两方面特征。从交通出行方式来看，采用非机动车出行的居民通勤时间普遍较短，步行就业者平均通勤时间为14分钟，共享单车通勤群体平均出行时间19分钟。公共交通方式通勤居民的日均通勤时间最长，平均约50分钟。一方面由于这部分群体出行距离相对较长，另一方面公共交通工具（特别是公交车）在出行效率上低于机动化非公共交通工具。通过自驾车、出租车、网约车等进行日常通勤的受访居民通勤时间为30～40分钟，介于前两者之间（表7.3）。

表7.3 不同出行方式的就业者通勤时间情况

交通方式	平均通勤时间/分钟	样本数量/个	最大通勤时间/分钟	最小通勤时间/分钟	标准差/分钟
非机动化出行方式					
步行	14	719	60	0	8
自有自行车	21	274	70	1	11
共享单车	19	284	80	1	10
电动自行车	24	193	90	1	13
公共出行方式					
单位班车/校车	56	39	120	10	29
地铁	61	880	200	15	24
定制公交	50	5	90	10	29
公交	44	497	150	10	23
机动化非公共出行方式					
摩托车	30	10	90	10	27

(续表)

交通方式	平均通勤时间/分钟	样本数量/个	最大通勤时间/分钟	最小通勤时间/分钟	标准差/分钟
熟人拼车	40	11	60	15	15
网约车（不含出租）	34	17	60	15	17
自驾车	38	485	120	1	22
出租车	37	8	70	15	21

从不同收入特征居民的出行时长来看（图7.4），不论收入组别，大部分就业者出行时长都在100分钟以内，低收入群体出行时长分布显著集中，中高收入群体出行时长更为分散少数超过60分钟。

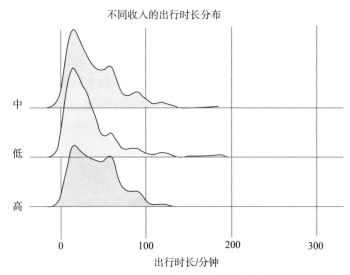

图7.4 不同收入群体的出行时长分布

从不同出行方式的出行时长来看（图7.5），步行或自行车出行居民的出行时间显著低于其他出行方式，大多低于60分钟；自驾车或公共交通出行居民的通勤时长较长，大部分集中在60分钟左右。

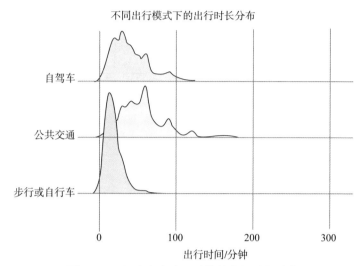

图 7.5　不同出行方式下群体的出行时长分布

进一步，将居民对当前的通勤距离、时间的满意程度定义为心理层面的职住平衡水平。评价为"非常满意"和"满意"代表实现了心理层面的"职住平衡"；评价为"非常不满意"和"不满意"代表在个体心理层面职住是不平衡的。据此统计，约50%的受访人群对当前通勤情况评价满意，实现了心理层面的职住平衡，40%的受访对象不满意当前的通勤距离、时间，尚未达到心理层面的职住平衡水平（图7.6）。

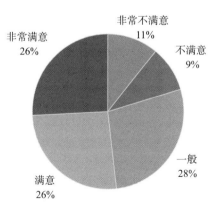

图 7.6　居民对通勤距离、时间满意度情况

第二节 基于非通勤出行的职住与生活均衡

一、非通勤距离

在 3 440 个有工作受访对象中，854 人均存在接送子女上下学的出行需求。其中，子女学校和居住地之间最大距离约为 100 千米；最小距离为 0，即子女就在本居住小区内的幼儿园接受教育。学校与住宅距离的平均值为 2.6 千米，中位数 0.6 千米，标准差 6.6 千米。从居住地与学校距离的分布特征来看（表 7.4），在有学龄子女的受访对象中，近 50%子女学校在居住地 500 米半径范围内；15%受访者子女学校在居住地 0.5~1 千米范围内；居住地与学校直线距离超过 5 千米的受访群体仅占 13%。整体来看，居住地-学校的距离普遍小于居住地-就业地距离。

表 7.4 就业者居住地-学校距离分布

居住地-学校距离/千米	样本数量/个	百分比/（%）	累计百分比/（%）
[0, 0.5)	398	46.6	46.6
[0.5, 1)	121	14.2	60.8
[1, 2)	123	14.4	75.2
[2, 5)	103	12.1	87.2
[5, 10)	43	5.0	92.3
[10, ∞)	66	7.7	100.0

注：居住地-学校距离为根据调查对象居住地和学校的经纬度坐标，计算所得的直线距离，误差小于 0.2 米。计算公式同表 7.2。

半数以上居民每周都有至少一次的购物出行需求。购物出行最大距离为 84.6 千米，最小出行距离接近 0，即在住宅本小区内进行日常购物消费。购物地点与居住地的平均距离为 3.3 千米，中位数 1.0 千米，标准差 6.0 千米。从居住地与购物地距离的分布来看（表 7.5），29%居民的日常购物出行范围在 500 米内，50%居民日常购物出行范围在 1 千米内，距离 10 千米以上的居民仅占约 9%。

表 7.5 就业者居住地-购物地距离分布

居住地-购物地距离/千米	样本数量/个	百分比/（%）	累计百分比/（%）
[0, 0.5)	655	29.0	29.0
[0.5, 1)	466	20.6	49.6
[1, 2)	306	13.6	63.2
[2, 4)	295	13.1	76.3
[4, 6)	208	9.2	85.5
[6, 10]	123	5.4	91.0
[10, 20)	138	6.1	97.1
[20, ∞)	66	2.9	100.0

注：居住地-购物地距离为根据调查对象居住地和购物地经纬度坐标，计算所得的直线距离，误差小于0.2米。计算公式同表7.2。

49.30%的受访对象每周都有至少一次外出就餐出行需求，最远空间范围约为90千米，最近的外出就餐地点与居住地距离接近0。平均距离3.1千米，中位数0.7千米，标准差为6.2千米。从距离的分布特征来看（表7.6），41%居民日常外出就餐地点的范围在居住地500米内，15%的人就餐地点在居住地500~1 000米范围内，就餐地点在10千米以外的居民占比约为9%。

表 7.6 就业者居住地-就餐地距离分布

居住地-就餐地距离/千米	样本数量/个	百分比/（%）	累计百分比/（%）
[0, 0.5)	690	40.7	40.7
[0.5, 1)	251	14.8	55.5
[1, 3)	345	20.3	75.8
[3, 5)	120	7.1	82.9
[5, 10)	142	8.4	91.3
[10, ∞)	148	8.7	100.0

注：居住地-就餐地距离为根据调查对象居住地和就餐地经纬度坐标，计算所得的直线距离，误差小于0.2米。计算公式同表7.2。

35.78%的受访对象每周均有至少一次户外活动,其中空间距离最远受访者的户外活动地点为密云区雾灵山国家森林公园,距离达114千米。35位受访对象在自家门前户外活动,相应出行距离接近于0。与居住地的平均距离为4.9千米,中位数为1.2千米,标准差为9.6千米。从距离的分布情况来看(表7.7),28%居民的户外活动地点在住宅500米范围内;近45%居民户外活动地点在住宅1千米范围内。居住地-户外活动地之间距离为1~3千米的居民占22%;仅5%居民每周去往20千米以外进行户外活动。

表7.7 就业者居住地-户外活动地距离分布

居住地-户外活动地距离/千米	样本数量/个	百分比/(%)	累计百分比/(%)
[0, 0.5)	347	28.2	28.2
[0.5, 1)	204	16.6	44.8
[1, 3)	272	22.1	66.9
[3, 5)	98	8.0	74.8
[5, 10)	137	11.1	85.9
[10, 20)	107	8.7	94.6
[20, ∞)	66	5.4	100.0

注:居住地-户外活动地距离为根据调查对象居住地和户外活动地经纬度坐标,计算所得的直线距离,误差小于0.2米(计算公式同表7.2)。

二、非通勤时间

在有接送子女上下学出行行为的854个有效样本中,接送平均花费时间17分钟,中位数为15分钟,最小值接近为0,最大值达120分钟。从交通方式结构来看(表7.8),步行出行样本量占比最大(331),其次为私家车(195)。整体来看,采用非机动化出行方式接送子女上下学的平均花费时间最小,其次为小汽车,地铁或公交方式的平均出行时间最长。

表 7.8　不同出行方式群体的接送孩子出行时间情况

交通方式	平均出行时间/分钟	样本数量/个	最大出行时间/分钟	最小出行时间/分钟	标准差/分钟
非机动化出行方式					
步行	10	331	50	1	7
自有自行车	17	97	60	5	11
共享单车	18	23	40	5	9
电动自行车	17	87	50	5	10
公共出行方式					
地铁	47	25	120	6	34
公交	26	66	60	9	14
机动化非公共出行方式					
摩托车	30	20	30	30	0
网约车（不含出租）	40	3	50	30	10
自驾车	24	195	90	0	15
出租车	24	7	60	5	19

调查数据中共 2 241 个有效购物出行时间样本。购物出行平均单程时间约 23 分钟，中位数 20 分钟。最小购物出行时间 1 分钟，多为购物地位于住宅附近，最大出行时间 120 分钟（表 7.9）。平均购物出行时间最短的为步行出行人群，平均花费时长 15 分钟，共计 903 人，近半数的人选择就近购物。采用共享单车、电动自行车和自有自行车购物出行的人群平均出行时间 21～22 分钟。195 人购物出行选择搭乘地铁，平均出行时间最长，为 46 分钟。超 400 人选择私家车方式外出购物，平均花费 27 分钟，小汽车因其舒适性和私密性成为很多人出行交通方式的首选。

表 7.9　不同出行方式群体的购物出行时间情况

交通方式	平均出行时间/分钟	样本数量/个	最大出行时间/分钟	最小出行时间/分钟	标准差/分钟
非机动化出行方式					
步行	15	903	120	1	15
自有自行车	22	117	90	2	15

第七章　北京市职住平衡调查与测定

(续表)

交通方式	平均出行时间/分钟	样本数量/个	最大出行时间/分钟	最小出行时间/分钟	标准差/分钟
共享单车	21	207	120	2	13
电动自行车	21	101	60	1	14
公共出行方式					
地铁	46	195	120	5	25
公交	32	264	120	2	20
机动化非公共出行方式					
摩托车	30	2	40	20	14
熟人拼车	40	1	40	40	0
网约车（不含出租）	27	23	60	1	13
自驾车	27	408	120	5	21
出租车	33	20	120	10	26

调查数据共有 2 151 个有效户外活动出行样本。从家出发到达户外活动地点平均花费时长 29 分钟，中位数 20 分钟。最小出行时间接近 0，即受访者在家附近户外活动；最大出行时间约 3 个小时，目的地为平谷区京东石林峡旅游区（表 7.10）。步行、自驾车、共享单车和地铁是最主要出行方式。与前述非通勤出行时间特征相类似，非机动化出行平均时间最短，机动化非公共出行平均时间最长。

表 7.10　不同出行方式群体的户外活动出行时间情况

交通方式	平均出行时间/分钟	样本数量/个	最大出行时间/分钟	最小出行时间/分钟	标准差/分钟
非机动化出行方式					
步行	19	923	120	0	19
自有自行车	26	131	130	1	24
共享单车	27	235	180	1	22
电动自行车	22	58	60	5	13

(续表)

交通方式	平均出行时间/分钟	样本数量/个	最大出行时间/分钟	最小出行时间/分钟	标准差/分钟
公共出行方式					
单位班车/校车	60	1	60	60	0
地铁	51	208	200	0	35
公交	36	170	180	0	24
机动化非公共出行方式					
摩托车	70	2	120	20	71
熟人拼车	15	2	20	10	7
网约车（不含出租）	39	16	100	3	32
自驾车	39	391	200	1	30
出租车	35	14	100	15	24

调查数据中共 1 677 个有效外出就餐出行样本。从家到就餐地点平均出行时间 19 分钟，中位数 15 分钟，最小出行时间接近 0，最长出行时间 120 分钟。50% 居民外出就餐选择步行，平均出行时间 12 分钟。110 个人选择地铁到达外出就餐地点，平均用时 41 分钟。总体上，全市居民外出就餐范围在 40 分钟内（表 7.11）。

表 7.11　不同出行方式群体的户外活动出行时间情况

交通方式	平均出行时间/分钟	样本数量/个	最大出行时间/分钟	最小出行时间/分钟	标准差/分钟
非机动化出行方式					
步行	12	841	90	1	10
自有自行车	21	41	90	5	18
共享单车	18	126	60	3	10
电动自行车	20	51	60	2	13
公共出行方式					
地铁	41	110	100	10	20
公交	31	126	120	5	21

(续表)

交通方式	平均出行时间/分钟	样本数量/个	最大出行时间/分钟	最小出行时间/分钟	标准差/分钟
机动化非公共出行方式					
熟人拼车	40	1	40	40	0
网约车（不含出租）	33	25	90	2	20
自驾车	24	329	90	2	15
出租车	24	27	60	5	15

三、职与生活均衡分析

采用熵权法计算权重，依据前述分析，职住距离、时间指数的5个指标权重分别如表7.12、表7.13所示。例如，职住距离指数中居住地-就业地距离的信息熵值最大（0.9208），表明其变异程度最小，相应权重也最小（0.0733）。

表7.12 出行距离指标权重

指标名称	信息熵值	熵权
居住地-就业地距离	0.9208	0.0733
居住地-学校距离	0.6740	0.3019
居住地-购物地距离	0.8348	0.1530
居住地-户外活动地距离	0.7076	0.2707
居住地-外出就餐地距离	0.7828	0.2011

表7.13 出行时间指标权重

指标名称	信息熵值	熵权
居住地-就业地出行时间	0.9693	0.0556
居住地-学校出行时间	0.7886	0.3833
居住地-购物地出行时间	0.9123	0.1591
居住地-户外活动地出行时间	0.9004	0.1805
居住地-外出就餐地出行时间	0.8778	0.2215

在已知居住地到就业地、学校、购物地、户外活动地和外出就餐地距离和出行时间，及其相应权重的基础上，计算各受访对象的职住距离指数 JLD_d 和职住时间指数 JLD_t，如表 7.14 所示。

表 7.14 职住时间、距离指数基本属性差异表

	样本数量/个	JLD_t 平均值/分钟	JLD_d 平均值/米
性　别			
男	1 780	10.9	2 444
女	1 660	11.8	2 522
婚　否			
否	1 292	10.2	2 845
是	2 148	12.0	2 263
年　龄			
18～25 岁	626	9.6	3 529
26～40 岁	2 301	11.8	2 311
41～50 岁	392	12.2	2 057
50 岁以上	121	9.7	1 716
学　历			
硕士及以上	610	12.5	2 439
本科/大专	2 143	11.8	2 788
高中/职高	392	9.3	1 579
初中/中专	262	8.0	1 503
小学及以下	33	8.8	1 850

总体上，北京市居民男性职住平衡情况优于女性，女性职住距离指数和职住时间指数均略高于男性。未婚受访对象职住距离指数高于已婚，职住时间指数却低于已婚群体，表明未婚群体出行效率高于已婚群体，机动化出行比例较高。

不同年龄段职住距离指数差异较大。从整体趋势来看，年龄越大职住距离指数越小，职住平衡水平越高；18～25 岁年轻就业者职住距离指数高达 3 529 米。而从职住时间指数情况来看，25 岁以下和 50 岁以上职住时间指数低于 26～50 岁间，体现了 18～25 岁受访群体的较高出行效率。从教育背景来看，整体上高学历就业者（本科及以

上）职住距离、时间指数较高，职住平衡水平低于较低学历（高中及以下）的就业者。

就中心城六区而言，朝阳区居民的平均 JLD_d 指数（1 409）和 JLD_t 指数（9.9）较低，职住平衡情况最好，印证了相比于其他片区，朝阳区拥有较为充足的就业岗位。西城区的 JLD_d 指数（5 173）远高于其他地区，但 JLD_t 指数为 10.5，仅略高于朝阳区，这说明西城区居民的出行速度较快，反映了较高的出行能力。在调研的 5 个近郊区中，房山区 JLD_d 指数（6 334）相对较高，居民日常通勤距离较长，但是职住时间指数为 10.8，尚可接受。顺义区居民的职住距离指数（1 306）和职住时间指数（9.8）最低，居民日常出行距离最短，职住平衡程度较好（表 7.15）。

表 7.15 职住时间、距离指数分区情况

行政区	样本数/个	JLD_d 平均值/米	JLD_t 平均值/分钟
东城区	163	1 661	11.6
西城区	103	5 173	10.5
朝阳区	361	1 409	9.9
丰台区	726	2 140	11.6
海淀区	530	1 969	11.9
石景山区	129	2 403	11.7
顺义区	91	1 306	9.8
通州区	357	2 622	11.3
大兴区	336	3 126	11.5
房山区	160	6 334	10.8
昌平区	484	2 477	11.8
总 计	3 440	2 482	11.3

从住房来源情况来看，从父母或者亲戚处继承住房的调研对象的平均职住距离指数相对较大（4 383），日常出行距离较长，职住时间指数为 11.3，职住平衡水平较低。一定程度上由于继承住房的区位确定性，没有可供选择的余地，因而更可能不得不牺牲出行距离以获得相对满意的就业岗位和服务设施等。购买公房（1 835）和租用公房

（1 469）的居民职住距离指数和职住时间指数均较低，在北京空间结构仍受"单位制"影响的当前时期，政府机关单位等仍倾向于在工作单位附近配备一定比例的住房和相关服务设施，此类居民的日常出行量也相对较低，职住平衡程度较好。自购经济适用房群体的职住时间指数最高（13.9），职住距离指数仅低于从父母或亲戚处继承群体，为 2 638（表 7.16）。由于经济适用房从区位上来看不如商品房，与各项设施之间具有一定的距离，同时购买经济适用房的群体，各种出行量并不小，表现出了职住的相对不平衡。

表 7.16 不同住房来源居民的职住时间、距离指数情况

住房来源	样本数量/个	JLD_t 平均值/分钟	JLD_d 平均值/米
拆迁或政府福利安置	139	12.2	2 157
父母或亲戚处继承	224	11.3	4 383
购买公房	83	12.9	1 835
自购经济适用房	171	13.9	2 638
自购商品房	1 009	12.2	2 476
租用公房	217	10.5	1 469
租用私房	1 362	10.5	2 265
总　计	3 205	11.3	2 482

从三类主要交通方式（非机动车、公共交通和机动非公共交通）来看，非机动出行居民的职住距离指数最低，平均仅为 1 518 米，职住时间指数也最低，平均为 9.3 分钟；公共交通出行居民平均职住距离指数最高，为 3 238 米；机动非公共交通出行居民的平均职住时间指数最高，为 13.3 分钟。所有出行方式中，职住距离指数最大就业者选择网约车（5 373）通勤，其次为地铁（3 968）；职住时间指数最大就业者通过定制公交（18.0）进行通勤，其次为网约车（15.7）。职住距离指数最小就业者选择共享单车（1 258）或自有自行车（1 345）出行；职住时间指数最小居民选择步行（8.8）或电动自行车（9.1）通勤（表 7.17）。总体来看，职住平衡水平较好的居民主要采用非机动化交通出行，一定程度上肯定了"职住平衡"理念对于减少交通流量，践行节能减排的有效性。

第七章 北京市职住平衡调查与测定

表 7.17 不同出行方式居民的职住时间、距离指数情况

出行交通方式	样本数量/个	JLD_t 平均值/分钟	JLD_d 平均值/米
非机动出行方式	1 452	9.3	1 518
步行	699	8.8	1 691
自有自行车	275	10.5	1 345
共享单车	285	9.3	1 258
电动自行车	193	9.1	1 524
公共交通出行方式	1 429	12.7	3 238
公交	519	11.6	1 926
定制公交	5	18.0	3 570
地铁	895	13.3	3 968
摩托车	10	12.8	3 461
机动非公共出行方式	559	13.3	3 064
出租车	8	11.6	2 817
网约车（不含出租）	17	15.7	5 373
单位班车/校车	39	15.3	2 066
熟人拼车	11	14.1	3 782
自驾车	484	13.1	3 051

从居民收入水平来看，整体上收入水平高的家庭，职住距离指数和职住时间指数均偏高。家庭月收入 1 000 元以下居民职住距离指数仅为 587 米，职住时间指数为 5.8 分钟。家庭月收入 1 万～1.5 万和 3 万元以上的居民职住距离指数超过 3 000 米，家庭月收入水平 1.5 万元以上家庭的职住时间指数均超过 12 分钟。个人收入水平越高，职住距离指数和职住时间指数同样越高，职住平衡情况越差。依据城市经济学经典理论，收入水平越高代表其可负担和选择的住房越多，出行距离和出行时间相对较小。但在今天的大城市家庭中，影响"职"与"住"选址的因素很复杂，可能受双职工就业、子女就学、家中老人就医等诸多家庭生命周期特征的影响，呈现出与经典理论模型不同的特征。

表 7.18　不同家庭月收入水平居民的职住时间、距离指数情况

家庭月收入	样本数量/个	JLD_t 平均值/分钟	JLD_d 平均值/米
1 000 元以下	31	5.8	587
1 000～3 000 元	145	8.4	1 257
3 000～5 000 元	412	10.1	2 423
5 000～8 000 元	672	11.0	2 085
8 000～10 000 元	607	11.2	2 626
(1～1.5) 万元	520	11.4	3 051
(1.5～2) 万元	456	12.0	2 166
(2～3) 万元	340	13.2	2 912
(3～4) 万元	131	12.9	3 041
4 万元以上	126	13.7	3 018

表 7.19　不同个人月收入水平居民的职住时间、距离指数情况

个人月收入	样本数量/个	JLD_t 平均值/分钟	JLD_d 平均值/米
2 万元以上	203	12.7	3 041
(1.5～2) 万元	237	12.8	2 707
(1～1.5) 万元	490	11.8	2 343
8 000～10 000 元	626	11.9	2 338
5 000～8 000 元	948	11.1	3 165
3 000～5 000 元	672	10.9	1 895
800～3 000 元	232	9.4	1 545
800 元以下	32	6.7	1 040

从居民工作行业情况来看，不存在显著规律性，但表现出行业间的较大差异。从事居民服务、修理和其他服务业居民的职住距离指数最低，仅 1 332 米；从事电力、热力、燃气及水生产和供应业的居民职住时间指数最低，仅为 8.1 分钟。工作行业为国际组织的就业者平均职住距离指数最高（5 248），其次为水利、环境和公共设施管理业

的就业者（4 487）。工作行业为建筑业的就业者的平均职住时间指数最高（16.6），其次为采矿业（15.7）（表7.20）。

不同工作单位性质就业者的职住距离指数差距不大。相较而言，私有企业员工职住平衡水平较差，职住距离指数较大（2 833），职住时间指数为11.4。事业单位员工职住平衡水平较高，职住距离指数（2 130）和职住时间指数（11.7）均较小。工作单位为"自营"的就业者，通常就业地和居住地在一起，职住距离指数（1 810）和职住时间指数（10.7）低，职住平衡水平最好（表7.21）。

表7.20 不同工作行业居民的职住时间、距离指数情况

工作行业	样本数量/个	JLD_t平均值/分钟	JLD_d平均值/米
采矿业	27	15.7	2 427
电力、热力、燃气及水生产和供应业	129	8.1	2 272
房地产业	102	11.0	1 690
公共管理、社会保障和社会组织	137	9.2	2 129
国际组织	10	11.6	5 248
建筑业	190	16.6	1 918
交通运输、仓储和邮政业	129	10.9	1 876
教育	237	11.6	1 807
金融业	309	10.4	2 569
居民服务、修理和其他服务业	118	11.9	1 332
科学研究和技术服务业	165	9.1	2 303
农、林、牧、渔业	75	12.7	1 619
批发和零售业	281	10.5	3 393
水利、环境和公共设施管理业	24	10.9	4 487
卫生和社会工作	178	11.8	2 270
文化、体育和娱乐业	169	11.0	2 507
信息传输、软件和信息技术服务业	547	12.5	3 680

(续表)

工作行业	样本数量/个	JLD_t 平均值/分钟	JLD_d 平均值/米
制造业	296	12.3	2 250
住宿和餐饮业	156	9.4	2 013
租赁和商务服务业	81	13.5	2 377

表 7.21　不同工作单位性质居民的职住出行时间、距离指数情况

工作单位性质	样本数量/个	JLD_t 平均值/分钟	JLD_d 平均值/米
国外机构驻华机构	9	9.4	1 177
国有企业	603	11.8	2 377
事业单位	443	11.7	2 130
私有企业	1 673	11.4	2 833
外资外商企业	194	12.2	2 364
政府部门	135	12.1	2 591
自营	172	10.1	1 810

第三节　北京职住平衡的多源数据测定比较

一、研究设计

本节采用多源 LBS 数据（热力图数据、POI 数据、微博签到数据）和普查数据对北京市职住关系进行测定和分析，从不同角度测度北京城区职住关系的时间和空间特征。普查数据、热力图数据、微博签到数据在研究区域内覆盖范围不同，其中，普查数据覆盖 225 个街道；热力图数据覆盖 162 个街道；微博签到数据覆盖 126 个街道。为方便职住平衡的测算及对比，将三组数据覆盖的交集作为具体研究范围（图 7.7），该范围内共包括 126 个街道，集中了北京市域范围内 65% 的居住人口与 74% 的就业岗位。

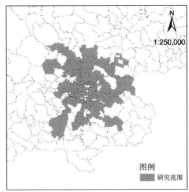

图 7.7　城区范围和研究范围

来源：据北京城市总体规划（2016 年—2035 年）市域空间结构规划图绘制.

职住关系测度常用指标包括职住比、过剩通勤、就业可达性等。职住比是某一地域单元内的就业数量与居住人口数量的比值，反映人口和就业的集聚程度及其结构特征，对城市开发管理和规划布局来说，该指标更加简便、直观（Horner, 2007；Zhou et al., 2014）。过剩通勤（excessive commuting）是一定城市空间结构下，理论上全市最小平均通勤与实际通勤成本的差异情况，常用来反映城市整体的居住和就业空间布局与通勤的相互关系。就业可达性（job accessibility）是基于某交通方式在一定交通成本下所能到达的就业机会情况，包括就业数量和与就业者匹配等方面，常用于指示个体就业机会的布局情况。

结合本节数据特征来看，热力图数据反映不同时段某一地域单元内人口数量，普查数据反映特定行政区内（街道、区、县等）人口数量与就业岗位数量，微博签到数据反映微博签到用户的居住地和就业地。热力图数据、普查数据无法进行过剩通勤、可达性相关指标的测算，但三组数据均可以用于估计某一地理单元内居住人口数量与就业岗位数量，据此，本节采用职住比来衡量某一地域的职住关系。

测算过程中针对三种数据源分别对应具体的三种职住比测定方法。统计和普查数据，职住比采用某一街道就业的人口数量除以本街道的就业岗位数量；热力图数据下，职住比是某一街道工作时段人口数与居住时段人口数的比值；微博签到数据下，职住比是某一街道就业类用地签到用户数量与居住类用地签到用户数量的比值。考虑测算结果的可比性,将三者计算结果按照统一标准进行划分。由于普查数据相对是更精确的调查数据,以普查数据划分方式比对的标准。

首先选取合适的地理单元。由于职住平衡测定结果受到研究地理单元尺度影响,且没有一个统一的标准尺度(Levine,1998)。空间尺度越大,该空间范围内职住关系越趋向于平衡(Cervero,1996)。职住平衡测算的基本单元,通常是土地利用政策实施的基本单元(Levinson,1998)。国外城市较早开始的职住平衡研究主要从三个尺度上进行测算:宏观尺度的城市、大都市区,微观尺度的交通小区(transport analysis zone,TAZ),以及中观尺度的、半径5~7英里的缓冲区(Peng,1997;Sultana,2002)。

国内城市相较西方城市而言具有不同的地理单元划分方式,主要包括交通小区(Long et al.,2015;周江评等,2013)、邮政编码区(刘望保等,2008)、区县(孙斌栋等,2010)、街道(Ta et al.,2017;张纯等,2016)、组团与典型区域(胡娟等,2013;冷炳荣等,2015)等。其中街道是最为常用的测算地理单元(郑思齐等,2015)。同时,街道是中国城市最低级别的行政管理单元,也是政策实施的最基本单元,在街道尺度上进行计算,对于政策相关的研究更具有参考价值;另外,街道是北京市的基本统计单元,与人口普查的单元一致(Zhao et al.,2011)。基于以上原因,本节研究以街道为基本单元进行计算与对比。

普查数据除花乡地区数据缺失外,覆盖了这一范围内的191个街道,热力图数据与微博签到数据在部分街道层面也有一定程度的缺失,热力图数据覆盖街道数量为183个,微博签到数据覆盖街道数量为127个。

二、基于传统普查数据的职住平衡

普查数据中,街道人口数量来源为第六次人口普查数据(2010),街道就业岗位数量数据源于全国第三次经济普查数据(2013),二者相隔时间较短,可以进行计算。根据《北京市2014年人口统计年鉴表》,北京市城镇人口为1 685.9万人,城镇从业人口为905.4万人,占城镇人口的53.70%,据此比例对街道人口数进行折算,得到每个街道的就业人口。进而计算北京市城区各个街道职住比。

据此计算得到北京市各街道职住比（图 7.8）。从空间特征来看，五环内职住比整体高于五环与六环之间街道；北城街道职住比整体高于南城街道。城区街道职住比均值为 1.435。将职住比<0.667，0.667～1.563，>1.563 三个区间分别对应划分为三类模式：职小于住，职住平衡，职大于住。职住平衡模式分布如图 7.9 所示。

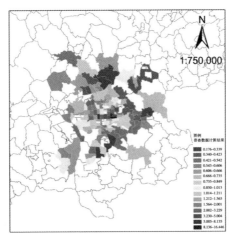

图 7.8　基于普查数据计算的北京市城区居民各街道职住比
来源：作者自绘.

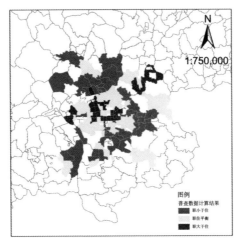

图 7.9　基于普查数据计算的北京市城区居民职住平衡典型街道
来源：作者自绘.

从分布来看，北京市城区职住比偏高的街道主要分布在五环以内，包括东二环至东四环间的中央商务区附近的街道、二环内中心城区的街道、西二环至西三环间的街道以及中关村街道、海淀街道、酒仙桥街道。五环以外职住比偏高的街道包括上地街道，北京经济技术开发区，机场附近的仁和—南法信—天竺地区。城区职住比偏低的街道主要分布在五环以外，在各个方向上均有分布，包括大型居住区所在的街道，如东小口、天通苑等街道。职住平衡的街道在五环内外均有分布，既包括六环边缘的沙河地区、通州、石景山部分街道，也包括部分中心城区的街道。

三、基于热力图数据的职住平衡

热力图数据为腾讯宜出行产品分时段人口活动热度数据，是桌面端和移动端应用用户使用过程中产生的过程数据，能够反映在某一时刻一定空间范围内人口数量。原始数据包括4个属性，分别为经度、纬度、时间和该小时的平均人口数量。数据采集点的网格密度为25米，呈均匀点阵分布。采用2015年7月31日（周五）的工作日北京市城区热力图数据测度人口数量的时间变化趋势（图7.10），T_n代表$(n-1)$时至n时北京市城区的平均人口数量。

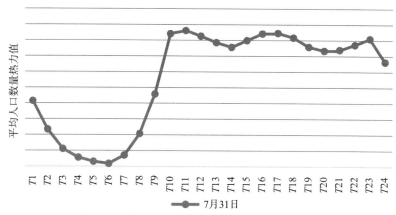

图 7.10 北京市城区范围内热力图数值变化趋势

基于数值变化趋势线判断工作时段与居住时段。趋势表明，T_9至T_{10}处于上升趋势、从T_{10}开始上升幅度变缓，表明9点至10点是北京市城区比较稳定的工作时段；而 T_{17} 之后，热力图数据开始呈下降趋势，直到 T_{20} 点转而上升，说明 16 点至 17 点北京市城区就业人口开始下班，19 点至 20 点是北京市城区比较稳定的居住时段；T_{23} 后，即 23 点后，热力图数据呈较快的下降趋势，可能是因为用户睡眠导致相关产品的使用量的减少。据此，选取 T_9 至 T_{17}（9 时至 17 时）作为工作时段，T_{19} 至 T_{23}（19 时至 23 时）作为居住时段。

结合热力图数据特征，可以获得在某一时间北京市城区某一街道的人数。首先计算每个小时在各个街道的人口数量。另外，由于相关应用使用者在不同时间段的总人数不同，在一天内会随着时间的推移产生较大的变动（冷炳荣等，2015），因此需要将其标准化，计算过程如下：

$$P_{ti} = \frac{N_{ti}}{\sum_i N_{ti}}$$

其中：t 表示时间，i 表示街道，P_{ti} 表示 t 时间 i 街道人口数量所占比例，N_{ti} 表示 t 时间 i 街道人口数量，$\sum_i N_{ti}$ 表示 t 时间所有街道人口数量之和。

随后，计算各个街道工作时段与居住时段的标准化人口数量均值，分别设为 A_{ji} 和 A_{hi}，其中：

$$A_{ji} = \frac{\sum_{t=10}^{17} P_{ti}}{(17 - 10 + 1)}$$

$$A_{hi} = \frac{\sum_{t=20}^{23} P_{ti}}{(23 - 20 + 1)}$$

最后计算各个街道职住比 JHR_i，计算公式为

$$\text{JHR}_i = \frac{A_{ji}}{A_{hi}}$$

基于热力图数据计算职住比结果如图 7.11 所示，各街道均值为 1.052，与普查数据计算结果略有差异。五环内的街道职住比同样整体高于五环与六环之间街道；北城街道的职住比高于南城街道，但不如普查数据计算的趋势明显。

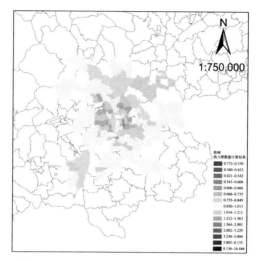

图 7.11　基于热力图数据计算的北京市城区各街道居民职住比

来源：作者自绘.

据此划分职小于住、职住平衡、职大于住三类街道模式（图 7.12）。整体而言绝大多数街道处于职住平衡状态，与普查数据计算差异较大。

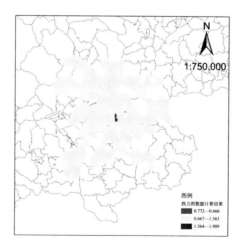

图 7.12　基于热力图数据计算的北京市城区居民职住平衡典型街道

来源：作者自绘.

进一步，计算其与普查数据计算结果的偏差（D_{hi}）：

$$D_{hi} = \frac{(\mathrm{JHR}_i^{\mathrm{heatmap}} - \mathrm{JHR}_i^{\mathrm{census-employmentdata}})}{\mathrm{JHR}_i^{\mathrm{census-employmentdata}}}$$

其中：i 代表街道，$\mathrm{JHR}_i^{\mathrm{heatmap}}$ 代表热力图数据计算的 i 街道职住比，$\mathrm{JHR}_i^{\mathrm{census-employmentdata}}$ 代表普查数据计算的 i 街道职住比，偏差值空间分布如图 7.13 所示。

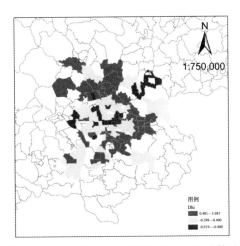

图 7.13　北京市城区各个街道居民 D_{hi} 值计算结果

与普查数据职住比计算结果对比表明，热力图数据相对普查数据计算结果的差异主要体现在职住失衡的街道。D_{hi} 值小于 -0.4 的街道，基本为职大于住的街道；D_{hi} 值大于 0.4 的街道，基本为职小于住的街道；D_{hi} 值在 -0.4~0.4 的，基本为职住平衡街道。

四、基于 POI 数据与微博签到数据的职住平衡

微博签到数据反映微博用户签到点的时间、位置信息。通过签到点时间信息，判断微博签到点是否处于居住时段或工作时段；通过位置信息，结合所在位置的土地利用属性，判断各个微博用户签到点位置的居住或就业属性。签到点所在地块的土地利用类型，可通过 POI 数据进行判断。签到点时间在居住时段，位置具有居住属性，即为用户居住地；签到点时间在工作时段，位置具有就业属性，即为用户就业地。

微博签到数据采集于新浪微博开放平台的微博 API，包括北京市城区从 2016 年 2 月 24 日 00：00：00 至 2016 年 3 月 1 日 23：59：59 的

163 802 条微博签到数据。基于微博签到数据的签到时间、纬度、经度、用户 ID、位置 5 个变量进行研究。基于百度地图开放平台中的 PlaceAPI 功能，采集北京市城区截至 2015 年年底的 555 059 条 POI 数据。基于 POI 数据经度、纬度、POI 名称、POI 类型 4 个变量，对土地利用类型进行判断。根据 POI 点类型变量，确定 POI 划分类型标准如表 7.22 所示。

表 7.22 就业、居住、服务类型 POI 分类

POI 类型	功能	职住属性
地名地址信息；门牌信息 商务住宅；商务住宅相关 商务住宅；住宅区	居住	居住
公司企业 商务住宅；产业园区 商务住宅；楼宇 金融保险服务 政府机构及社会团体	工作	就业
道路附属设施 交通设施服务	交通	其他 （服务）
风景名胜 体育休闲服务	游憩	
科教文化服务；学校 科教文化服务；科研机构	教育	
医疗保健服务 科教文化服务（除学校与科研机构）	生活服务	

利用北京市路网数据，将城区分割为若干地块。计算地块内就业、居住、服务 POI 所占比例（分别设为 P_j, P_h, P_s），以及各个地块 POI 密度。剔除密度位于后 5% 的地块（POI 密度过低，无法用来判断地块属性）。随后计算各地块就业、居住、服务类型 POI 比例的均值（分别设为 $\overline{P_j}, \overline{P_h}, \overline{P_s}$），并将各个地块三种 POI 比例与均值比

较，将地块分为六种类型（表 7.23）。北京市城区各地块的类型分布特征如图 7.14。

表 7.23　北京市城区各地块类型土地利用定义标准及数量

与均值比较情况	土地利用类型定义	与均值比较情况	土地利用类型定义
$P_j > \overline{P_j}$ $P_h > \overline{P_h}$ $P_s < \overline{P_s}$	就业-居住混合	$P_j < \overline{P_j}$ $P_h > \overline{P_h}$ $P_s > \overline{P_s}$	居住-服务混合
$P_j > \overline{P_j}$ $P_h < \overline{P_h}$ $P_s > \overline{P_s}$	就业-服务混合	$P_j < \overline{P_j}$ $P_h > \overline{P_h}$ $P_s < \overline{P_s}$	居住
$P_j > \overline{P_j}$ $P_h < \overline{P_h}$ $P_s < \overline{P_s}$	就业	$P_j < \overline{P_j}$ $P_h < \overline{P_h}$ $P_s > \overline{P_s}$	服务

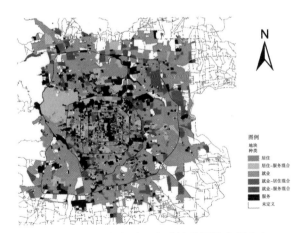

图 7.14　北京市城区各地块类型及空间分布

以 1 小时为最小单位划分一日内的时间段，以 $T00$ 表示 00：00：00—00：59：59 时间段，$T01$ 表示 01：00：00—01：59：59 时间段，以此类推。统计 2016 年 2 月 24 日（周三）到 2016 年 3 月 1 日（周二）每个时间段的微博签到次数，变化趋势如图 7.15 所示。

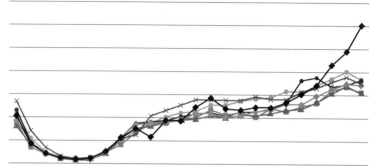

图 7.15 2016 年 2 月 24 日—3 月 1 日微博签到次数变化趋势

依据变化趋势特征判断工作时段与居住时段。工作日签到点变化趋势曲线，在 8 点至 9 点数量快速上升、9 点钟开始上升速度变缓，说明微博用户 9 点钟开始处于工作状态；晚 17 点前签到点数量比较稳定，17 点至 18 点上升较快，说明 17 点之前微博用户处于工作状态。与工作时段确定方法相同，每天的趋势线 6 点后签到点数量增加更快，表明早 6 点前微博用户处于在居住地休息状态；晚 20 点后，微博签到点数量增加速度更快，微博用户 20 点后在居住地休息的概率更大。由此确定，微博签到用户工作时段为工作日 9 点至 17 点，0 点至 6 点、20 点至 24 点为居住时段。

在获取微博签到点所在地块的土地利用类型以及微博用户签到的时段后，将工作时段签到、且在就业、就业-服务混合、就业-居住混合其中一种类型地块上的签到点，作为签到用户的工作地；将居住时段签到、且在居住、居住-服务混合、就业-居住混合其中一种类型地块上的签到点，视为签到用户的居住地。

通过微博签到数量随时间变化趋势，可以判断北京市城区职住关系时间特征。为计算各街道职住比，对用户按照以下条件筛选：①拥有两个或两个以上微博签到点；②至少拥有一个代表工作地的签到点；③至少拥有一个代表居住地的签到点。筛选的出 1 114 个符合要求的微博 ID。

基于此，确定用户就业地、居住地所在街道，从而从街道层面统计其居住或就业的微博用户数量，进而计算各个街道的职住比，计算结果如图 7.16 所示。总体上，与普查数据、热力图数据计算结果偏差均很大，均值 2.481，五环内街道职住比高于五环与六环之间的街道，南城与北城差别不显著。

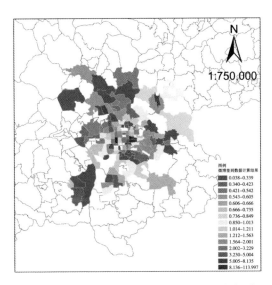

图 7.16　基于微博签到数据的北京市居民城区各街道职住比

从各街道的职小于住、职住平衡、职大于住类型划分结果（图 7.17）来看，微博签到计算职住比偏高的街道数量较少，主要包括中央商务区所在的朝外、建外街道，首都机场办事处等街道。职住比偏低的街道在二环至六环间都有分布。职住平衡的街道分布相对无显著特征，既有上地、海淀、中关村街道等就业地相对集中的街道，也有马驹桥这样六环边缘的居住地较为集中的街道。

对比普查数据结果来看，微博签到数据识别了一些典型职住比偏高街道，如朝外、建外街道，以及一些典型的职住比偏低街道，如回龙观、东小口地区。但对于整体街道职住平衡类型的识别结果仍与普查数据测算结果具有较大差距。基于下式计算相对偏差 D_{wi}：

$$D_{wi} = \frac{(\mathrm{JHR}_i^{\mathrm{weibo}} - \mathrm{JHR}_i^{\mathrm{census\text{-}employmentdata}})}{\mathrm{JHR}_i^{\mathrm{census\text{-}employmentdata}}}$$

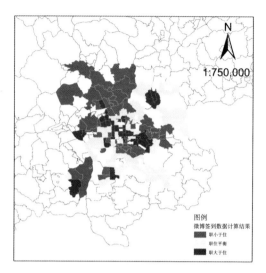

图 7.17　基于微博签到数据的北京市城区街道居民职住平衡类型划分

其中：i 代表街道，JHR_i^{weibo} 代表基于微博签到数据计算的 i 街道职住比，$JHR_i^{census-employmentdata}$ 代表基于人口普查与经济普查数据计算的 i 街道职住比。从结果分布来看（图 7.18），D_{wi} 值高的街道既包括大型居住区所在的职住比低街道，如东小口地区；也包括朝外、呼家楼街道等位于中央商务区职住比高的街道，不存在显著的规律性特征。

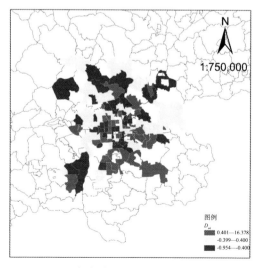

图 7.18　北京市城区各个街道 D_{wi} 值计算结果

五、对比与差异讨论

基于普查数据、热力图数据、POI 和微博签到数据对职住平衡的测度结果,从 LBS 数据采样偏差的角度进一步解释差异产生的原因。相较微博签到数据,热力图数据测算结果更加接近普查数据的计算结果(图 7.19)。热力图数据结果的偏差主要源于其 LBS 产品使用者既包含就业人口,也包含学生、退休人群等非就业人口。由于非就业人口活动相对于就业人口的跨街道出行可能性较小,而从热力图数值变化趋势线来看,热力图数值在工作时段与居住时段基本持平,因此两时段使用 LBS 产品人群占城区总人口比例大致相同。

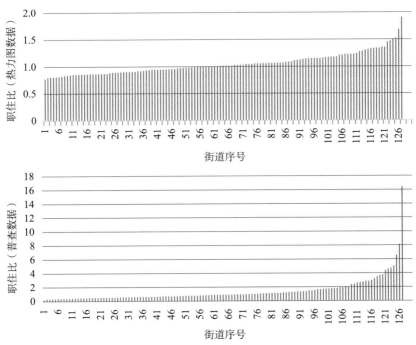

图 7.19 基于热力图数据(上)与普查数据(下)计算的职住比数值分布

这里做一个简单推算,假设普查数据中街道就业岗位数为 a,就业人口数为 b,职住比为 a/b;热力图相关 LBS 产品中,某街道就业岗位对应人群以及就业人口使用比例为 p_1,非就业人口数量为 m、使用比例为 p_2,则热力图计算职住比为 $\dfrac{p_1 a + p_2 m}{p_1 b + p_2 m}$。易证:

$a>b$ 时，$\dfrac{p_1 a + p_2 m}{p_1 b + p_2 m} < \dfrac{a}{b}$；

$a<b$ 时，$\dfrac{p_1 a + p_2 m}{p_1 b + p_2 m} > \dfrac{a}{b}$。

因此职大于住的街道，热力图计算结果小于普查数据计算结果；反之，则大于；最终热力图相对于普查数据计算的职住比更向 1 收敛。

从微博签到数据与普查数据计算结果的对比来看（图 7.20），微博签到数据识别了一些典型街道，但没有呈现出明显规律性。二者数值分布情况相似，但数值偏差很大，表明微博签到数据可以用于描述职住关系，但仍需改进，才能接近真实结果。产生偏差的可能原因有二：①微博签到用户包括非就业人口，且更倾向于学生等年轻人；②微博签到点数在工作时段明显小于休息时段，相对于就业活动，微博数据更多地反映用户居住地和娱乐活动信息。因此，利用微博签到数据筛选用户职住地信息产生了信息密度较低的情况。

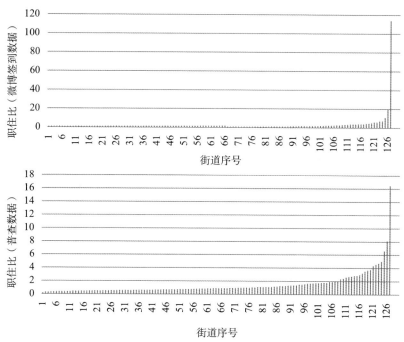

图 7.20　基于微博签到数据（上）与普查数据（下）的职住比数值分布

时间特征方面，基于热力图数值、微博签到次数变化趋势线，北京市城区就业人口早9点开始进入比较稳定的工作状态；16点至17点开始陆续下班，晚19点至20点开始回到家中，进入比较稳定的居住状态。空间特征方面，北京市城区街道职住比五环内普遍高于五环与六环之间，北城街道整体高于南城；典型就业中心附近的街道职大于住；大型居住区所在的街道职小于住。职大于住的街道主要分布在五环以内；职小于住的街道主要分布在五环以外，在各个方向上均有分布；职住平衡的街道在五环内外均有分布。

虽然存在样本偏差，但从热力图数据计算结果来看，职住失衡和平衡的街道空间分布与普查数据计算结果十分接近；从微博签到数据计算结果来看，虽然相对于普查数据结果有较大的偏差，但也识别出了部分典型街道，因此LBS数据可以被应用于职住关系计算当中。同时，LBS数据具有时效性，数据获取时间间隔远小于普查数据，可从其变化趋势判断一定地域范围内LBS产品用户的工作时段与居住时段，这是普查数据所无法比拟的，同时可以降低大规模调查的成本。

参考文献

[1] 胡娟, 胡忆东, 朱丽霞. 基于"职住平衡"理念的武汉市空间发展探索[J]. 城市规划, 2013（8）: 25—32.

[2] 冷炳荣, 余颖, 黄大全, 等. 大数据视野下的重庆主城区职住关系剖析[J]. 规划师, 2015, 31（5）: 92—96.

[3] 刘望保, 闫小培, 方远平, 等. 广州市过剩通勤的相关特征及其形成机制[J]. 地理学报, 2008, 63（10）: 1085—1096.

[4] 孙斌栋, 李南菲, 宋杰洁, 等. 职住平衡对通勤交通的影响分析：对一个传统城市规划理念的实证检验[J]. 城市规划学刊, 2010, 6: 55—60.

[5] 张纯, 易成栋, 宋彦. 北京市职住空间关系特征及变化研究：基于第五, 第六次人口普查和2001年, 2008年经济普查数据的实证分析[J]. 城市规划, 2016（10）: 59—64.

[6] 郑思齐, 徐杨菲, 张晓楠, 等. "职住平衡指数"的构建与空间差异性研究：以北京市为例[J]. 清华大学学报：自然科学版, 2015（4）: 475—483.

[7] 周江评, 陈晓键, 黄伟, 等. 中国中西部大城市的职住平衡与通勤效率：以西安为例[J]. 地理学报, 2013, 68（10）: 1316—1330.

[8] CERVERO R. Jobs-housing balance revisited: trends and impacts in the San Francisco Bay Area [J]. Journal of the American Planning Association, 1996, 62 (4): 492-511.

[9] HORNER M W. A multi-scale analysis of urban form and commuting change in a small metropolitan area (1990-2000) [J]. The Annals of Regional Science, 2007, 41 (2): 315-332.

[10] ZHOU J, ZHANG C, CHEN X, et al. Has the legacy of Danwei persisted in transformations? The jobs-housing balance and commuting efficiency in Xi'an [J]. Journal of Transport Geography, 2014, 40: 64-76.

[11] LEVINE J. Rethinking accessibility and jobs-housing balance [J]. Journal of the American Planning Association, 1998, 64 (2): 133-149.

[12] LEVINSON D M. Accessibility and the journey to work [J]. Journal of Transport Geography, 1998, 6 (1): 11-21.

[13] LONG Y, THILL J-C. Combining smart card data and household travel survey to analyze jobs-housing relationships in Beijing [J]. Computers, Environment and Urban Systems, 2015, 53: 19-35.

[14] PENG Z-R. The jobs-housing balance and urban commuting [J]. Urban Studies, 1997, 34 (8): 1215-1235.

[15] SULTANA S. Job/housing imbalance and commuting time in the Atlanta metropolitan area: Exploration of causes of longer commuting time [J]. Urban Geography, 2002, 23 (8): 728-749.

[16] TA N, CHAI Y, ZHANG Y, et al. Understanding job-housing relationship and commuting pattern in Chinese cities: Past, present and future [J]. Transportation Research Part D: Transport and Environment, 2017, 52: 562-573.

[17] ZHAO P, LÜ B, DE ROO G. Impact of the jobs-housing balance on urban commuting in Beijing in the transformation era [J]. Journal of Transport Geography, 2011, 19 (1): 59-69.

第八章 职住关系对通勤出行的作用分析

第一节 研究设计

一、研究思路

本章通过实证案例分析探讨职住关系对通勤出行的影响,具体而言,通过线性回归模型与 MNL 回归模型剖析职住关系对通勤时长及通勤方式的影响机制。因变量为居民通勤行为,自变量包括职住关系指标及其他控制性变量。

(一)职住关系对通勤时长的影响

现有研究表明,通勤时长与相关变量呈直接或间接的线性关系。通过数据观察,将通勤时长取对数,与职住关系指标、社会经济指标、交通设施指标等进行线性回归。即构造函数:

$$f(\ln y) = a_1 + b_1 x_1 + b_2 x_2 \cdots + b_n x_n, \ n = 1, 2, 3\cdots$$

当线性模型通过检验,便可以利用 b_n 回归系数对通勤时长与通勤距离进行解释。由于对数函数的连续性与单调性,回归系数的正负可以直接解释该变量与通勤时长或通勤距离的正负相关性。

(二)职住关系对通勤出行方式的影响

因变量为虚拟分类变量,建立多项 Logistic 模型(MNL 模型)来考察职住关系指标对通勤方式选择的影响。MNL 模型是出行研究中常用的非集计模型,其优势在于可以结合个体层面数据,详细比较不同出行方式之间的选择可能性。

MNL模型是基于随机效用理论延展而来的算法模型。假设个体 n 选择第 i 种方案的效用值为 U_{nj}，J_n 为选择集合，且 $i \in J_n$。$U_{nj} = V_{nj} + \varepsilon_{nj}$ 且 $V_{nj} = \beta_k \cdot X_{nk}$。其中：$X_{nk}$ 为影响个体 n 选择行为的第 k 种因素；β' 为待估参数，ε_{nj} 为随机误差项，则个体 n 选择第 i 种方案的概率 $P_n(i)$ 为

$$P_n(i) = \text{Prob}(U_{ni} > U_{nj}, j \in J_n, i \neq j)$$
$$= \text{Prob}(V_{ni} + \varepsilon_{ni} > V_{nj} + \varepsilon_{nj}, j \in J_n, i \neq j)$$
$$= \text{Prob}[V_{ni} + \varepsilon_{ni} \geq \max_{j \in J_n}(V_{nj} + \varepsilon_{nj})]$$

当随机项 ε 服从参数为（0，1）的 Gumbel 分布，可得

$$P_n(i) = \text{Prob}(U_{ni} > U_{nj}, j \in J_n, i \neq j)$$

MNL模型将先选取某一选择方案作为参照水平，其他方案均与其进行对比，建立 J_{n-1} 个非集计模型，计算参照组与其他方案的选择比率，以此进行可能性分析。假设以方案1作为参照水平，则有对数发生比

$$\ln \frac{P_n(i)}{P_n(1)} = \alpha_1 + \beta_{11} x_{11} + \cdots \beta_{11} x_{1j}, i = 2 \cdots J_n$$

根据本章研究目的，将五种通勤方式设置为分类变量 1～5，以公交通勤（赋值3）为参照组，由此构造函数进行 MNL 回归：

$$\ln \frac{P_n(i)}{P_n(3)} = a_1 + b_1 x_1 + b_2 x_2 \cdots + b_n x_n, i = 1,2,4,5, n = 1,2,3\cdots$$

当此 MNL 模型通过检验，便可以利用 b_n 回归系数对所研究对象进行解释。与线性回归系数一样，多项 Logistic 模型的回归系数可以解释为对应影响因素改变一个单位，所导致因变量的变化。具体来说，当模型的偏回归系数为正值，且统计性显著，意味着在保持其他变量不变的条件下，发生比随对应影响因素值增加而增加；反之，如果显著变量为负值，意味着在保持其他变量不变的条件下，对数发生比随对应影响因素值增加而减少。

二、变量测度

研究目的在于剖析个体层面的职住关系对居民通勤出行作用机

理,其关键变量是个体职住关系指标和其他控制性变量指标。其中:个体职住关系指标包括空间指标和社会属性(区位选择)指标,区域职住关系指标将作为区域职住属性纳入控制变量。

(一)基于空间分离的职住关系空间指标

衡量职住关系最基础的指标是居住地与就业地的空间距离,也被称为职住分离度,即二者在空间上的位置远近。这一指标与通勤距离稍有不同,指的是城市空间上单纯两个点的直线距离,而不是考虑城市道路和城市交通运行情况下的通勤距离。本章研究采用职住分离度(点与点的空间直线距离)来表现通勤者职住空间关系。

(二)基于成本权衡的职住关系的社会性选择指标

区位论和竞租理论表明,职住区位选择的本质是基于工资收入,权衡个人交通成本、居住成本、居住条件与环境。居住竞租曲线与地租曲线类似,是一条以就业地为中心的递减的梯度曲线。

通勤者居住区位选择的收益=工资收入-交通距离×单位距离的交通成本-住房成本-基本生活维持成本。

这意味着在工资收入相对稳定的前提下,通勤时长和通勤费用与住房成本呈负相关。距离就业地(市中心)越远,住房价格越低,而通勤时长和成本会越高,反之亦然。

职住关系不仅具有空间属性,也反映出个体成本权衡下的社会属性选择。因此,除职住分离度指标外,还要研究构建新指标来反映职住关系的成本权衡选择。新指标需要符合下列要求:①体现个体居住区位选择需在相应工资收入的限定下进行经济成本权衡;②指标大小易于比较且概念明晰;③指标大小可以体现通勤者如何权衡通勤成本与住房成本。也就是说,指标能够显示通勤者是愿意付出更高住房成本以减少通勤成本,还是愿意牺牲通勤时间与通勤费用来减少住房支出。

基于此,可提出成本权衡指数。成本权衡指数计算两大成本差在通勤者收入水平中的占比。从经济成本考虑,不计通勤时间的经济价值,在相对稳定的工资收入的前提下,因通勤费用与住房成本呈负相关关系,$R_i - C_n$ 的大小会随着通勤者成本权衡而发生变化。该指标既包含通勤者付出的两大成本之间的差距,也在一定程度上反映了通勤者付出的成本与收入的比例关系。因此,构建成本权衡指数 A_n:

$$A_n = (R_i - C_n)/S_n$$

其中:A_n 表示第 n 个人的成本权衡指数;C_n 表示第 n 个人的月通勤费用(元/月);S_n 表示第 n 个人的月工资收入(元/月);R_i 表示第个体所居住的 i 小区的月均住房成本(元/月)。

成本权衡指数表示在一定工资收入水平下,月居住成本与月通勤费用的差距所占的比重。月通勤费用和月居住成本是成本权衡的两大变量,且二者呈负相关。二者差距越小,表明通勤者在居住区位的选择上,为减少居住成本而越愿意付出更高的通勤费用。这一指数的相对大小,反映出在某一工资水平下,个体付出高居住成本的意愿水平。

根据指标内涵,当成本权衡指数数值较大时,说明通勤者愿意为在就业地附近就近居住付出更高比重的居住成本;当成本权衡指数较小时,即通勤者收入水平高或居住在相对远离就业地但住房成本偏低的住区。

现实生活中,住房成本和房屋权属存在多种情况,调研数据样本中有出租房屋也有自有房屋,有月供还贷者也有房款结清者。根据本指标内涵,对不同数据进行处理。当受访者的现有住房为租用私房时,月居住成本为月租金;当受访者的现有住房为租用公房或公司宿舍时,月居住成本计算为同地段房屋的平均租金;当受访者的现有住房为自有房屋时,若房贷未结清,以月供房贷额作为个体住房需要付出的经济成本(同时考虑具有经济收入的劳动力个数);若房贷已结清,以沉没成本,即该小区的房屋平均租金作为居住成本加入模型统计。

(三)基于中观尺度的区域职住属性指标

职住关系包含区域和个体两大层次。其中:区域视角下的职住关系用考虑竞争的就业可达性指标来测度。在测度就业可达性时,将尺度划定在社区层面,将社区所在街道的就业可达性作为测度内容。为表达出就业和居住在空间上的相对平衡,考虑供给侧竞争的就业可达性模型,参考 Shen(1998)提出的考虑供给侧竞争的潜力模型计算社区所在街道的就业可达性。该指标数值越高,表示该街道就业可达性

越高,实现职住平衡的可能性越高。其表达式如下:

$$A_i = \sum \frac{E_j/d_{ij}^2}{\sum_k (W_k/d_{jk}^2)}$$

其中:A_i为街道i的就业可达性;街道j为距离街道i在一定距离范围内的街道;E_j为街道j的就业数;d_{ij}为街道i与街道j之间的距离,本研究中采用其质心间的直线距离;街道k为距离街道j在一定距离范围内的街道;W_k为街道k的工作人口数,本研究中用街道k的就业适龄人口数近似;d_{jk}为街道k与街道j质心间的直线距离。

关于区域尺度的相对性,许多学者已展开对北京市职住关系的特征研究。王茂军等(2009)通过问卷调查,得到北京市城六区(东城、西城、朝阳、海淀、石景山、丰台)居民的通勤距离平均数为9千米,中位数则为6千米;刘志林等(2011)通过对10个社区的活动日志问卷调查,得到北京市居民通勤距离平均数为6.4千米,中位数为3.9千米。这些研究的研究对象多位于内城和近郊,得出的通勤距离相对较近。徐涛等(2009)通过对北京市郊区十多个社区居民问卷调查,得到北京市居民通勤距离中位数为10千米。考虑到调研社区包括内城社区和郊区社区,参考上述结果及前人对北京可达性研究中的空间阈值限定,选择10千米作为空间阈值。

(四)其他控制变量

其他纳入模型的变量为控制变量,根据现有研究基础,控制性变量包括个体层面的居民社会经济属性、家庭因素、个体出行态度与偏好、建成环境特征与交通设施分布等。本研究采用的相关具体指标如表8.1所示,各控制变量将根据不同模型需要纳入模型。

表8.1 研究中控制变量指标的设置

分 类	指 标	指标计算与解释
居民社会经济属性	年龄	居民年龄
	职业属性	将个体职业分为三类:公职人员、企业员工与其他自由度更高的职业

（续表）

分 类	指 标	指标计算与解释
家庭因素	是否有小孩	共同居住成员是否有小孩
	配偶是否有工作	共同生活的配偶是否有通勤需求
出行态度与偏好	是否时间导向	是否认为出行的时间大多是一种浪费？ 回答"是"为1，回答"否"为0
	是否需求导向	是否习惯规划日常出行以减少出行量？ 回答"是"为1，回答"否"为0
	是否喜欢开车	是否喜欢开车？ 回答"是"的居民个体对汽车出行持赞成态度，回答"否"则不赞成
建成环境特征	一级道路密度	社区统计范围内一级道路的路网密度，代表道路复杂情况及路网通达性
	居住人口密度	社区居住人口与总范围面积之比（人/公顷）
	土地利用混合度	$$S = -\sum_{i=1}^{n} p_i \cdot \ln p_i$$ S 为土地利用混合程度熵值，n 为土地利用类型的划分数目，p_i 是第 i 类土地面积所占比例：$$\sum_{i=1}^{n} p_i = 1$$
交通设施分布	地铁站数量	社区统计范围内地铁站个数
	公交站数量	社区统计范围内公交站牌数量
	社区停车服务水平	社区统计范围内停车场个数

三、模型构建

(一) 通勤时长线性回归模型

通勤时长线性回归模型的自变量指标如表8.2所示,除职住关系指标外,还包括区域职住属性、居民社会经济特征、房屋属性、建成环境特征、通勤方式、出行态度与偏好六大类。

区域职住属性是以就业可达性指标表达的,通勤者居住区所在街道的职住情况,代表居民就近就业的可能性。

居民社会经济特征主要选取居民性别、年龄、婚姻状况、职业属性、月收入水平以及小汽车拥有情况等指标。

房屋属性是居民住所的性质是否为自有住房。租住房屋的通勤者在北京市非常普遍,基于租住房屋和自有房屋在居住选择上差异较大,将其纳入模型。

表8.2 通勤时长模型指标设置

分 类	指 标	指标计算与解释
职住关系指标	职住分离度	本研究采取的职住空间属性指标
	成本权衡指数	本研究采取的职住社会属性指标
区域职住属性	就业可达性	以所在街道为范围的考虑区域竞争的就业可达性指标
居民社会经济特征	性别	男为1,女为0
	年龄	分为三类:0~30岁,30~40岁,40岁及以上
	职业属性	将居民职业分为三类:公职人员为0,企业员工为1,其他为2
	婚姻状况	已婚为1,未婚为0
	月收入水平	分为三类: 5 000元及以下为0, 5 000~10 000元为1, 10 000元以上为2
	小汽车拥有情况	拥有为1,否为0
	家庭是否有小孩	是为1,否为0

（续表）

分 类	指 标	指标计算与解释
房屋属性	住房属性	将住房属性分为租住、自有；租住住房者为1，自有住房者为0
建成环境特征	一级道路密度	社区统计范围内一级道路的路网密度，代表道路复杂情况及路网通达性
	居住人口密度	社区统计范围内居住人口与总范围面积之比
	土地利用混合度	$S = -\sum_{i=1}^{n} p_i \cdot \ln p_i$ S 为土地利用混合程度熵值，n 为土地利用类型的划分数目，p_i 是第 i 类土地面积所占比例： $\sum_{i=1}^{n} p_i = 1$
通勤方式	具体通勤方式	将通勤方式分为五类：步行为1，自行车为2，公交为3，地铁为4，汽车为5
交通设施分布	地铁站数量	社区统计范围内地铁站个数
	公交站数量	社区统计范围内公交站牌数量
	社区停车服务水平	社区统计范围内停车场个数
出行态度与偏好	是否时间导向	是否认为出行的时间大多是一种浪费？ 回答"是"说明个体的出行偏好为时间导向，回答"否"则无
	是否需求导向	是否习惯于规划日常出行以减少出行量？ 回答"是"说明个体的出行偏好为需求导向，回答"否"则无

建成环境特征选取居住人口密度、土地利用混合度、一级道路密度来测定。居住人口密度是以社区统计范围内居住户数估计居住人口总量计算的人口密度。土地利用混合度采用混合率熵指数模型，通过现场考察与卫星图勘测计算得来。一级道路密度反映道路复杂情况及道路通达性。

通勤方式也是影响通勤时长的重要因素，不同通勤方式的分布、运载能力等会影响使用者到达目的地的时长。因此，将居民不同的五种通勤方式作为自变量纳入模型。

此外，研究控制了居民出行态度和偏好对通勤出行的影响。基于出行态度对出行选择的心理偏好作用，纳入变量控制居民对出行的态度认知。主要将个体出行偏好分为需求导向和时间导向两大类，对出行具有时间导向的居民追求更短的通勤时长，而具有需求导向的居民会安排通勤线路以满足更多出行需求。

（二）通勤方式 MNL 模型

研究选取 MNL 模型就个体职住关系对通勤方式选择的影响进行定量研究。相关各类型影响因子为自变量，居民所选择的通勤方式为因变量，参照组是公交出行组（表8.3）。

表8.3 MNL 因变量统计与说明

通勤方式分类	分类数据统计		分类赋值
	数量	占比/（%）	
步行	647	20.59	1
自行车	703	22.37	2
公交	446	14.20	3
地铁	829	26.38	4
汽车	459	14.62	5
其他	58	1.84	不纳入统计
总数据量	3 084	100	
对照组选择	公交出行		

通勤方式 MNL 模型的自变量指标如表 8.4 所示。其中，区域职住属性、居民社会经济特征（将婚姻要素除外）、建成环境特征、出行态度与偏好的指标与前述相同。家庭属性大类包括住房属性与是否有小孩。是否有小孩表达居民家庭结构，同时孩子的出行需求往往由成人承担，因此这一指标也代表着孩童出行对通勤者通勤方式的影响。

交通设施分布大类中，主要选取地铁线路数量、公交线路数量以及社区停车服务水平等指标。选用线路数量而非站点数量是因为线路数量能够更直观且准确地表达不同出行工具的出行通达度。这一类指标主要控制各类交通设施分布对通勤方式的影响。

表 8.4 多项 Logistic 回归模型指标设置

分 类	指 标	指标计算与解释
职住关系指标	职住分离度	本研究采取的职住空间属性指标
	成本权衡指数	本研究采取的职住社会属性指标
区域职住属性	就业可达性	以所在街道为范围的考虑区域竞争的就业可达性指标
居民社会经济特征	性别	男为 1，女为 0
	年龄	分为三类：0~30 岁，30~40 岁，40 岁及以上 0~30 岁者为 0，30~40 岁者为 1，40 岁以上者为 2
	职业属性	将居民职业分为三类： 公职人员为 0，企业员工为 1，其他为 2
	小汽车拥有情况	拥有为 1，否为 0
	家庭是否有小孩	是为 1，否为 0
房屋属性	住房属性	将居民住房属性分为租住、自有： 租住住房者为 1，自有住房者为 0

（续表）

分　类	指　标	指标计算与解释
建成环境特征	一级道路密度	社区统计范围内一级道路的路网密度，代表道路复杂情况及路网通达性
	居住人口密度	社区统计范围内居住人口与总范围面积之比
	土地利用混合度	$S = -\sum_{i=1}^{n} p_i \cdot \ln p_i$ S为土地利用混合程度熵值，n为土地利用类型的划分数目，p_i是第i类土地面积所占比例 $\sum_{i=1}^{n} p_i = 1$
交通设施分布	地铁线路数量	社区统计范围内地铁线路数
	公交线路数量	社区统计范围内公交线路数
	社区停车服务水平	社区统计范围内专用停车场个数
出行态度与偏好	是否时间导向	是否认为出行的时间大多是一种浪费？ 回答"是"说明个体的出行偏好为时间导向，回答"否"则无
	是否需求导向	是否习惯于规划日常出行以减少出行量？ 回答"是"说明个体的出行偏好为需求导向，回答"否"则无

第二节　研究区域与数据

一、研究区域与范围

以北京市为实证案例研究区域。在北京市大都市区范围内，确立中观研究尺度，以街道一级数据为基础，测度北京市职住关系指标；

同时，在大都市区范围内选取典型居民住宅区，进行个体层面数据的收集。

职住关系指标的计算以北京市大都市区范围为准。北京市下辖东城、西城、朝阳、丰台、石景山、海淀、房山、昌平、顺义、大兴、通州、延庆、平谷、怀柔、门头沟、密云 16 个区，镇级行政单元包括 150 个街道办事处、143 个建制镇和 38 个建制乡。关于城市交通、职住关系的研究一般将其研究区域限定在大都市区内。随着北京城市快速的发展、扩张，学术界对北京大都市区的界定也在不断延伸。本研究以北京市第六次人口普查范围和街道划定为基础，将研究区域划定为东城、西城、朝阳、海淀、丰台、石景山、通州、顺义、大兴、昌平、房山、门头沟等 12 个城区。包括首都功能核心区、城市功能拓展区、城市发展新区的全部城区以及生态涵养发展区中的门头沟区（图 8.1）。

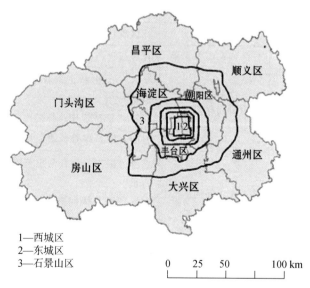

1—西城区
2—东城区
3—石景山区

图 8.1 研究范围（北京市大都市区）

来源：作者自绘.

个体层面的非集计数据来自北京市大都市区内 35 个典型的居民住宅区。对于居民数据，研究在北京市大都市区范围内，选取城市 35 个典型居住区进行居民抽样调查，有效问卷 3 142 份。调研的住宅区分布如图 8.2 所示，依照以下三大原则进行选取：第一，被选住宅区涵盖多种类型，在空间分布上有郊区住宅区，也有市区住宅区；在性质上有就业中心附近的住宅区，也有大型集中住宅区；在房价统计上，高中低价位均有。这些住宅区有新有旧，距离地铁站有远有近。第二，被选住宅区尽量在市域范围内均衡地四向分布，各个方向均有，且覆盖主要的就业中心和居住中心。第三，为了确保居民样本的代表性和随机性，调研人员都选择在一天中相近的时间对住在此小区的通勤人员进行问卷调查。

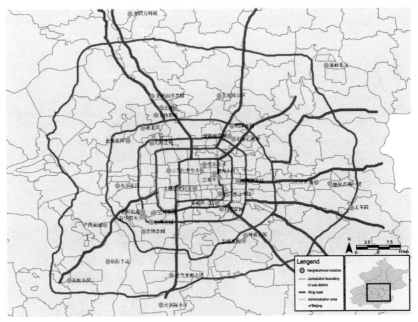

图 8.2　调研的住宅区分布

来源：作者自绘.

二、数据收集与说明

（一）数据收集说明

研究数据获取自宏观统计与微观调查，北京市域居住及就业数据主要采用官方统计数据；个体层面数据主要通过问卷调查、踏勘计算获得。主要数据及相应获取办法如下所述。

1. 就业可达性指标

职住关系指标包括个体职住关系指标和区域职住关系指标。其中，个体职住关系指标由居民调研数据计算所得；区域职住关系指标，即就业可达性指标，是由街道一级官方统计数据计算得到的。就业可达性指标所需的街道一级居住人口和就业岗位数据来自北京市统计官方数据。居住人口数据采用北京市第六次人口普查（2010）中各街道的就业适龄人口数（15～64岁）；就业岗位数据来自2010年街道级的工商局企业注册数据，将与经济普查数据相对照。依据上述数据，计算可得北京市在街道层级的就业可达性（图8.3）。

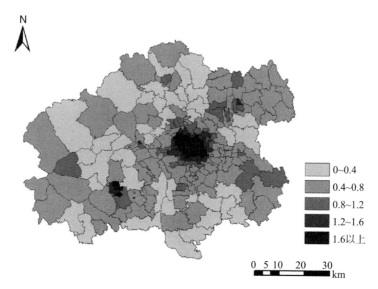

图 8.3　北京市在街道层级的就业可达性统计

来源：作者自绘．

2. 居民数据

微观个体的出行数据及社会经济属性特征基于问卷调研获取。每个社区依据自身居住人口规模差异，随机采访居住群体，各收集50～200份问卷不等（如表8.5所示）。主要对居民的社会、经济、家庭、出行、居住选择等进行调查。

表 8.5 调研住宅区及问卷回收统计表

住宅区性质	小区名	所在区	所在街道	问卷回收数量
城市中心住宅区	芳城园	丰台区	方庄地区	100
	四方景园	丰台区	成寿寺街道	88
	交东小区	东城区	交道口街道	77
	利泽西园	朝阳区	东湖街道	112
	金隅丽港城	朝阳区	望京街道	58
	永乐小区	石景山区	八宝山街道	129
	大栅栏胡同区	西城区	大栅栏街道	52
	北坞嘉园	海淀区	四季青地区	144
	板厂南里小区	东城区	龙潭街道	38
	百万庄中里小区	西城区	展览路街道	46
城市就业中心附近住宅区	光辉里小区	朝阳区	建外街道	57
	大河庄苑	海淀区	海淀街道	63
	燕北园	海淀区	青龙桥街道	87
	朝内小区	朝阳区	朝外街道	46
	三丰里	朝阳区	朝外街道	96
	新华街五里	丰台区	丰台街道	93
	正阳北里	丰台区	丰台街道	85
	怡海花园	丰台区	新村街道	85
	富锦嘉园	丰台区	新村街道	115
	三环新城	丰台区	新村街道	100
郊区大型居住区	天通苑东区	昌平区	东小口地区	182
	长虹小区	房山区	拱辰街道	64
	建新北区	房山区	胜利街道	89
	金隅万科城	昌平区	城北街道	130
	卢西嘉园	丰台区	长辛店街道	46
	时代龙和大道	大兴区	兴丰街道	90
	长阳半岛	房山区	长阳镇	93

(续表)

住宅区性质	小区名	所在区	所在街道	问卷回收数量
郊区就业中心附近住宅区	新康家园	大兴区	亦庄地区	63
	林肯公园	大兴区	亦庄地区	66
	天宫院小区	大兴区	天宫院街道	112
	上地东里	海淀区	上地街道	103
	上林溪	海淀区	清河街道	123
	龙泽融泽嘉园	昌平区	回龙观镇	171
	潞河名苑	通州区	中仓街道	49
	天时名苑	通州区	北苑街道	90

3. 其他控制性变量

社区建成环境特征、交通设施分布情况等控制性变量指标主要通过地图查找和实地踏勘采集并计算而来。相关数据的统计范围确定为以调研住宅区的外边界为准，向外2千米缓冲区所构成的范围。

(二) 数据统计特征

以有效回收样本 3 142 份数据对调研居民及其通勤行为做统计分析。受访者性别比例相当，男性居民占比近52%。在年龄分布上，调研居民相对均匀地分布在 0~30 岁和 31~60 岁的年龄段上。其中，七成受访者为企业员工，近20%的受访者为政府或事业单位的公职人员。在受教育水平方面，超八成的受访居民教育水平在大专及以上。受访居民个人月收入水平较高，超七成的受访者月工资超过 5 000 元。在所有调研居民中，55%的居民家庭拥有小汽车，46%的居民租住房屋，且三成居民具有迁居经历 (如表 8.6 所示)。

表 8.6 调研居民社会特征统计分析

	分类	数量/份	占比/ (%)
性别	男	1 629	51.85
	女	1 513	48.15

(续表)

分类		数量/份	占比/（%）
年龄	0～30岁	1 554	49.46
	31～60岁	1 578	50.22
	60岁以上	10	0.32
职业属性	公职人员	549	17.47
	企业员工	2 261	71.96
	其他	332	10.57
房屋属性	租用住房	1452	46.21
	自有住房	1 690	53.79
教育程度	高中及以下	591	18.81
	大专及以上	2 551	81.19
个人月收入水平	5 000元及以下	836	26.61
	5 000～10 000元	1 436	45.70
	10 000元以上	870	27.69
拥有小汽车家庭		1 729	55.03
迁居过的家庭		960	30.55
总　计		3 142	100

样本居民的通勤行为特征统计如表 8.7 所示。其中，步行通勤者占比 20.59%，自行车通勤占比 22.37%。采取公交与汽车（含出租车、网约车及自有汽车）出行的居民相对较少，占比 14% 左右。地铁通勤的居民相对最多，占比超过 26%。据统计，受访居民平均通勤距离约为 8.4 千米，平均通勤时长 38 分钟，平均单程车票价 5 元左右。

表 8.7　居民通勤行为特征数据统计分析

通勤方式	分类数据统计		数值量统计	
	数量/份	占比/（%）	平均值	标准差
步行	647	20.59		
自行车	703	22.37		

(续表)

通勤方式	分类数据统计		数值量统计	
	数量/份	占比/（%）	平均值	标准差
公交	446	14.20		
地铁	829	26.38		
汽车	459	14.61		
其他	58	1.84		
通勤距离/米			8 370.40	16 396.52
通勤时长/分钟			37.55	33.92
单程车票价格/元			4.87	7.53

从受访居民通勤时长分布来看（图 8.4），通勤时间最长达 3 小时，多数通勤时长在 60 分钟以内，20～45 分钟为分布最密集时间段，超四成居民通勤时长在此范围内。从通勤距离分布来看（图 8.5），最长通勤距离超 50 千米，多数通勤距离在 10 千米以内。0～5.9 千米是分布最为密集的范围，超六成受访者的通勤时长在此范围内。通勤距离的平均数超过 8 千米，这说明通勤距离数据内部差异大，北京都市区内存在超长距离通勤现象。

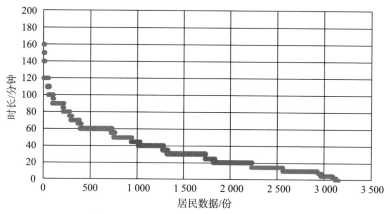

图 8.4 调研居民通勤时长数据散点分布

来源：作者自绘.

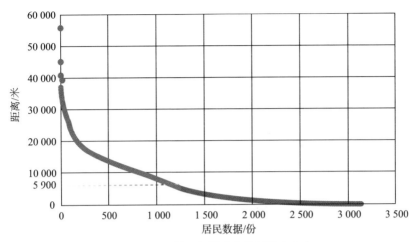

图 8.5 调研居民通勤距离数据散点分布

来源:作者自绘.

第三节 职住平衡对通勤时长的作用

开展实证回归,通勤时长的模型结果如表 8.8 所示。模型总体结果较好,R^2 为 0.392,可以通过 F 检验。个体职住关系指标、居民社会经济特征、房屋属性、通勤方式、交通设施分布、出行态度与偏好等大类指标包含有显著性变量。具体来说,职住分离度、成本权衡指数、性别、年龄、婚姻状况、月收入水平、是否拥有小汽车、住房属性、通勤方式、公交线路数量、停车场数量以及出行态度指标等对居民通勤时长产生了显著影响。

表 8.8 通勤时长回归模型结果

指标	回归系数 B	显著性 Sig
职住关系指标		
职住分离度	−0.120**	0.049
成本权衡指数	1.017**	0.031
区域职住属性		
就业可达性	−0.596***	0.000

（续表）

指　　标	回归系数 B	显著性 Sig
居民社会经济特征		
性别	0.068**	0.011
年龄	-1.87*	0.062
婚姻状况	0.036*	0.075
职业属性	-0.028	0.117
月收入水平	-0.045***	0.004
小汽车拥有情况	-0.352***	0.000
房屋属性		
住房属性	-0.059**	0.038
通勤方式		
具体通勤方式	0.338***	0.000
建成环境特征		
土地利用混合度	-0.304	0.218
一级道路密度	0.007	0.749
居住人口密度	-0.160	0.644
交通设施分布		
地铁线路数量	-0.015	0.109
公交线路数量	-0.032**	0.041
社区停车服务水平	-0.013**	0.038
出行态度与偏好		
是否需求导向	0.042*	0.073
是否时间导向	-0.056***	0.004
决定系数 R^2	0.392	
显著性 Sig	0.000	
F 检验	0.000	

（***为1%显著性水平，**为5%显著性水平，*为10%显著性水平，下同）

个体职住关系指标均对通勤时长产生显著性影响。职住分离度为重要负相关变量，即居民职业地和居住地的空间距离越大，通勤所需时间越长。而成本权衡指数则对通勤时长产生正向影响。成本权衡指数高表明个体为就近居住而承担高居住成本的意愿高，通勤时长相对更短。相比而言，职住分离度是更重要的影响因子。

区域职住属性指标对通勤时长产生显著的负相关影响，区域职住属性越高，通勤时长越短。这是因为区域职住属性代表居民在居住区附近就业的可能性，该指标越高表明居民就近就业的可能性越高，通勤时长也越短。

居民社会经济特征对通勤时长影响显著。年龄、月收入水平、是否拥有小汽车对通勤时长产生负向影响，性别、婚姻状况则对通勤时长产生正向影响。这说明，通勤时长的差异存在着深刻的社会经济影响机理。模型结果显示，女性通勤者、年轻的通勤者、已婚的通勤者、低收入的通勤者、没有小汽车的通勤者的通勤时长相对更长。社会经济属性的差异代表经济水平和社会分工的不同，女性通勤者一般承担更多的家庭分工，需要离家更近；已婚通勤者通常会拥有小汽车，且已婚通勤者不仅代表个人通勤行为，也与双职工家庭通勤行为密切相关，需要权衡双方的通勤时长做出一定牺牲；年轻的通勤者和低收入通勤者由于经济实力一般，相对较少地拥有私家车，为节约住房成本在居住地选择上往往远离就业地，从而造成更长距离的通勤。

住房属性对通勤时长的影响是正向的，即租住房屋的通勤者具有较短的通勤时长。这是由于租住房屋的通勤者，相比于自有房屋的通勤者，具有更高的居住区位选择灵活性，能够在选择居住地的时候将通勤时长控制在可以接受的范围里。

通勤方式对通勤时长的影响是正向的，即地铁、汽车等高速出行工具会促成更短的通勤时长。

交通设施分布中，公交线路数量和社区停车指标对通勤时长产生负向影响，即通勤时长随着公交线路数量增多或社区停车量增大而缩短，这符合通勤通达度对通勤时长的影响情况。但需要注意的是，地铁线路数量并不显著。这说明地铁出行的通达度相对公交出行的通达度低，尤其是四环以外地区。这也在一定程度上表明北京市环形放射状的地铁线路分布覆盖范围仍需扩大。

出行态度指标对通勤时长影响较大。当个体的出行态度为时间导向时，会倾向于缩短通勤时长；当个体具有需求导向的出行态度时，会倾向于规划线路而牺牲通勤时长。

此外，建成环境指标在模型中均不显著，表明社区建成环境并不影响个体通勤时长。

职住分离度对通勤时长产生负向影响，成本权衡指数对通勤时长产生正向影响。在通勤方式的选择上，职住分离度重点影响步行与汽车通勤，成本权衡指数则主要影响公共交通通勤方式的具体选择。这是因为，公共交通改变了相对均质的出行条件，使得经济收入相对有限的通勤者，在权衡居住成本与通勤成本时，也有了更多居住选择。往往在公共交通较为便捷的位置附近，能够满足通勤者出于经济压力在两类成本间的平衡需求。这也是大力发展公共交通，促进交通公平的重要原因。

对于通勤时长，成本权衡是相比于就业可达性而言更为重要的影响因素。这是因为成本权衡指数能够反映居民是否因为住房成本而远离或就近居住在就业地。也就是说，个体对居住成本的接受度直接决定通勤时长。这同时也说明北京市居民的就业选择相对充足，居住成本是相比于职业选择而言的更重要的职住区位选择因素。居民成本权衡指数越高，居民通勤时长越短，反之则越长。在北京，更多通勤者表现为牺牲一定通勤成本以降低居住成本，即许多经济实力有限的通勤者为了减少住房方面的支出而在远离工作地的居住成本更低的外围地区居住，导致较长距离的通勤。

第四节　职住平衡对通勤方式的作用

对居民通勤方式的 MNL 回归模型结果见表 8.9～表 8.12，模型整体结果反馈较好，解释力较高。

一、步行方式通勤

如表 8.9 所示，当公交通勤和步行通勤相比较时，职住分离度、就业可达性、职业属性、住房属性、土地利用混合度、一级道路密度、地铁线路数量、公交线路数量具有显著影响。其中，土地利用混合度、就业可达性为正向影响因素，其他指标为负向影响因素。

职住关系指标中职住分离度为显著性变量，呈负向相关。这表明，职住分离度越高，与公交通勤相比，居民选择步行通勤的概率越低。该指标的 Exp（B）指标为 0.678，这意味着相比于公交通勤，在其他条件不变的情况下，每增加一单位的职住分离度，居民选择步行通勤可能性降低 30%。这是因为步行通勤并不适合高职住分离度所决定的长距离通勤。此外，成本权衡指数不显著是因为通勤者通常在中长距离通勤下，形成通勤成本与住房成本的权衡。而在北京市步行通勤者为少数，这与单位宿舍或其他制度性安排有关。

就业可达性产生正相关影响，相比于公交通勤，在其他条件不变的情况下，每增加一单位的就业可达性，居民选择步行通勤的可能性提高 20%。这是由于就业可达性高，促进居民就近就业，职住相对平衡，步行通勤的可能性更高。

职业属性与住房属性是重要的负向因素。作为公职人员，由于单位房、单位宿舍等住房制度的存在，能够实现就近居住，步行通勤可能性更高；公司职员与租住房屋通勤者则由于更高的灵活性，居住区位选择余地大，与公交通勤相比，步行通勤略高。

建成环境特征指标中，土地利用混合度是正向相关的影响变量，一级道路密度是负向相关的影响变量。模型表明，相比于公交通勤，在其他条件不变的情况下，每增加一单位的土地利用混合度，居民选择步行通勤的可能性提高 8%；每增加一单位的一级道路密度，居民步行通勤的可能性降低 30%。这是因为土地混合利用模式能够提高土地利用效率，通过多功能的土地开发满足居民更多需求，促使居民绿色出行。而道路密度越高，表明住宅区道路通达度越好，路面交通可达性高，采取机动化通勤模式的可能性更高。

表 8.9　MNL 回归模型结果（步行组）

指　　标	回归系数 B	Wald 统计量	优势比 Exp(B)
职住关系指标			
职住分离度	-0.248**	4.120	0.678
成本权衡指数	0.350	5.827	0.818
区域职住属性			
就业可达性	0.472***	2.094	1.232
居民社会经济特征			
性别	-0.055	0.174	0.945
年龄（<30 岁）	0.232	1.340	1.224
年龄（30～40 岁）	0.455	0.235	1.425
职业属性（公职人员）	-0.322*	1.759	0.822
职业属性（公司职员）	-0.524*	8.150	0.951
小汽车拥有情况	-0.052	0.292	0.725
家庭是否有小孩	-0.302	0.553	0.873
房屋属性			
住房属性（否）	-0.378***	7.039	0.745
建成环境特征			
土地利用混合度	1.482*	2.035	1.087
居住人口密度	2.235	2.822	4.298
一级道路密度	-0.347***	10.071	0.069
交通设施分布			
地铁线路数量	-0.403*	7.421	1.321
公交线路数量	-0.634**	0.372	0.444
社区停车服务水平	3.408	4.251	0.000
出行态度与偏好			
是否需求导向	-0.041	-0.171	0.642
是否时间导向	-0.035	0.038	0.760
-2LL		1 135.8	
卡方统计量		968.37	
显著水平		0.000	

交通设施分布指标中,地铁线路数量和公交线路数量为显著性负相关因素。这是因为公共交通设施的普及,使得交通可达性提高,出行便捷度提高,通勤者采取公共交通通勤的可能性也显著提高。

模型中,性别、年龄及个体出行态度因素并不显著。表明步行通勤与公交通勤的交通性质差异较大,个体层面的主观因素及社会特征因素对二者模式选择的影响较小,反而空间指标、经济属性、建成环境与交通设施等影响更为显著。

二、自行车方式通勤

如表8.10所示,当公交通勤和自行车通勤相比较时,职住分离度、成本权衡指数、就业可达性、性别、职业属性、住房属性、公交线路数量具有显著影响。其中,成本权衡指数、就业可达性为正向影响因素,其他指标为负向影响因素。

职住关系指标均为显著性变量,其中,职住分离度产生负向影响,成本权衡指数产生正向影响。模型表明,相比于公交通勤,在其他条件不变的情况下,每增加一单位的职住分离度,居民选择自行车通勤的可能性降低20%;每增加一单位的成本权衡指数,居民自行车通勤的可能性提高20%。职住分离度越高,意味着个体通勤距离越长,因此相比于自行车通勤,个体选择公交通勤的可能性越高。而成本权衡指数越高,个体更愿意牺牲居住成本以换取更短通勤距离,自行车通勤的可能性也越高。

表8.10 MNL回归模型结果(自行车组)

指标	回归系数 B	Wald 统计量	优势比 Exp(B)
职住关系指标			
职住分离度	-0.105*	0.348	0.814
成本权衡指数	0.263**	2.729	1.210
区域职住属性			
就业可达性	0.103*	1.207	1.110

（续表）

指　　标	回归系数 B	Wald 统计量	优势比 Exp(B)
居民社会经济特征			
性别（女）	-0.416***	8.261	0.721
年龄（<30岁）	0.074	0.139	1.037
年龄（30～40岁）	0.187	1.011	1.416
职业属性（公职人员）	-0.305**	1.068	0.816
职业属性（公司职员）	-0.170	1.850	0.254
小汽车拥有情况（否）	-0.477	2.767	0.847
家庭是否有小孩	-0.186	1.374	0.830
房屋属性			
住房属性（否）	-0.472***	13.179	0.581
建成环境特征			
土地利用混合度	0.337	0.069	1.401
居住人口密度	2.633	2.318	13.921
一级道路密度	-0.106*	1.337	0.821
交通设施分布			
地铁线路数量	0.437	21.961	1.548
公交线路数量	-0.052***	0.002	0.831
社区停车服务水平	1.245	1.376	0.023
出行态度与偏好			
是否需求导向	0.017	0.021	1.229
是否时间导向	0.080	1.687	1.385
-2LL		1 135.8	
卡方统计量		968.37	
显著水平		0.000	

就业可达性的影响机理与前述相似。模型结果显示，相比于公交通勤，在其他条件不变的情况下，每增加一单位的就业可达性，居民选择自行车通勤的可能性提高11%。对短距离通勤模式而言，就业可达性反映了通勤者在附近就业，实现职住平衡的机会，是显著性影响因素。

在居民社会经济属性指标中，性别与职业属性是显著的负向影响因素。模型结果表明，相比于公交通勤，公职人员与女性通勤者使用自行车通勤的可能性更高。这主要由于二者通勤距离相对较短。公职人员由于单位房、单位宿舍等住房制度的存在，能够实现就近居住；且单位多位于北京市市中心，机动车通勤容易造成拥堵，因此自行车通勤可能性更高；女性通勤者则因为承担更多的家庭分工，需要靠近居住地完成家庭职责与分工，通勤距离会相对较短，且自行车通勤和外出也更灵活，便于女性买菜等日常行为。

此外，住房属性也对自行车通勤产生显著的负向影响，即租住房屋的通勤者，相比于公交通勤，更倾向于选择自行车通勤。这是由于租住房屋的通勤者具有更高的居住区位选择的灵活性，可以通过租住房屋选择居住地点从而影响通勤行为。租住房屋的通勤者通勤距离相对较短，因此采用自行车通勤的可能性更高。

在建成环境特征与交通设施分布指标上，一级道路密度和公交线路数变量影响居民通勤模式选择。道路密度与公交线路数量影响公交出行的可达性与通达度，当路面公交可达性越高，公交出行的通达度越高，采取公交通勤的可能性也显著提高。同时，道路密度也会影响自行车通勤的安全性，从而降低自行车通勤选择概率，这在以往的研究中被证实。

在模型中，个体出行态度与偏好因素并不显著。这一点与步行通勤组的结果相似。这说明步行通勤与自行车通勤是短距离通勤的选择结果，更多地受到个体职住关系、社会关系等的影响，与个体对出行结果的态度和要求并无关系。出行态度因素在长距离通勤与快速的机动化通勤方式选择中更为重要。

三、地铁方式通勤

如表 8.11 所示,当公交通勤和地铁通勤相比较时,职住分离度、成本权衡指数、就业可达性、年龄、职业属性、土地利用混合度、居住人口密度、地铁线路数量、公交线路数量、出行态度与偏好(需求导向)具有显著影响。其中,成本权衡指数、就业可达性和公交线路数量为显著影响的负向指标,其其余为正向影响因素。

表 8.11　MNL 回归模型结果(地铁组)

指标	回归系数 B	Wald 统计量	优势比 Exp(B)
职住关系指标			
职住分离度	0.670*	8.017	1.007
成本权衡指数	-156**	0.384	0.813
区域职住属性			
就业可达性	-0.612*	0.281	0.884
居民社会经济特征			
性别	-0.155	1.612	0.857
年龄(<30 岁)	0.763***	9.602	2.145
年龄(30~40 岁)	0.810**	11.214	1.749
职业属性(公职人员)	-0.052	0.045	0.949
职业属性(公司职员)	0.409**	3.796	1.505
小汽车拥有情况	-0.196	2.158	0.822
家庭是否有小孩	-0.093	0.359	0.911
房屋属性			
住房属性	0.069	0.250	1.071
建成环境特征			
土地利用混合度	2.613**	4.460	13.639
居住人口密度	3.726**	5.360	41.520
一级道路密度	-0.175	2.342	0.839

第八章 职住关系对通勤出行的作用分析

(续表)

指　　标	回归系数 B	Wald 统计量	优势比 Exp(B)
交通设施分布			
地铁线路数量	0.299***	11.574	1.348
公交线路数量	-1.608***	8.632	0.894
社区停车服务水平	1.637	1.172	0.000
出行态度与偏好			
是否需求导向（否）	0.264**	4.243	1.168
是否时间导向	-0.080	0.392	0.923
-2LL		1 135.8	
卡方统计量		968.37	
显著水平		0.000	

职住关系指标中，职住分离度显著性正相关，成本权衡指数为显著性负相关变量。这说明，与公交通勤相比，当通勤者的就业地与居住地空间距离越大，当通勤者倾向于均衡居住成本与通勤费用，个体选择地铁通勤的可能性显著升高。地铁作为速度快、频率高、可避免拥堵的公共交通方式，对交通区位造成线状扭曲，使得地铁沿线地区交通通达度提高。地铁对个体出行能力的重塑，使得通勤者在可以接受的通勤时间与通勤成本内，获得了更大范围的居住选择。同时，可以发现职住分离度的显著性显然不及前述两个参照组中该指标的显著性，这说明北京市地铁通勤与公交通勤对于距离的敏感性差异不大。

就业可达性是显著的负相关变量。这是因为居住在就业可达性低的地区的居民往往需要在外部寻找就业机会，这通常造成个体通勤距离长，相比于公交，通勤者更倾向于选择地铁通勤。

在居民社会经济属性中，年龄、职业属性是重要的正相关因素。40岁以下通勤者、公司职员通勤者，相比于公交通勤，更倾向于地铁通勤。40岁以下通勤者能够接受更长的通勤距离。而公司职员的就业地点主要集中于北京都市区内主要的就业中心，地铁可达性高，路面交通易拥堵，选择地铁通勤的可能性更高。

在建成环境特征指标中，土地利用混合度和居住人口密度是显著的正向影响变量，即土地利用混合度与居住人口密度越高的地区，居民通勤倾向于选择地铁通勤。这与北京市实行 TOD 战略密不可分。TOD 建设旨在地铁站附近打造混合利用、设施充足的土地集约化住区，促进居民绿色通勤。模型结果表明，北京市都市区内 TOD 战略效果显现。

在交通设施分布指标中，地铁线路数量与公交线路数量为显著性因素。地铁线路与公交线路变量将分别影响地铁出行通达度与公交出行通达度，进而影响通勤选择。根据模型结果，每当地铁线路数量增加一单位时，居民选择地铁通勤的可能性提高 35%；每当公交线路数量增加一单位时，居民选择公交通勤的可能性提高 10%。

此外，出行态度与偏好变量首次在 MNL 模型中出行显著。需求导向的出行态度与偏好是地铁通勤的正向影响因素，即当居民出行态度与偏好为需求导向时，相比于公交出行，其更倾向于选择地铁通勤。且该变量每升高一单位（越倾向于需求导向），居民选择地铁通勤的可能性升高 15% 左右。这是因为地铁线路连接城市重要的商圈、就业中心与居住中心，以及大型地铁 TOD 的建设等使得地铁通勤能够满足通勤者更多的需求，如购买所需物品等。因此需求导向的通勤者更多地选择地铁通勤。

在模型中，此前均为显著性因素的住房属性并未显著。这是由于公交和地铁的交通属性较为类似，当交通条件差异较小时，在一定的范围内，居民居住区位差异化的原因不仅限于交通通达度，更重要的在于其他方面，如配套设施等。因此，在可以接受的通勤时距内，居民会对房屋成本、房屋条件及通勤时长进行综合考量，通勤距离和时长不再成为租住房屋或购买房屋的主要考虑因素，住房属性的影响被削弱。

四、汽车方式通勤

如表 8.12 所示，当公交通勤和汽车通勤相比较时，职住分离度、性别、年龄、小汽车拥有情况、住房属性、一级道路密度、社区停车服务水平、出行态度与偏好（时间导向）具有显著影响，且均为正向影响因素。

表 8.12　MNL 回归模型结果（汽车组）

指标	回归系数 B	Wald 统计量	优势比 Exp(B)
职住关系指标			
职住分离度	1.039***	13.889	1.254
成本权衡指数	−0.136	0.391	0.873
区域职住属性			
就业可达性	−0.452	0.167	0.405
居民社会经济特征			
性别（男）	0.693***	22.483	1.150
年龄（<30 岁）	0.059	0.067	1.061
年龄（30～40 岁）	0.520***	6.638	1.681
职业属性（公职人员）	0.901	7.619	2.462
职业属性（公司职员）	0.860	8.175	2.364
小汽车拥有情况（是）	2.793***	129.826	1.610
家庭是否有小孩	−0.229	1.702	0.795
房屋属性			
住房属性（否）	0.499*	8.005	1.146
建成环境特征			
土地利用混合度	2.167	2.226	8.731
居住人口密度	6.084	9.927	438.876
一级道路密度	0.075**	0.307	1.107
交通设施分布			
地铁线路数量	1.833	1.612	6.254
公交线路数量	1.740	4.494	12.712
社区停车服务水平	0.136***	1.391	1.187
出行态度与偏好			
为需求导向	0.023	0.023	1.023
为时间导向	0.067*	0.191	1.149
−2LL		1 135.8	
卡方统计量		968.37	
显著水平		0.000	

职住分离度是汽车通勤模式的正向相关因素。职住分离度越高，意味着个体通勤距离越长，因此个体选择汽车通勤的可能性越高。根据 Exp（B）指标，每升高一单位的职住空间分离度，个体选择汽车通勤的可能性（相比于公交通勤）升高 25% 左右。

在居民社会经济属性中，性别、年龄、是否拥有小汽车是重要的正向相关的影响因素。模型结果显示，男性通勤者、30～40 岁通勤者、拥有小汽车的通勤者，相比于公交通勤，更倾向于汽车通勤。30～40 岁的男性拥有小汽车的比例远高于女性及其他年龄段的男性，他们拥有一定经济基础，能够接受中长距离通勤，拥有代步工具以满足家庭出行需要。

在建成环境特征指标中，一级道路密度是显著的正向影响变量，即一级道路密度越高，相比于公交通勤，居民越倾向于选择汽车通勤。该指标的 Exp（B）为 1.107，也意味着在其他条件不变的情况下，每提高一单位的一级道路密度，居民选择汽车通勤可能性提升 10%。这是因为汽车通勤的前提基础就是道路建设，一级道路密度越高，提升了汽车出行的通达度，使得居民更倾向于选择汽车通勤。

在交通设施分布指标中，社区停车服务水平为显著性因素。社区停车场数量增多，相对于公交通勤，居民选择汽车通勤的可能性提高。社区停车场数量会影响私家车停放情况。在停车空间相对充足的情况下，居民选择私家车通勤可能性提高。根据模型结果，每当社区停车数量增加一单位时，居民选择汽车通勤的可能性提高 18%。

此外，时间导向的出行态度与偏好变量在汽车参照组模型中显著。时间导向的出行态度与偏好是汽车通勤的正向影响因素，即当居民出行态度与偏好为时间导向时，相比于公交出行，其更倾向于选择汽车通勤。且该变量每升高一单位（越倾向于时间导向），居民选择地铁通勤的可能性升高 15% 左右。这是因为相比于公交，汽车（包括私家车、出租车等）通勤能够更快更迅速，通勤时长更短。这使得时间导向的通勤者倾向于使用汽车通勤。

在模型中，住房属性也显示出显著。这是一个较为有趣的发现，租住房屋者相比于公交，更倾向于汽车通勤。这可能是由于近年来拼车或顺风车现象与日俱增，居住地近似或通勤线路近似的通勤者们可以共同乘坐一辆车通勤。而租房通勤者可以与同租的通勤者一起拼车前往就业地。同时，我们发现，在汽车组模型结果中，成本权衡指数与就业可达性指标均未显著。这是因为汽车的高出行速度和使用自由度，使得通勤时间和通勤费用的限制变小，令通勤者居住区选择空间更大，不需要考虑成本的权衡与住区就近就业的便捷度。

第五节 小 结

关于职住关系对通勤出行的影响研究，本章具体从职住关系对通勤时长、通勤方式的作用中加以分析。研究发现：

（一）职住分离度对通勤时长产生负向影响，成本权衡指数对通勤时长产生正向影响

在通勤方式的选择上，职住分离度重点影响步行与汽车通勤，成本权衡指数则主要影响公共交通通勤方式的具体选择。这是因为，公共交通为经济收入相对有限的通勤者，提供了平衡居住成本与通勤成本的居住选择。这也是大力发展公共交通，促进交通公平的重要原因。

（二）对于通勤时长，成本权衡是相比于就业可达性而言更为重要的影响因素

这是因为成本权衡指数能够反映居民是否因为住房成本而远离或就近居住在就业地。也就是说，个体对居住成本的接受度直接决定通勤时长。而就业可达性反映的是住区的区域属性，实现就近就业的可能性。这同时也说明北京市居民的就业选择相对充足，居住成本是相比于职业选择而言的更重要的职住区位选择因素。居民成本权衡指数越高，居民通勤时长越短，反之则越长。这是通勤者在北京居住出现的普遍现象。在北京，许多经济实力有限的通勤者为了减少住房方面的支出而在远离工作地的居住成本更低的外围地区居住，导致了较长距离的通勤。

（三）汽车和公共交通通勤模式更多地受到建成环境特征、交通设施分布、出行态度与偏好的影响

这是因为当出行便捷度提高后，通勤路途规划也是通勤者合理利用时间，满足自我需求的途径。因此，周边建成环境与设施，以及出行态度与偏好成为通勤者是否使用公共交通方式的重要影响因子。

值得注意的是，社会经济变量在通勤者职住区位选择中起到的作用正愈发重要。而且，正是这些带有区域属性的不同的社会经济影响因子，使得地区与地区之间的相关研究结果相异，职住平衡政策所能带来的政策绩效也不同。

其一，地区间交通基础建设水平不同，快速交通工具，尤其是小汽车和公关交通的普及水平具有差异化，这直接导致通勤者对通勤时间的敏感性和耐受度不一。在小汽车普及率高的地区，通勤者对通勤时长的敏感度更低，相对地，其居住区位选择的限制更少，职住平衡所能起到的缩短通勤距离和时间的作用也比较有限。

其二，社会经济制度所造成的个体居住偏好和需求差异，使通勤者的职住区位选择在不同时空维度下发生动态变化，弱化了职住关系，尤其是通勤距离的影响。有研究表明，处于不同生活阶段的个体，处于不同社会层级的个体，其出行需求、居住偏好具有显著差异。而且，制度的影响也是不容忽视的。我国户籍制度、学区制度、外来居住行政规定等行政制度，强化了通勤者对特定区位的居住区的特定需求，使得职住区位选择趋于复杂。

其三，个体居住选择的成本结构不同，且政府相应的补贴政策也具有差异化，使得通勤者成本权衡的思考逻辑不同。在我国，住房成本和通勤成本（按每月计）存在较大差距（千元和百元级别的差距），且政府对交通出行的补贴范围和力度更甚于廉租房等类似政策的力度；在美国，通勤费用更高，如过路费、停车费等项目支出更多（Schmidt，2014）。出于经济性的考虑中，通勤成本也会成为更重要的权衡因素。

提高土地利用混合度与公交/地铁的通达性对改善居民通勤模式结构，促进绿色出行具有重要作用。研究发现，路网、公交或地铁线

路数等影响公共交通可达性的重要指标与居民出行模式选择关系密切。提高公交与地铁的通达度,积极扩展基础公共交通覆盖范围,能够促进居民选择公共交通方式通勤。同时,TOD模式作为北京市积极贯彻发展的交通战略,成效较好。居民对土地利用混合度的敏感性与重视度在提高,多样化地利用土地资源,提高土地利用效率,满足居民更多需求同样能够引导居民采用更绿色低碳的通勤方式。

居住有关的因素是比就业有关因素更为重要的居民职住区位选择影响因子。普及高速交通网络,加快城市基础设施建设,均衡化发展城市公共服务水平,或提供能够降低个体居住成本的新居住选择,是促进居民短距离通勤、绿色低碳出行的重要措施。研究发现,在北京市就业机会相对充足的情况,居住成本是相比于职业选择而言的更重要的职住区位选择因素。而交通便捷程度和基础设施供应都是居住成本的影响因子。北京都市区内地铁与公交的通达度都比较高,在一定的范围内,居民住房成本差异化的原因不仅在于交通通达度,更重要的是其他方面,如配套设施等。因此,在可以接受的通勤时距内,居民会对房屋成本、房屋条件及通勤时距进行综合考量。

大力发展公共交通,在公共交通较为便捷的换乘站、枢纽站等建设廉租房,将有效促进交通公平。研究发现租房通勤者的居住区位选择,是在尽可能短距离通勤的前提下,平衡居住成本和住房成本。虽然租房通勤者能够更加灵活地选择房屋,调节通勤距离,但其对住区的交通条件与位置也更为敏感,倾向于权衡两大成本以获得最佳居住区位。因此,公共交通的建设对租房者的职住选择具有重要影响,尤其是能够平衡两大成本的公共交通交汇的换乘地区和枢纽地区。

我国特殊的制度影响个体居住需求与出行需求。实证研究发现,孩子就学、配偶工作情况等因素在北京市居民的通勤行为与居住(再)选择中影响较大。这是由北京的学区制度、社会制度、户籍制度、外来居住规定、社会习惯等决定的,当制度与空间和身份相关联时,必不可少地使得出行(包括通勤)的需求变形且趋同。同时,北京作为首都的特殊性和重要性,也使得北京市外来人口的租住、落户、孩子就学等问题变得复杂,进而影响个体通勤出行。适当地对学区、住房租房、外来人口居住限制等制度做出调整,放松制度在空间上的约束，或根据相应制度在学校、医院、外围大型租住社区等提供政府帮助和基础设施建设，有利于现状。

参考文献

［1］北京市 2010 年第六次全国人口普查主要数据公报［J］. 数据，2011，（6）：66—67.

［2］刘志林，王茂军. 北京市职住空间错位对居民通勤行为的影响分析：基于就业可达性与通勤时间的讨论［J］. 地理学报，2011，66（4）：457—467.

［3］王茂军，宋国庆，许洁. 基于决策树法的北京城市居民通勤距离模式挖掘［J］. 地理研究，2009，（6）：1516—1527.

［4］徐涛，宋金平，方琳娜，等. 北京居住与就业的空间错位研究［J］. 地理科学，2009，29（2）：174—180.

［5］SCHMIDT C. Optimal commuting and migration decisions under commuting cost uncertainty［J］. Urban Studies，2014，51（3）：477-492.

［6］SHEN Q. Location characteristics of inner-city neighborhoods and employment accessibility of low-wage workers［J］. Environment and Planning B：Planning and Design，1998，25（3）：345-365.

第九章 迁居对职住关系与通勤行为的影响

第一节 研究设计

本章基于居民的迁居选择及迁居前后的变化数据,详细研究通勤出行对居住再选择及职住关系的影响分析。研究过程分为两步:首先研究是哪些因素影响了居民的迁居选择,关注通勤要素在其中的作用;进而研究相关的通勤因素与迁居前后职住关系指标变化具有何种关系。具体来说:

第一,基于调研数据,建立二项 Logistic 模型对居民迁居的动因进行剖析,观察通勤因素的影响及其作用机理。二项 Logistic 模型适用于两种选择下的概率分析。以是否迁居为因变量,构造函数:

$$\ln \frac{P_n(2)}{P_n(1)} = a_1 + b_1 x_1 + b_2 x_2 \cdots + b_n x_n, \ n = 1, 2, 3\cdots$$

第二,在梳理迁居影响因素的基础上,对迁居居民居住地改变前后的数据变化进行对比分析与模型处理,将迁居前后的职住关系指标(职住分离度和成本权衡指数)变化进行线性回归建模,直接研究通勤要素与其变化的数量关系。构造线性回归函数如下,此函数相关变量以第一部分的迁居二项 Logistic 模型结果为准,即

$$f(y) = a_1 + b_1 x_1 + b_2 x_2 \cdots + b_n x_n, \ n = 1, 2, 3\cdots$$

居民的迁居行为是个体对居住区位的再选择。影响居住区位再选择的因素较多,包括通勤因素、经济因素、住房条件及社会经济因素等。基于本次调研的反馈,将居民主观选择的迁居原因进行统计。在

前人研究的基础上，结合统计结果，梳理迁居模型的指标设计。

如图 9.1 所示，根据调研结果，改善住房条件、就业地发生变化、节约通勤成本、降低住房成本、为出行更便利是居民迁居的重要原因。此外，买房、因孩子生活或读书需要、租房产生变化等是基于我国国情与北京市现实状况的反映，也需要在指标设计中加以体现。

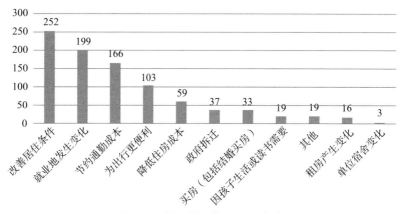

图 9.1　调研居民搬迁原因统计

来源：作者自绘.

迁居模型的因变量统计说明如表 9.1 所示，自变量指标如表 9.2 所示。模型指标设置为六类，包括通勤属性、区域职住属性、居民社会经济特征、房屋属性、家庭因素、对通勤现状的态度等。其中，区域职住属性、居民社会经济特征的指标与前述类似，因家庭因素中配偶工作情况包含个人是否结婚的信息，将婚姻状况变量删除。

表 9.1　二项 Logistic 模型因变量统计与说明

	分类数据统计		分类赋值
	数量/份	占比/（%）	
总数据量	3 142	100	
有效数据	3 088	98.28	
其中：			
迁居	906	29.34	0
未迁居	2 182	70.66	1

房屋属性大类包括三个指标：住房属性、住房成本与对住房是否满意。家庭因素大类中也包括两个指标：是否有小孩、配偶是否有工作。配偶是否有工作指标分为三个变量：有配偶且配偶有工作、有配偶但配偶无工作、无配偶。这三个变量既包括居民婚姻情况信息，也涵盖配偶是否有工作的情况。对通勤现状的态度指标包括三个变量：现状是否超过最大能承受的通勤时长、现状是否超过最大能承受的通勤距离、是否可能由于通勤成本产生迁居行为。这三者表明个体对通勤时长、通勤距离、通勤成本的相关态度。

表 9.2　二项 Logistic 回归模型指标设置

分类	指标	指标计算与解释
通勤属性	通勤时长	个体上下班所需时间
	通勤距离	个体居住地与职业地的空间距离
	通勤费用	上下班所用货币成本（日/元）
	就业是否发生变化	是为 1，否为 0
区域职住属性	就业可达性	以所在街道为范围的考虑区域竞争的就业可达性指标
居民社会经济特征	性别	男为 1，女为 0
	年龄	分为三类：0～30 岁为 0，30～40 岁为 1，40 岁以上为 2
	职业属性	将个体职业分为三类：公职人员为 0，企业员工为 1，其他为 2
	月收入水平	分为三类：5 000 元及以下为 0，5 000～10 000 元为 1，10 000 元以上为 2
房屋属性	住房属性	将居民住房属性分为租住、自有；租住住房者为 1，自有住房者为 0
	住房成本	居住在此的经济成本
	对住房是否满意	是为 1，否为 0

（续表）

分类	指标	指标计算与解释
家庭因素	是否有小孩	是为1，否为0
	配偶是否有工作	有配偶且配偶有工作为0，有配偶但配偶无工作为1，无配偶为2
对通勤现状的态度	现状是否超过最大能承受的通勤时长	检查现有通勤时长是否超过居民填写的最大能承受的通勤时长：是为1，否为0
	现状是否超过最大能承受的通勤距离	检查现有通勤时长是否超过居民填写的最大能承受的通勤时长：是为1，否为0
	是否可能由于通勤成本产生迁居行为	是否有可能因为通勤时长和通勤费用过高而迁居：是为1，否为0

通过二项Logistic迁居模型确定居民迁居的影响因素后，进一步对迁居带来的职住关系变化进行研究。基于迁居数据，对迁居前后的职住关系指标变化进行对比分析和分类分析，并将上述有关影响因素进行线性回归，阐述通勤相关因子与职住关系变化的关系。因此，线性回归模型的指标设计主要基于二项Logistic模型结果，将在下文加以阐述。

第二节 迁居行为动因分析

二项Logistic回归结果的估计结果如表9.3所示。模型整体能够通过检验，数据反馈较好，解释力较高。其中，通过似然比检验的显著性因素有通勤距离、通勤费用、就业是否发生变化、就业可达性、年龄、职业属性、住房属性、是否有小孩、配偶是否有工作、对通勤现状的态度。

在通勤属性中，通勤距离、通勤费用、居民就业变化是迁居选择的正向影响因素。通勤距离增加可能会促成居民迁居，且每增加一单

表 9.3　二项 Logistic 回归模型结果

指　标	回归系数（B）	Wald 统计量	优势比（Exp（B））
通勤属性			
通勤时长	0.001	0.511	1.001
通勤距离	0.012*	9.453	1.152
通勤费用	0.004*	0.808	0.996
就业是否发生变化	0.023***	7.334	1.831
区域职住属性			
就业可达性	-0.228*	2.876	0.801
居民社会经济特征			
性别	0.080	0.394	0.714
年龄	0.181**	3.851	1.198
职业属性	-0.149*	1.800	0.861
月收入水平	0.001	0.000	1.001
房屋属性			
住房属性	0.015**	0.016	1.105
住房成本	0.122**	2.151	1.127
对住房是否满意	-0.013	0.201	0.759
家庭因素			
是否有小孩	0.333**	5.480	1.395
配偶是否有工作	-0.041*	0.109	0.960
对通勤现状的态度			
现状是否超过最大能承受的通勤时长	0.255**	3.749	1.575
现状是否超过最大能承受的通勤距离	-0.170	0.896	0.843
是否可能由于通勤成本产生迁居行为	1.709***	19.931	2.522
-2LL		988.4	
卡方统计量		281.34	
显著水平		0.000	

位的通勤距离，居民迁居可能性会提高 15%；居民就业发生变化也可能会促成迁居行为，居民迁居可能性会提高 83%；通勤费用的影响相对较小，其每增加一单位的通勤费用，居民迁居的可能性仅提高 0.4%。

在居民社会经济特征中，年龄是迁居选择的正向影响因素，职业属性为负向影响因素。这表明年长的通勤者和公职人员倾向于发生迁居行为。年长的通勤者拥有一定经济基础，且随着年龄的增长会产生面对结婚买房、买学区房等需求，迁居的可能性比年轻通勤者更高。而公职人员，在享受单位分房、单位宿舍等福利后，自购购房迁居的可能性也较高。模型中，年龄为显著性因素，而月收入水平并不显著。这说明居民迁居与经济实力关系不大，与年龄阶段所带来的迁居需求有更大的联系。

住房属性与住房成本是居民迁居的显著性因素，产生正向影响。模型显示，租房通勤者，相比于自有住房的通勤者，迁居的可能性更高。这是因为租房通勤者比自有住房的通勤者更灵活，其迁居的成本更低，限制性因素更少。同时，租住房屋有年限限制，在合同到期或租房条件变化时，租房通勤者必须迁居。住房成本的升高会使得居民迁居的可能性提高，这是因为当居民为居住付出的经济成本超过一定限度时，会迫使居民改变居住区位以减少成本，平衡经济支出。

在家庭因素中，子女以及配偶情况均为显著性因素。其中，家庭有小孩是促成居民迁居的正向影响因素，配偶是否有工作是迁居选择的负向影响因素。对于家庭来说，孩子是诸多新需求产生的原因。孩子的到来不仅意味着需要更大的居住空间，也意味着将来可能需要购买学区房，因此拥有小孩的家庭迁居可能性更大。配偶有工作则意味着家庭面临双职工的职住权衡，为平衡双方的通勤时长与通勤距离，可能需要进行居住再选择，因此迁居可能性更高。

在对通勤现状的态度中，是否看重通勤成本、现状是否超过最大能承受的通勤时长为显著性因素，产生正向影响。这表明，通勤者对通勤成本和通勤时长的敏感性，比对通勤距离的敏感性更强。在主观上，当通勤成本与通勤时长增加时，居民更容易做出迁居的选择。

总的来看，通勤属性与个体通勤态度均为重要的显著性因素。通勤距离、通勤费用的正向变化提高迁居可能性，居民对通勤成本（包括货币成本与时间成本）的看重也会提高迁居可能性。进一步归纳通勤因素对迁居的影响及作用机制。

其一，个体对于通勤时长耐受度是决定居民是否迁居的重要因素。通勤距离影响通勤时长，进而左右居民迁居行为。同时，交通可达性与出行通达度也影响了通勤时长。通勤距离变量显著，但通勤态度中，"现状是否超过最大能承受的通勤距离"这一变量并不显著，反而对通勤时长的耐受度为显著变量。这二者并不相悖，反而说明了交通可达性与出行通达度的重要性。模型结果表明，在客观上，通勤距离增加会促使居民迁居，这是因为距离的增加使得通勤时长变长，而居民在主观感受上对通勤时长的耐受度低，迁居可能性提高。这其中，现有交通服务水平、通勤方式选择、个体主观上的通勤时长耐受度（心理通勤时长）等会使居民迁居选择发生异化。

其二，通勤者对通勤成本的态度直接影响迁居选择。通勤成本包括时间成本与货币成本，二者均在模型中显著。对通勤成本的态度实际上说明了个体会否因为通勤成本而考虑迁居，而模型结果显示通勤者对通勤成本的耐受度高低直接决定其迁居选择，其中通勤者对通勤时间更为敏感。当通勤费用较高时，居民也可能因为支出过大而产生迁居行为。

其三，通勤需求对居民迁居的影响，是通过个体社会要素的变化带来的新需求实现的。其中，配偶、孩子、就业情况变化是重要的需求导入因素。配偶有工作则意味着一个家庭具有两个职工的双重通勤需求，需要进行双职工的职住关系权衡。为平衡双方的通勤时长与通勤距离，可能需要进行居住再选择。孩子不仅对居住空间提出要求，带来迁居的需求，也会为家庭出行带来新需求。当兼顾有关孩童的出行需求时（接送孩子上下学等），可能会导致通勤路线的变化与通勤时长的增加或产生迁居行为。而最重要的，当个体就业发生变化时，居民发生迁居行为的可能性大大提高。

第三节 迁居前后职住关系指标变化分析

一、模型构建

基于样本数据对906名发生迁居行为的居民,其迁居前后职住关系指标的变化进行统计。如表9.4～表9.6所示,总体上,居民迁居后的职住分离度降低,居住区就业可达性升高,成本权衡指数升高。表明大部分居民迁居的趋势是付出更高居住成本,向就业可达性更高的地区迁居,迁居后就业地与居住地的空间距离拉近。迁居后居民职住关系整体上更趋向于职住平衡。

表9.4 迁居前后职住分离度统计

职住分离度	平均值	中位数	标准差
迁居前	9.01	6.90	104.98
迁居后	8.32	6.50	86.73

表9.5 迁居前后成本权衡指数统计

成本权衡指数	平均值	中位数	标准差
迁居前	0.495	0.511	0.214
迁居后	0.521	0.587	0.278

表9.6 迁居前后居住小区的区域职住属性指标统计

居住区域职住属性	平均值	中位数	标准差
迁居前	0.949	0.796	0.568
迁居后	0.995	0.869	0.614

此外,从迁居前后个体通勤时长的变化来看(图9.2),迁居使得居民居住区的就业可达性更高,通勤时长缩短。在所有迁居居民中,38%的迁居居民在迁居后就业可达性降低,47%的迁居居民有所提高,另有15%的居民该指标未发生变化。在住区就业可达性提高的迁居居民中,超过半数居民迁居后的通勤时长缩短。

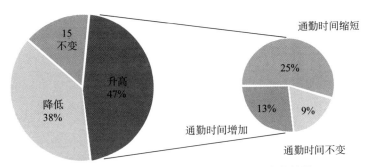

图 9.2 迁居前后就业可达性与通勤时长变化统计

来源：作者自绘.

从迁居前后职住关系指标变化来看（见表 9.7 及表 9.8），职住分离度的变化趋势为减小，成本权衡指数的变化趋势为增加。表明大部分居民的迁居行为是付出更高的居住成本而缩短职住空间距离的选择行为。促使迁居居民做出这样的选择的原因及其中通勤要素发挥的作用将是下面章节的研究重点。

表 9.7 迁居前后职住关系指标变化量统计

指标变化量（迁居后—迁居前）	平均值	中位数	标准差
职住分离度变化量/千米	−0.05	0	0.817
成本权衡指数变化量	0.08	0.01	0.723

表 9.8 迁居前后职住关系指标变化统计

变化指标	变小	不变	变大
职住分离度	531	76	299
成本权衡指数	387	23	496

从前述分析来看，居民迁居后个体的职住关系趋向于职住平衡。居民是否选择迁居与其通勤属性密不可分，通勤时长、通勤费用及个体对待通勤的态度将影响居民是否迁居。那么，上述通勤因素是否影响迁居后的职住关系，促进职住关系趋向平衡？通勤因素与职住关系的变化存在什么样的关系？为回答这些问题，以职住关系指标的变化为因变量，迁居相关影响因子为自变量，对两大职住关系指标的变化

量（明确变化方向）进行建模分析。模型指标的具体设置见表 9.9 和表 9.10。

职住分离度在迁居后趋于降低。选取职住分离度变小的 531 个样本，以职住分离度变化量（为方便变量解释，将负值取正）为因变量，结合二项 Logistic 迁居模型的研究基础，设计自变量指标，对其进行多元线性回归。

表 9.9　迁居前后职住分离度变化回归模型结果

指标	指标说明
迁居前的职住分离度	居民之前就业地-居住地空间分离情况
迁居前的区域职住属性	居民之前居住地所在街道的就业可达性
通勤属性（迁居前）	
通勤时长	个体上下班所需时间
通勤费用	居民迁居之前的上下班所用货币成本（月/元）
居民社会经济特征	
年龄	分为三类： 0~30 岁为 0，30~40 岁为 1，40 岁以上为 2
职业属性	将个体职业分为三类： 公职人员为 0，企业员工为 1，其他为 2
是否有车	交通出行工具拥有情况：无车为 0，有车为 1
房屋属性（迁居前）	
住房属性	分为租住、自有： 租住住房者为 1，自有住房者为 0
住房成本	居住在此的经济成本
家庭因素	
是否有小孩	是为 1，否为 0
配偶是否有工作	有配偶且配偶有工作为 0； 有配偶但配偶无工作为 1； 无配偶为 2

(续表)

指　　标	指标说明
对通勤现状的态度	
是否看重通勤成本	"是否可能由于通勤成本产生迁居行为"变量。对该问题的回答:"是"为1,答案"否"为0
超出通勤时长耐受度数值	计算迁居前个体通勤时长与其耐受程度之间的差距

成本权衡指数在迁居后趋于升高。选取成本权衡指数升高的496个样本,以成本权衡指数变化量为因变量,结合二项Logistic迁居模型的研究基础,设计自变量指标,对其进行多元线性回归。

表 9.10　迁居前后成本权衡指数变化回归模型结果

指　　标	指标说明
迁居前的成本权衡指数	居民之前居住地选择时对成本权衡的情况
迁居前的区域职住属性	居民之前居住地所在街道的就业可达性
通勤属性（迁居前）	
通勤时长	个体上下班所需时间
通勤费用	居民迁居之前的上下班所用货币成本（月/元）
居民社会经济特征	
年龄	分为三类: 0～30岁为0,30～40岁为1,40岁以上为2
职业属性	将个体职业分为三类: 公职人员为0,企业员工为1,其他为2
是否有车	交通出行工具拥有情况:无车为0,有车为1
房屋属性（迁居前）	
住房属性	分为租住、自有: 租住住房者为1,自有住房者为0
家庭因素	
是否有小孩	是为1,否为0

(续表)

指　　标	指标说明
配偶是否有工作	有配偶且配偶有工作为 0，有配偶但配偶无工作为 1，无配偶为 2
对通勤现状的态度	
是否看重通勤成本	"是否可能由于通勤成本产生迁居行为"变量：对该问题的回答"是"为 1，答案"否"为 0
超出通勤时长耐受度数值	计算迁居前个体通勤时长与其耐受程度之间的差距

二、结果分析

（一）职住分离度变化模型分析

职住分离度变化的线性回归模型结果如表 9.11 所示。模型总体结果较好，R^2 达到 0.415，并通过 F 检验。其中，迁居前的职住分离度、年龄、是否有车、住房属性、配偶是否有工作、是否看重通勤成本、超出通勤时长耐受度数值等指标对职住分离度的变化程度产生了影响。

迁居前个体的职住分离度高，通勤时间长，将促进其迁居后个体职住分离度变小，且变化幅度大。居民社会经济属性中，年龄为显著性因素。模型结果显示，通勤者年龄越大，迁居后的职住分离度的变化越大。通勤者年龄越大，其经济基础相应更好，多数拥有小汽车，能够承受长距离通勤。且年长的通勤者的居住选择受到更多其他因素的影响，有特殊的居住诉求，因此，相比于年轻的通勤者，其迁居带来的职住分离度的变化反而更大。此外，拥有汽车也是显著性正相关变量，因为拥有机动化交通出行工具，通勤更灵活方便，速度更快，相应地居住区位选择范围更广，职住分离度变化更大。

房屋属性变量里，住房属性是显著的正相关因素。即租房的通勤者迁居前后的职住分离度变化更大。这是因为租住房屋的通勤者，在住房选择上范围更广更灵活，相比于自有住房的通勤者，其迁居前后的职住分离度变化更大。通勤者的配偶有工作，会导致其迁居带来的职住分离度变化更小，与原职住分离度相差不大，没有配偶的通勤者的迁居带来的变化量反而大。这是因为，当迁居时考虑到双职工就业问题时，居住选择余地变小，最终结果会倾向于两个就业地之间的某区位，更改居住地的职住关系变化不会有太大偏差。而一个人迁居只需要考虑单独个体的职住关系，最终结果往往是趋向于职住平衡的某一居住区位，指标变化会更大。

在对通勤现状的态度变量中，两个指标均显示显著。结果表明，通勤者越看重通勤成本，迁居带来的职住分离度的变化越大。通勤者迁居前通勤时长越长，超出个体忍受度越大，迁居带来的职住分离度的变化也越大。这是因为当个体对通勤成本与通勤时长的耐受度较低时，为寻找更少通勤时长与更低通勤成本而进行迁居的可能性较高。以通勤为目的的迁居会使得职住分离度变小。

模型中，是否有小孩、职业属性等变量并不显著。该指标代表个体的社会经济背景，不显著的原因可能在于此类因素的变化对迁居后住宅区选择并未形成特定的通勤空间距离的要求，迁居后职住分离度的变化也相应没有规律可循。同时，区域职住属性和住房成本也不显著。这可能是由于两个指标对职住分离度前后变化程度的影响不大。

表 9.11　职住分离度变化回归模型结果

指标	回归系数 B	显著性 Sig
迁居前的职住分离度	-0.519^*	0.067
迁居前的区域职住属性	0.247	0.359
通勤属性（迁居前）		
通勤时长	-0.261^{***}	0.000
通勤费用	0.113	0.182
居民社会经济特征		
年龄	0.035^*	0.074
职业属性	-0.041	0.305
是否有车	0.190^{**}	0.21

(续表)

指　　标	回归系数 B	显著性 Sig
房屋属性（迁居前）		
住房属性	0.069**	0.020
住房成本	-0.001	0.146
家庭因素		
是否有小孩	0.049	0.122
配偶是否有工作	0.137***	0.002
对通勤现状的态度		
是否看重通勤成本	0.113*	0.077
超出通勤时长耐受度数值	0.002***	0.000
决定系数 R^2	0.415	
显著性 Sig	0.000	
F 检验	0.000	

（二）成本权衡指数变化模型分析

成本权衡指数变化的回归模型结果如表 9.12 所示。模型总体结果较好，R^2 达到 0.415，并通过 F 检验。其中，通勤时长、通勤费用、是否有车、配偶是否有工作、是否看重通勤成本、超出通勤时长耐受度数值等指标对成本权衡指数的变化程度产生了影响。

迁居前的通勤时长和通勤费用均为显著性正相关变量。即迁居前个体通勤成本（时间+货币成本）越高，迁居前后成本权衡指数的变化越大，也就是指数数值有较大幅度提高。这是因为过长的通勤时间或过高的通勤费用会使得通勤者倾向于付出一定居住成本而缩短通勤成本。这与通勤者对通勤的态度也有密切关系。

居民社会经济特征中，是否有车为显著性因素。模型结果显示，通勤者拥有小汽车，会使得成本权衡指数升高且变化幅度大。这是因为拥有汽车能够在同等条件下进一步缩短通勤成本，这能够让居民权衡两大成本时，通勤成本的限制更小，居住区位选择更灵活，成本权衡指数更高且变化幅度更大。

表 9.12　成本权衡指数变化回归模型结果

指标	回归系数 B	显著性 Sig
迁居前的成本权衡指数	−0.917	1.008
迁居前的区域职住属性	0.625	0.131
通勤属性（迁居前）		
通勤时长	0.004***	0.000
通勤费用	0.003**	0.042
居民社会经济特征		
年龄	0.061	0.106
职业属性	−0.127	0.367
是否有车	0.019**	0.028
房屋属性		
住房属性	−0.072***	0.002
家庭因素		
是否有小孩	0.059	0.242
配偶是否有工作	0.137	0.146
对通勤现状的态度		
是否看重通勤成本	0.103***	0.000
超出通勤时长耐受度数值	−0.041**	0.051
决定系数 R^2	0.407	
显著性 Sig	0.000	
F 检验	0.000	

房屋属性变量里，住房属性是显著的负相关因素。即租房的通勤者迁居前后的成本权衡指数变化更小。这是因为租住房屋的通勤者，虽然能够更加灵活地选择房屋，但其对住区的交通条件与位置也更为敏感，倾向于权衡两大成本以获得最佳居住区位。相应地，租房通勤者的成本权衡指数会在其可接受的范围内波动，变化相对较小。相比较而言，自有房屋的通勤者进行迁居则会因为通勤因素或其他社会经济要素影响而变动较大，不会迁居到相近或性质相似的居所。

对通勤现状的态度的两个变量仍为显著变量。模型结果显示，通勤者越看重通勤成本，迁居前通勤时长越长，超出个体忍受度越大，迁居带来的成本权衡指数的变化越大。这是因为个体会出于缩小通勤成本而倾向于迁居到距离就业地更近但居住成本更高的住区，即成本权衡指数变大。且个体越看重通勤成本，在两大成本间的权衡也会更倾向于牺牲一定居住成本来缩小通勤成本。

第四节　小　　结

通勤时长、个体对通勤成本的态度影响通勤者的迁居选择，而迁居带来的职住关系变化也与通勤因素密切相关。从变化趋势来看，迁居后个体职住分离度降低，迁入居住区的就业可达性升高，成本权衡指数升高，职住关系趋于平衡。

这一变化的主要影响因素是个体通勤时长、通勤工具和对通勤成本的耐受度。从结果看，迁居前通勤时间越长，通勤成本越高，迁居后个体职住分离度越小，成本权衡指数越大，且二者前后变化幅度越大。同时，通勤者越看重通勤成本，迁居带来的职住分离度和成本权衡指数的变化也越大。而拥有汽车的通勤者则对通勤时长和通勤成本的敏感性较低，权衡两大成本进行居住区位再选择时，通勤成本的限制更小，居住区位选择更灵活，成本权衡指数就更高且变化幅度更大。总结来说，通勤时长与通勤成本耐受度反映个体会否因改善通勤而进行迁居，通勤工具则反映个体对通勤成本变化的弹性。

模型结果表明，在客观上，通勤距离增加会促使居民迁居，这是因为距离的增加使得通勤时长变长，而居民在主观感受上对通勤时长的耐受度低，迁居可能性提高。而通勤者对通勤成本的态度直接影响迁居选择。通勤成本包括时间成本与货币成本，对通勤成本的态度实际上说明了个体会否因为通勤成本而考虑迁居，而模型结果显示通勤者对通勤成本的耐受度高低直接决定其迁居选择，其中通勤者对通勤时间更为敏感。

迁居带来的职住关系变化也与通勤因素密切相关。从变化趋势上总结，迁居后个体职住分离度降低，迁入居住区的就业可达性升高，成本权衡指数升高，职住关系趋于平衡。个体通勤时长、是否拥有通勤工具和对通勤成本的耐受度，影响职住关系迁居前后的变化。通勤时长与通勤成本耐受度反映个体会否因改善通勤而进行迁居，通勤工具则反映个体对通勤成本变化的弹性。迁居前通勤时间越长，通勤成本越高，迁居后个体职住分离度越小，成本权衡指数越大，且二者前后变化幅度越大。同时，通勤者越看重通勤成本，迁居带来的职住分离度和成本权衡指数的变化也越大。而拥有汽车的通勤者则对通勤时长和通勤成本的敏感性较低，权衡两大成本进行居住区位再选择时，通勤成本的限制更小，居住区位选择更灵活，成本权衡指数就更高且变化幅度更大。

租住房屋的通勤者，迁居前后的职住分离度变化大，成本权衡指数的变化幅度小。这反映出租房通勤者的居住区位选择标准——在尽可能短距离通勤的前提下，平衡居住成本和住房成本。虽然租房通勤者能够更加灵活地选择房屋，调节通勤距离，但其对住区的交通条件与位置也更为敏感，倾向于权衡两大成本以获得最佳居住区位。相应地，租房通勤者的成本权衡指数会在其可接受的范围内波动，变化相对较小。

第十章 制度因素对职住平衡的影响

第一节 研究设计

一、案例对象和数据获取

以北京为案例城市开展我国制度因素对居民职住平衡的影响研究具有一定典型性和代表性。自 20 世纪 80 年代中央提出"严格控制大城市规模,合理发展中小城市,积极发展小城市"的城市化基本方针后,面对不断增长的外来人口,北京制定了一系列控制人口增长的政策,尤其是以执行最严苛的"户籍二元制度"将外来人口排斥在城市福利保障体制外、限制外来人口的就业和居住选择等手段控制人口流入。

同时,我国长期存在"城市社会保障制度双轨制",存在以职业性质为划分的二元社会福利保障体制,以国家党政机关、事业单位为代表的"体制内单位"职工在城市住房、交通福利(职工福利宿舍、集体分房、交通和住房补贴、公积金和银行贷款)等方面拥有更多的显性和隐性福利,更容易实现职住平衡,而非体制内职工则被这一福利体系排斥在外。北京作为全国"体制内单位"最为集中的城市,这一制度性歧视导致的社会割裂更为明显。

研究使用三次居民交通出行调查所收集的数据,数据样本覆盖 547 位北京市居民,样本居住地的空间分布如图 10.1 所示。

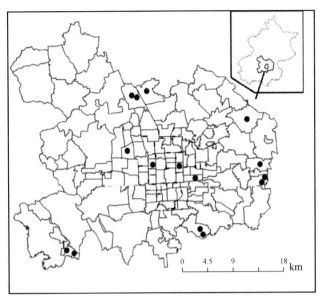

图 10.1 研究样本分布

以居民单程通勤时间作为居民职住平衡的衡量指标，使用多元回归模型分析重要的制度因素（户籍、体制内工作）对居民通勤时间的影响，并在模型中控制其他影响变量。根据文献回顾以及对北京的就业、住房、交通和福利制度的分析，初步提出研究假设如表10.1所示。

表 10.1 研究假设

假　设	内　　　容
假设 1	京籍居民在就业市场、住房市场、交通方式上的选择面更广，因此北京户籍与居民的通勤时间呈正相关
假设 2	北京工作居住证会限制居民进行工作流动，因此北京工作居住证与居民通勤时间呈负相关
假设 3	在党政机关、事业单位工作的居民有更好的住房福利，因此"体制内"的工作性质与居民通勤时间呈正相关
假设 4	既无北京户籍又无工作居住证的居民，一般收入较低，也无购房或留京打算，因而更容易达到职住平衡
假设 5	住在单位房中的职工更容易实现职住平衡，这一作用机制在北京土著居民中更为明显

值得注意的是，近年来，随着北京户籍政策的进一步缩紧，很大一部分受过高等教育、从事正式工作、有较高收入的高技能外来居民没有获得北京户籍，但在 5 年连续缴纳社保、个税可购房的政策下，这部分高收入无户籍居民是有强烈的留京意愿和打算的，同时对居住环境也有较高要求，因而这部分高技能外来移民和传统的进城务工人员的职住选择机制有显著的不同，因此，本研究拟将居民分为北京土著、高技能移民、低技能移民三类，并分别建立模型讨论影响其职住平衡的原因及其机制（表 10.2）。

表 10.2 居民社会群体分类

社会群体	北京土著	高技能移民	低技能移民
户籍身份	北京户籍	可能有，可能没有	可能有，可能没有
教育水平	可能有，可能没有	有高等学历（本科及研究生以上）	无高等学历
在京时间	18 岁前就在北京生活居住	18 岁后才来北京生活居住	无标准

二、变量测度与模型构建

以通勤时间为居民职住平衡水平的衡量指标，并根据研究框架提出的制度性因素对居民职住关系影响的作用机制，选取解释变量建立居民通勤时间的多元线性回归模型（表 10.3）。

表 10.3 模型设计

变量	变量类型	设定
因变量		
通勤时间	连续变量	取通勤时间的对数（ln 值）
解释变量		
北京户口		
有户口	虚拟变量	有户口 = 1，否则 = 0

第十章　制度因素对职住平衡的影响

（续表）

变　　量	变量类型	设　　定
北京工作居住证		
有居住证	虚拟变量	有居住证=1，否则=0
高等学历		
本科及以上学历	虚拟变量	有高等学历=1，否则=0
住房来源		
商品房	虚拟变量	住在自购商品房=1，否则=0
保障房	虚拟变量	住在保障房=1，否则=0
租赁房	虚拟变量	住在租赁房=1，否则=0
单位房	虚拟变量	住在单位房=1，否则=0
单位性质		
体制内	虚拟变量	在体制内单位工作=1，否则=0
体制外	虚拟变量	在体制外单位工作=1，否则=0
临时工作	虚拟变量	无固定工作，从事临时工作或者自由工作=1，否则=0
经济收入		
低收入家庭	虚拟变量	家庭月收≤8 000=1，否则=0
中收入家庭	虚拟变量	8 000<家庭月收<12 000=1，否则=0
高收入家庭	虚拟变量	12 000≤家庭月收=1，否则=0
家庭结构		
单身居住	虚拟变量	是单身居住=1，否则=0
夫妻同居	虚拟变量	是夫妻或情侣同居=1，否则=0
两代家庭	虚拟变量	是夫妻和孩子两代同居=1，否则=0
三代家庭	虚拟变量	是夫妻、孩子和父母三代人同居=1，否则=0
在京时间	连续变量	取通勤在京时间的对数（ln值）

户籍身份和北京工作居住证的持有情况被设置为两个虚拟变量，有北京户口的居民在总体样本中所占比例为44%，有北京工作居住证的居民在总体样本中所占比例为18%。高技术移民持有北京工作居住证的比例为38%，低技术移民持有北京工作居住证的比例仅为11%。有本科及以上学历的教育背景被设置为1个虚拟变量。受过高等学历的居民在总体样本中所占比例为80%，这一比例在土著居民中为79%。

住房来源被设置为"商品房""保障房""租赁房"和"单位房"等4个虚拟变量，其在总体样本中所占比例分别为40%、4%、39%和17%。"单位房"在北京土著群体的住房来源中有相当比例——31%，而在高技能移民和外来移民的住房来源中所占比例不高；"租赁房"在低技能外来移民和高技能外来移民的住房来源中有很高比例，分别为48%和66%，而仅有5%的北京土著是住在租赁房中（表10.4）。

表 10.4　样本描述

特征	社会群体/（%）				通勤时间/分钟
	北京土著	高技能移民	低技能移民	总体	
性别					
男性	38	47	54	46	52.8
女性	62	53	46	54	48.4
北京户口					
有户口	100	28	10	44	54.1
没有户口	0	72	90	56	47.6
北京工作居住证					
有北京工作居住证	0	38	11	18	47.8
没有北京工作居住证	100	62	89	82	50.4
学历					
本科及以上学历	79	100	0	80	53.6
本科以下学历	21	0	100	20	37.4
房屋来源					
商品房	53	39	24	40	59.5
保障房	11	1	2	4	70.6
租赁房	5	48	66	39	47.2
单位房	31	12	8	17	32.8

(续表)

特　征	社会群体/（%）				通勤时间/分钟
	北京土著	高技能移民	低技能移民	总体	
单位性质					
"体制内"	33	21	6	22	41.6
"体制外"	67	78	48	74	55.0
临时工作	0	0	46	4	17.8
经济收入					
低收入家庭	40	31	56	39	48.2
中收入家庭	21	23	28	23	45.2
高收入家庭	39	46	16	38	55.5
家庭结构					
单身居住	7	23	22	19	45.3
夫妻同居	21	12	12	14	48.5
两代家庭	44	34	31	36	50.0
三代家庭	28	31	35	31	55.2

单位性质被设置为"体制外""体制内""临时工作"等三个虚拟变量，其在总体样本中所占比例为22%、74%和4%。值得注意的是，"体制内"工作在北京土著群体的工作类型中占有相当比例——33%，而这一比例在高技能外来移民中仅为21%；此外，不稳定的"临时工作"是低技能外来移民的主要工作类型，其占比高达46%。

根据家庭收入水平将居民所在家庭分为"低收入家庭""中收入家庭"和"高收入家庭"三个类别，并将其分别设置为3个虚拟变量，这三类家庭在总体样本中所占比例分别为39%、23%和38%。在低技能移民中，低收入家庭的比例最高为56%；而在高技能移民中，高收入家庭的比例最高为46%；在北京土著居民中，低收入家庭和高收入家庭的比例相当，分别为40%和39%。根据家庭居住结构将居民的居住情况分为"单身居住""夫妻或情侣同居""两代人同居"和"三代人同居"四种类型，并将其分别设置为4个虚拟变量，这四类居住类型在总体样本中所占比例分别为19%、14%、36%和31%。

"单身居住"在外来移民群体中占有相当比例，其在高技术移民和低技术移民群体中的比例分别为23%和22%，而这一比例在北京土著中仅为7%（表10.4）。

值得注意的是，在模型中，居民在京时间也被认为是一个重要的解释变量，因而设置为一个连续变量。选取改变量的原因为：居民职住选择是一个基于最大效用原则的长期、持续的理性权衡过程，随着在当地居住时间的增加，居民将会对城市的住房分布、就业市场、交通情况等信息有更为全面的了解，因而做出更为"理性"的职住选择，因而居住在京时间也可能对居民的通勤时间产生一定影响。

第二节 制度因素对职住平衡的影响

一、职住平衡分析

分性别来看（图10.2），男性居民的平均通勤时间为52.8分钟，女性居民的平均通勤时间为48.4分钟。从户籍身份上来看（图10.3），有北京户口的居民平均通勤时间为54.1分钟，而没有北京户口的居民平均通勤时间为47.6分钟；持有北京工作居住证的居民的平均通勤时间为47.8分钟，而没有北京工作居住证的居民平均通勤时间为50.4分钟（图10.4）。从受教育程度来看，有本科及以上学历的居民平均通勤时间为53.6分钟，没有高等学历的居民平均通勤时间为37.4分钟（图10.5）。

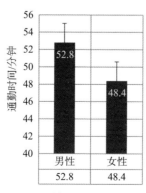

图10.2 分性别通勤时间比较

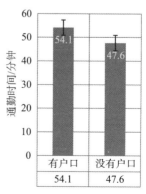

图10.3 分户籍身份通勤时间比较

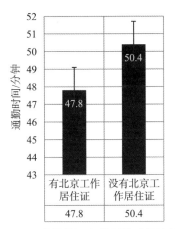 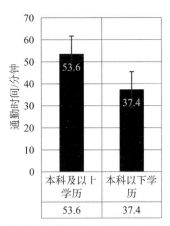

图 10.4 分居住证身份通勤时间比较　　图 10.5 分教育水平通勤时间比较

从住房来源性质来看（图 10.6），住在单位房中的居民有最低的平均通勤时间 32.8 分钟，而住在保障房中的居民有最长的平均通勤时间 70.6 分钟；相较而言，住在租赁房中的居民的平均通勤时间为 47.2 分钟，远低于住在自购商品房中的居民的平均通勤时间 59.5 分钟。

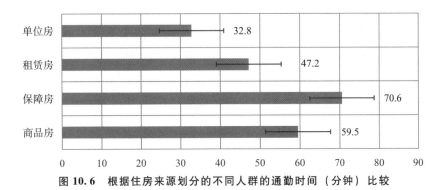

图 10.6 根据住房来源划分的不同人群的通勤时间（分钟）比较

从工作性质来看（图 10.7），在"体制内"工作的居民的平均通勤时间为 41.6 分钟，远低于在"体制外"工作的居民的平均通勤时间 55.0 分钟；打临工或从事自由工作的居民有最低的平均通勤时间 17.8 分钟。

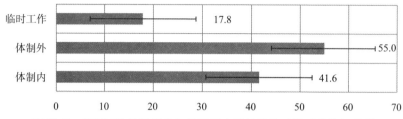

图 10.7　根据工作性质划分入的不同人群的通勤时间（分钟）比较

从收入水平来看（图 10.8），中等收入家庭居民平均通勤时间最低，为 45.2 分钟，高收入家庭的居民平均通勤时间最高，为 55.5 分钟；低收入家庭的居民平均通勤时间为 48.2 分钟。

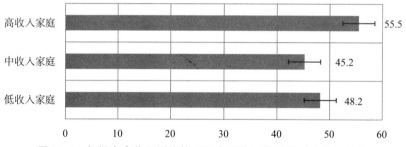

图 10.8　根据家庭收入划分的不同人群的通勤时间（分钟）比较

从家庭结构来看（图 10.9），单身居住的居民平均通勤时间最低，为 45.3 分钟，夫妻或情侣同居的居民平均通勤时间为 48.5 分钟；和配偶以及孩子同住的居民平均通勤时间为 50.0 分钟；来自三代人同居家庭的居民的平均通勤时间最高，为 55.2 分钟。

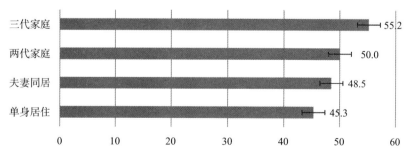

图 10.9　根据家庭结构划分的不同人群的通勤时间（分钟）比较

二、职住平衡的制度性影响因素

基于全样本的线性回归模型结果如表 10.5 所示,确定了一些影响居民职住平衡的因素。部分设定的解释变量表现出了统计上的相关性,模型调整后的 R^2 为 0.236,表明模型对所研究的因变量具有较好的解释度。从结果来看,制度性因素对居民职住平衡有显著影响。

表 10.5 北京居民全样本通勤时间回归模型估计结果

自变量	回归系数	标准差	显著性
常量	2.335**	0.698	0.001
住房来源			
商品房	1.438**	0.686	0.037
保障房	1.831**	0.702	0.009
租赁房	1.088	0.688	0.115
单位房	0.816	0.689	0.237
单位性质			
体制内	−0.636***	0.081	0.000
体制外	—	—	—
临时工作	−0.809***	0.182	0.000
人口特征			
男性	0.081	0.065	0.209
北京户口	−0.098**	0.086	0.048
北京工作居住证	0.110**	0.090	0.025
高等学历	0.195*	0.106	0.067
在京时间	−0.001	0.004	0.839
经济收入			
低收入家庭	—	—	—
中收入家庭	−0.142*	0.087	0.092
高收入家庭	0.026	0.079	0.743

(续表)

自变量	回归系数	标准差	显著性
家庭结构			
单身居住	−0.032	0.068	0.637
夫妻同居	0.021	0.068	0.753
小家庭	−0.360	0.052	0.491
大家庭	0.096*	0.057	0.089
校正决定系数		**0.236**	
样本数量		547	

注：***显著性<1%；**显著性<5%；*显著性<10%.

（一）从住房来源上来看

相较于单位房和租赁房，住房来源为自购商品房与居民的通勤时间呈显著正相关。居住在自购商品房中的居民更大可能有更长的通勤时间，职住关系趋于更不平衡，这表明：相较于原有的国家主导的建立在福利分房制度、单位制基础上的职住关系，建立在1998年起的住房市场化基础上的职住关系更难实现空间平衡，职住空间错位现象愈加明显。特别是在我国"土地财政"推动下的房价快速上涨的背景下，北京的家庭收入与房价比在2015年已经突破1∶30，远高于世界平均水平，甚至超过纽约、伦敦、东京等国际都市。在有限的家庭收入条件下，普通居民有能力购买的商品房多位于五环开外的近郊区、远郊区，远离城市就业集中区，在改善居住环境需求、合理配置家庭资产（选择以购买住房获得有增值价值的住房产权而非租赁住房来提高家庭资产）、有限的家庭收入限制等各方权衡之下，居民选择承担高通勤成本，自购远离工作地的商品住房。同时，住房来源为保障房与居民的通勤时间也呈显著正相关，表明居住在保障房中的居民更大可能有更长的通勤时间，更易遭受职住不平衡，这一结果与北京市当前的保障房空间分布特征相吻合，即：保障房多位于五环外交通基础设施水平较为欠缺的区域，对外交通可达性较差，导致居民通勤时间的增加。

(二) 从工作单位性质来看

"体制内"工作与居民通勤时间呈显著负相关，表明"体制内"工作的居民更容易有更低的通勤时间，职住关系趋于更加平衡，这一结果也验证了我国的住房市场化改革并不彻底，我国当前仍然存在"体制内-体制外"的二元城市住房福利体系，即：以公务单位、事业单位为代表的体制内工作机构，依然有能力为职工提供较强的住房福利，帮助职工实现职住平衡，这样的"体制内"住房福利主要通过三种渠道实现：①虽然自1988年起我国建立了国有土地有偿使用制度，并在1998年起国家废除了福利分房体系，带有公益性质的"体制内"单位依然能够通过"划拨"的形式免费获得国有土地使用权，并通过集资、自筹资金等方式在单位用地范围内修建职工公寓、职工宿舍等福利性质的住房解决职工的住房问题，① 虽然通过这种形式的"体制内"住房分配不一定能够给予职工合法的住房产权，② 但职工能够获得长年限甚至永久年限的住房使用权，这类住房往往与单位的办公地点毗邻。② 2002年颁布的《住房公积金管理条例》确立了我国住房福利体系由"补砖头"向"补人头"的市场经济制度转变，但我国长期以来存在"企业-事业公积金双规制"，即："体制内"单位给职工缴纳城市高标准的住房公积金，而"体制外"企业给职工缴纳城市低标准的住房公积金，这一差异使得"体制内"职工享有更高的住房公积金，以及其他各种名目的住房现金津贴、交通津贴等，"体制内"单位往往还能够为职工提供"班车"等通勤服务，使其职工在住房市场上有更广的选择空间和很强的出行能力，更容易实现个人的职住平衡。③"体制内"单位往往会被纳入城市政府层面的"大统筹"类的保障房统建计划，"体制内"职工能够优先获得经济适用房、廉租房、

---

① 按照我国相关法律规定，虽然划拨土地上建的住房也能够获得住房产权，但这类住房仅限于"经济适用房"性质的住房，并在相应颁发的房产证上注明"划拨"的土地性质，这类住房必须补缴土地出让金才能够进入二级住房市场进行合法交易。

② 2004年颁布的《经济适用住房管理办法》首次将企、事业单位的"集资房""合作建房"纳入经济适用房的范畴内，但在实践中，该类住房是否能够获得产权依然较不明确，主要取决于建房单位与城市政府的具体协议和协商成果。

两限房等保障性住房的申报购买、租赁资格。

同时，相较于"体制外"的企业工作者，临时工作者也更容易达到自身的职住平衡，有更低的通勤时间，这与临时工作者灵活的就业选择相匹配。临时工作者一般为低技能、低收入的外来移民，一方面，就业的不稳定性和高流动性使其能够频繁更换工作，而在低收入的限制下，降低交通出行成本是其在职住选择权衡中的重要考虑因素，因而这部分移民往往会在居住地附近谋求临时工作；另一方面，低技能、低收入移民对住房环境条件的要求较低，往往能够通过"非正规住房"等渠道灵活解决自身的住房需求，例如：非法"群租房""农民房""棚户房"和违建"活动板房""地下室""过道房"等。

（三）从户籍身份上来看

拥有北京户口身份与居民通勤时间呈现出负相关（-0.098**），表明有北京户口的居民更容易达到职住平衡，相较于非户籍居民，北京户籍居民有更低的通勤时间。北京现存的就业、住房、交通制度安排导致了这一结果。① 从就业选择上来看，北京户籍居民在就业市场上有更加广阔和灵活的选择空间，一方面，部分"体制内"工作岗位（尤其是北京市属的公务单位、事业单位和企业）设立了户籍门槛，仅限北京户籍居民报考和申请（市属单位被要求优先解决本地人的就业），而"非体制内"的私有企业也更加倾向于招聘北京户籍居民，①这一存在就业市场上的"户籍歧视"，导致北京户籍居民能够更加灵活的选择工作和就业地，实现自身的职住平衡；另一方面，北京现行的对非户籍居民的住房限购制度——非北京户籍居民必须连续缴纳5年社保才能够有购房资格——导致非户籍居民，尤其是有强烈定居北京意愿、但未获得户籍的高技能移民，不得不牺牲工作的流动性来换取购房资格（社保一般通过就业单位缴纳，更换工作期间会断缴社保从而影响购房资格，而离职期间非北京户籍的个人只能通过人事代理公司缴纳社保，流程和手续都相应较为复杂），在这样的制度约束下，

---

① 原因1：北京"落户指标"是通过分配到工作单位的方式发放，而多招聘北京户籍居民，该单位能够分配到的"落户指标"更多，更能够吸引优秀的人才；原因2：北京户籍居民被认为更加稳定，并能够通过父母等代际关系自己解决住房等需求。

非户籍居民更难通过灵活调整就业选择实现职住平衡。② 从住房选择上来看，北京户籍居民有申请廉租房、经济适用房、两限房等保障性住房资格，并有购买商品房的购房资格，有广泛的住房选择空间，而非户籍居民不仅不具有申请保障房的资格，在购买商品房上，也必须连续缴纳 5 年社保后才能购买住房，因而有更狭窄的住房选择空间。③ 从出行方式选择上来看，北京户籍居民具有立即参与"机动车购买指标"摇号资格，① 能够获得更加方便、灵活、快速的私人小汽车出行方式，改善出行条件，因而更加容易降低通勤时间。

值得注意的是，拥有北京工作居住证与居民的通勤时间呈显著正相关，这表明北京工作居住证反而会限制部分居民，尤其是高技术外来移民实现职住平衡，造成这一结果的可能原因是北京工作居住证需要通过单位申报，而允许的可申报单位门槛高、范围小（名额只给予符合城市功能定位和首都经济发展方向及产业规划要求的单位），并需要与单位签订长期劳动合同（2 年以上），而变更申报单位的手续复杂，而有北京工作居住证申报资格的"高端单位"多集中在高地价、高房价的北京城市中心区域（如金融街、国贸、中关村等），因而持有北京工作居住证反而限制了这部分高技能外来移民的工作选择、职业流动以及住房选择，更难以实现自身的职住平衡。这一解释原因将会在下一部分的社会群体研究模型中被进一步验证。

同时，本科及其以上的高等学历与居民通勤时间呈显著正相关，这表明拥有高等学历的居民更难达到职住平衡。这一结论符合北京都市区的就业与住房分布规律，即：高技术和学历要求的"白领"高端就业岗位高度集中于高地价、高房价的北京城市中心区域，因而高学历的居民对于工作地和居住地的选择范围较窄，在收入条件的限制下，更难实现职住平衡；相较而言，对学历要求不高的低端就业岗位的分布更为分散，在北京中心区、近郊区、远郊区等多个都市圈层空间范围内有广泛的分布，因而低学历的居民在就业的空间选择上更加

---

① 2010 年颁布实施的《北京市小客车数量调控暂行规定》规定新增的小汽车配置指标通过摇号形式无偿分配，具有摇号资格的个人必须为本市户籍人员、持有北京市工作居住证的人员、连续 5 年在本市缴纳社保以个人所得税的人员等。

灵活，更容易实现职住平衡。

此外，回归结果表明，来自中等收入家庭（8 000元<家庭月收入<12 000元）的工作者更容易实现职住平衡。有两个因素来解释这一结果：一方面，相较于低收入家庭，中等收入家庭有更强的住房选择能力和出行能力（购车等），更容易实现职住平衡；另一方面，高收入家庭对住房环境有更高的要求，倾向于选择远离就业地但环境优质的住房（郊区的高级小区），而中等收入家庭对居住环境的要求较低，更看重家庭成员的通勤需求，倾向于选择邻近就业地但住房环境较差的住房（城市中心区的老破小住房）。来自大家庭（三代同居及以上）的工作者更难实现职住平衡（+0.096*），这与我们的常识相一致：来自大家庭的工作者在职住选择中需要权衡的因素更多，包括孩子的就学、配偶的通勤、老人的就医和养老环境等，因而来自大家庭的工作者往往会牺牲自己的通勤便利，选择更加方便孩子就近上学、老人养老和就医的住房。

三、不同社会群体职住平衡的影响因素

不同社会群体通勤时间的线性回归模型结果显示（表10.6），影响北京土著群体、高技能移民、低技能移民通勤时间的因素有明显不同。

表10.6 北京居民通勤时间回归模型结果（分社会群体）

自变量	北京土著		高技能移民		低技能移民	
	回归系数	标准差	回归系数	标准差	回归系数	标准差
常量	3.826***	0.286	3.627***	0.233	4.012***	0.272
住房来源						
商品房	—	—	0.421***	0.101	0.113	0.227
保障房	0.346	0.101	0.730*	0.416	0.836	0.261
租赁房	0.166	0.184	—	—	—	—
单位房	0.594**	0.001	0.101	0.132	0.838	0.229
单位性质						
体制内	0.395	0.280	0.448***	0.105	0.211	0.390
体制外	0.233	0.143	—	—	—	—
临时工作	—	—	—	—	0.844***	0.210

（续表）

自变量	北京土著		高技能移民		低技能移民	
	回归系数	标准差	回归系数	标准差	回归系数	标准差
人口特征						
男性	0.243	0.073	0.039	0.083	0.027	0.196
北京户口	—	—	0.164	0.109	0.794	0.059
北京工作居住证	—	—	0.152**	0.105	0.209	0.299
高等学历	0.152	0.337	—	—	—	—
在京时间	0.009	0.008	0.004	0.010	0.001	0.016
经济收入						
低收入家庭	—	—	—	—	—	—
中收入家庭	0.171	0.171	0.076	0.175	-0.264	0.239
高收入家庭	0.063	0.155	0.442*	0.266	-0.727	0.291
家庭结构						
单身居住	0.212	0.263	0.153*	0.083	0.448*	0.263
夫妻同居	0.093	0.164	0.036	0.087	0.067	0.313
两代家庭	—	—	0.137*	0.074	0.325	0.253
三代家庭	0.133	0.384	—	—	—	—
校正决定系数	0.216		0.269		0.355	
样本数量	122		287		138	

注：***显著性<1%；**显著性<5%；*显著性<10%.

（一）在住房性质方面

单位房与北京土著居民的通勤时间显著相关。相较住在其他性质住房中的北京土著居民，住在单位房中的北京土著居民趋向于有更低的通勤时间。这一结果与 Wang 和 Chai（2009），Zhao 等（2011）以及 Zhou 等（2014）的研究发现相一致，即：相较于住房市场化改革后形成的职住关系，传统单位制影响下形成的职住关系更加利于居民实现个人职住平衡。值得注意的是，这一作用关系在北京高技能移民和低技能移民中并不显著，这一差异与我国住房市场化改革和城镇化进程特征相一致，即：住房市场化改革发生在1998年，而北京的外来移民浪潮发生在 2000 年后，住房来源为单位房在北京土著居民中占比为 31%，而这一比例在高技能移民和低技能移民中仅为 12% 和 8%，因此，单位制对居民职住关系的影响仅显著发生在北京土著居民之中。住房来源为商品房与高技能移民通勤时间呈显著正相关，而在低技能移民群体中不明显。这一差异的可能来源是低技能移民中的经济能力水平呈两极化分布：做生意的低技能移民有很强的经济能力购买邻近工作地（做生意地）的商品住房，而打临工的低技术移民完全无购房能力，一般只租赁住房。相较而言，高技能移民大多从事白领工作，经济收入水平的差异程度并没有在低技能移民中的差异大。

（二）在单位性质上

"体制内"工作性质仅与高技能移民的通勤时间显著相关，而与北京土著居民、低技能移民的通勤时间不相关。这一差异可以从我国不彻底的福利制度改革以及就业市场特征角度得到很好的解释。① 在计划经济时期，我国并无"体制内"和"体制外"工作单位之分，所有的城市职工和家庭都隶属于高度社会主义福利配给制度下的"国有单位"之中，因而，对于北京土著居民和家庭，在计划经济时期形成"均质的""平等的"职住平衡关系在市场经济改革后依然得到了很好的继承。而在市场经济时期，我国一系列的社会福利制度改革并不彻底，尤其是在北京，大量"强势"的国家行政单位和科研机构依然保留了高度社会主义色彩的"单位福利配给"制度，这与在私有企业中高度市场化的福利体系形成了鲜明的二元对立，因而形成了"高福利的体制内单位"与"低福利的体制外单位"并存的"二元城市社会住房福利和就业结构"，作为"二元结构"形成后（2000 年后）北京"体制内"就业市场和商品房市场消费的主力军，新高技能移民的职住关系受到这样的"体制内-体制外"二元住房福利和就业结构显著影响。② "体制内"工作岗位较高的学历门槛将低技能移民排斥在外，在研究样本中，低技能移民在体制内工作的比例仅为 6%，因而"体制内-体制外"的二元结构对低技能移民的职住关系并无重要影响。

持有北京工作居住证与高技能移民的通勤时间呈显著正相关，这一结果进一步验证了本次研究的重要假设——北京工作居住证制度可能会限制高技能移民通过工作流动实现职住平衡。一方面，北京工作居住证只能够通过就业单位进行申报，而外来移民必须连续持有北京工作居住证三年及以上才能够获取申请北京正式户籍的资格，在这样的制度安排下，高技能移民会趋于避免职业流动来获得落户资格以及稳定的居住证福利（购房资格、小汽车摇号资格、孩子入托和就学资格等）；另一方面，作为人才引进计划，北京工作居住证对申报单位设立了较高的门槛，有申报工作居住证资格的就业单位多数为位于高地价、高房价的城市中心区域的"高端"企业，其职工的住房选择范围较窄，这样的制度安排导致了北京工作居住证对高技术移民的职住平衡产生了负面影响。

（三）从家庭收入来看

家庭高收入与高技能移民的通勤时间呈显著正相关。这样的负面效应可以解释为：高收入的高技能移民家庭更趋向于购买环境优质的住房，而这类住房往往位于远离城市就业中心区。对于北京土著居民和低技术移民，家庭收入情况对其通勤时间没有显著相关性，这样的差异可以解释为：北京土著居民依然趋向于保留在计划经济时期形成的"职住平衡"关系，即便家庭经济水平和购房能力有了显著的提高，为了减少通勤负担以及权衡其他因素（如保留单位大院内的社会关系），依然选择继续居住在原有的单位住房中；而对于低技术移民，住房限购政策（要求稳定就业并有当地户籍或者工作居住证）和缩紧的落户政策（要求必须有高等学历）使其完全不具有留京购房落户的可能性，因而无论家庭情况是否有所改善，低技能移民都趋向于在就业地附近租赁住房居住。

（四）从家庭结构来看

单身的低技能移民更容易达到自身的职住平衡，但相反的是，单身的高技能移民更难实现自身的职住平衡。对于这样的作用差异，一个可能的解释是：高技能移民的配偶往往也是有一定经济能力的高技能移民，相较于单独居住，"同居"能够显著提高高技能移民的住房支付能力，降低住房成本，因而有更广的住房选择空间从而实现自身的职住平衡；而对于低技能移民，其配偶往往收入也较低甚至无劳动能力，因而"同居"的积极效应并不存在。

第三节　职住平衡影响机制讨论

前述定量模型分析在数量统计关系上验证了制度性要素与居民职住平衡的相关关系，在一定程度上反映出"制度性歧视"对居民职住关系的影响。然而，但在深入地探究不同"身份"的居民个体如何进行职住选择，以及居民是如何在职住选择中权衡制度性因素的机制上仍有不足。因而，进一步结合深度访谈探究以上问题，并验证定量研究结论。选取了北京市16位居民作为样本进行半结构式深度访谈，了解其在选择工作地、居住地、交通方式的考虑因素及决策机制（表10.7）。

表10.7　访谈对象的信息

访谈对象	称呼	年龄	性别	原籍	户口	工作信息
对象1	小孙	29	男	湖北	无	在朝阳区外企工作
对象2	小陈	27	女	河北	有	在海淀区某市属重点中学工作，有事业编制
对象3	肖博士	34	男	四川	有	在朝阳区某中科院下属研究所工作，有事业编制
对象4	陈老师	49	女	北京	有	在海淀区某市属重点中学工作，有事业编制
对象5	何女士	51	女	山西	有	在西城区某国企工作
对象6	张教授	38	男	陕西	有	在海淀区某高校工作
对象7	小郝	29	男	北京	有	在西城区某国企工作
对象8	小黄	27	女	北京	有	在朝阳区某私企工作
对象9	小叶	26	男	北京	有	在西城区某私企工作
对象10	小吴	28	男	四川	无	在西城区某私企工作

(续表)

访谈对象	称呼	年龄	性别	原籍	户口	工作信息
对象11	马先生	30	男	湖北	无	在昌平区某私企工作
对象12	李女士	32	女	陕西	有	在朝阳区某私企工作
对象13	小张	27	男	四川	无	在昌平区某私企工作
对象14	老赵	27	男	河北	无	在昌平区打临工
对象15	老王	38	男	河南	无	在海淀区送外卖
对象16	刘女士	34	女	河南	无	在昌平区北七家镇经营小超市

访谈样本涵盖"体制内""体制外"工作居民，京籍、持有北京工作居住证非京籍、不持有北京工作居住证非京籍居民，低、中、高收入居民，访谈对象的个人信息及样本结构见表10.7、表10.8，主要的访谈问题如表10.9所示。

表10.8 访谈对象类别结构

访谈对象类别	访谈数量
北京土著居民	5
高技能外来移民	8
低技能外来移民	3

表10.9 拟访谈的主要问题

标号	具体问题
问题1	如果现在的居住地离工作地较远，上班时间较长，您有没有更换工作、居住地或者交通方式的打算？您是怎么考虑和权衡的？
问题2	您认为北京户籍对您找工作有优势么？相较于其他无户籍同事和亲友，在工作选择和更换工作时会不会有更少束缚和限制？
问题3	您觉得北京市工作居住证会对您的工作流动有影响么？企业能否有北京市工作居住证申请资格是否是你选择工作时的考虑？

(续表)

标 号	具体问题
问题 4	您会不会为了购房资格所要求的连续缴纳 5 年社保而选择不变动工作？如果未来打算留京，打算怎么解决住房问题？
问题 5	您的单位有没有什么解决职工住房的政策？通过您对身边亲朋工作的了解，会不会觉得"体制内"工作的朋友的住房福利更好，上班更近更方便？
问题 5	您想要购车么？您认为购车能不能够让您的出行特别是上班更方便？没有购车资格会让您和家人烦恼么？

1. "体制内-体制外"社会福利双轨制对职住关系的影响

通过对3位高技能移民的深度访谈可以发现，"体制内-体制外"的社会福利双轨制对居民个体实现职住平衡产生了深刻的影响。3位受访人都表示，"体制内"工作的住房福利明显优于"体制外"工作的住房福利，即使是在1998年福利分房制度改革后，北京大量的公务单位、事业单位、国有科研机构、军事单位及其附属机构依然保留了给职工提供邻近单位的福利住房的制度，只是由无偿分配住房产权转变为分配住房使用权。相较而言，"体制外"的私人企业及外企，除阿里巴巴、华为、腾讯等实力雄厚的企业，很少有能力为职工提供福利住房，其职工只能够通过市场消费解决住房需求。体制内外的住房福利差异，造成了体制内外职工在实现职住平衡能力上的显著差距，这样的差距进一步会对高技能移民的工作选择产生了重要影响。

2. 遗留的单位房对职住关系的影响

通过对3位北京土著居民的深度访谈可以发现，即便是家庭拥有居住环境更好的商品住房，土著居民，尤其是在体制内工作的土著居民，依然愿意选择居住在"单位制"时期分配的原有单位房中，保留"单位制"时期形成的职住平衡关系。在权衡居住环境和出行成本之间（包括时间成本、经济成本、精力成本等），土著居民更愿意选择牺牲居住环境来保持原有的职住平衡关系。这样的结果，也侧面反映出了北京严重的交通问题。

3. 户口制度影响下的二元就业市场对职住关系的影响

通过对3位年轻的北京土著居民的深度访谈可以发现，在北京的就业市场上，北京户口确实能给求职者来带诸多优势，在同等条件下，北京土著有更加广阔的就业选择，因而也更加容易通过职业选择和流动来实现自身的职住平衡。值得注意的是，通过访谈发现，代际房产的转移也使得年轻的北京土著居民更容易实现职住平衡。不同于外来移民，北京土著居民在工作选择中，会趋向于在邻近家庭某处房产附近寻找工作机会，以减少通勤成本，实现自身的职住平衡，而土著居民的户籍优势以及父母的人际关系网使其能够实现这样的求职预期；相较而言，外来移民通常是先找工作，根据工作地点再寻找住房，因而能否实现自身的职住平衡存在很强的不确定性。

4. 住房限购制度和工作居住证制度对职住关系的影响

通过对2名高技能外来移民的深度访谈可以发现，现行的住房限购制度会对有留京落户打算的高技能外来移民的职业流动产生重要制约，并进一步阻碍其通过职业选择实现职住平衡。具体来看，一方面，非户籍居民需要连续就业（连续缴纳社保和个税）才能获得购房资格；另一方面，工作居住证制度也要求非户籍居民稳定就业才能够获取相应福利，这样的制度安排严重限制了非户籍居民的职业流动。

5. 生命周期对职住关系的影响

通过对2名高技能外来移民的深度访谈可以发现，家庭结构会对居民个人的职住选择权衡产生重要影响。婚恋是促使单身居民选择购房的重要因素，而相较于租赁住房、购房情景下的职住关系权衡尤为复杂，需要权衡购房成本、自身通勤成本、配偶通勤成本、孩子就学、居住环境等诸多因素。在很多情况下，居民会趋向于牺牲自身的职住平衡以换取更好的居住环境或者孩子的就学便利。

6. 低技能移民的职住关系特点

通过对3名高技能外来移民的深度访谈可以发现，低技术移民的工作具有很强的流动性、自由性和灵活性，其对住房环境条件的容忍度高，对交通成本的容忍度低，因而低技术移民更容易实现自身的职住平衡。一方面，收入水平低、通过打临工为业的低技术移民，趋向于先在城市中寻找租金便宜的住房（多为农民房、群租房等非正规住房），再在"落脚地"附近寻找工作机会；另一方面，收入水平高、自己经营小生意的低技术移民，由于照看生意的需要，也趋向于在自己的店铺附近居住，甚至就居住在店铺里。

第四节 小　　结

本章将"制度性歧视"引入交通公平问题研究，将制度因素作为影响居民职住平衡的重要因素进行分析，通过对我国转型期间影响居民职住选择的就业、住房、交通、福利制度进行系统的回顾和梳理，建立起"制度性歧视—职住选择—交通公平"的三元分析框架，并以北京为研究案例，采用非集计层面的定量分析方法与定性分析方法，考察并验证"制度性歧视"对居民职住平衡的影响及其机制。基于对547名北京居民的家庭出行调查数据为基础，建立多元归回模型，并通过模型结果分析得出以下主要结论：

（一）不完善的制度设计对居民的职住关系造成了深刻的影响

住房来源、就业单位性质、户籍情况等特殊的制度性因素与居民个人的通勤时间状况有显著性关系。具体而言，本地户籍、单位住房、"体制内"工作有利于居民实现个人职住平衡，有效缩短通勤时间，提高生活质量；相较而言，外地户籍居民、居住在商品房和保障房中的居民、在"体制外"工作的居民更难实现个人职住平衡，不得不承担更长的通勤时间成本，这些差异是我国不合理的制度安排对以上社会群体的职业选择、住房选择、交通出行选择进行制度性限制和不公平的社会福利资源分配所造成的。具体来看，北京的就业市场依然存在对非本地户籍居民的制度性歧视，无论在体制内的事业单位、公务员招聘中，还是在体制外的社会企业招聘中，非本地户籍居民都受到了不同程度的排斥和歧视，这样的制度性歧视严重制约了非本地户籍居民的工作选择和职业流动，因而更难实现职住平衡；此外，与户籍挂钩的一系列的购房、购车政策等，也进一步限制了非本地户籍居民的居住选择空间，这也进一步削弱了其实现职住平衡的能力。

（二）制度性安排对不同社会群体的职住平衡的影响机制有所不同

当前学术界虽然对制度性要素对居民通勤时间的影响有一定研究（Li et al., 2016; Wang et al., 2009; Zhao et al., 2010），但具体关于对城市不同群体的影响极其差异的研究尚为空白。本研究分别对北京土著居民、高技能移民、低技能移民三类典型城市社会群体的职住平衡影响因素及其机制进行定量分析，研究发现，"单位制"的遗产——单位房对职住平衡的影响效应体现在对北京土著居民这一群体上，而对外来移民的影响并不显著。工作单位性质对高技能移民的职住平衡和通勤时间有显著影响，体制内工作有利于高技能来移民实现个人的职住平衡，这样的积极效应与我国不完全、不公平的福利制度改革密切相关，即使是在住房市场化改革后，强势的体制内单位依然有能力为其职工，尤其是新入职的职工提供邻近工作地的福利性质住房或住房现金补贴，帮助其员工提高职住平衡。临时性质工作与低技能移民的职住平衡有显著正相关，这是低技能移民的择业、择居特点和社会经济特征所导致，由于低技能移民对通勤成本的敏感性高、对住房环境的敏感性低，降低通勤成本是这类人群在职住选择权衡中的优先考虑因素，同时，这类人群能够通过多样的非正规住房供给（地下室、群租房、农民房）以及灵活调整工作来提升自身的职住平衡，这一研究结果与 Li 和 Liu（2016）在广州的研究结论相一致。

（三）与持有工作居住证相关的人才引进政策

以北京工作居住证为代表的新出台的大城市人才引进政策，并不能够帮助高技能移民提高职住平衡，反而会对居民的职住平衡带来负面效应。这一令人失望的结果与北京工作居住证不合理的制度设计密切相关，与工作单位、连续社保缴纳等挂钩的一系列申报条件实际上限制了北京工作居住证持有移民的工作流动和居住选择，不利于其通过调整就业地和居住地来实现职住平衡。

此外，通过对 16 名北京居民的深度访谈，深度解析了不同社会群体进行职住选择权衡和决策的过程，研究发现：

其一，在住房市场化改革后，即使有能力购买或者已经购买了居住环境更好的商品住房，为了避免通勤时间和精力成本的增长，部分居民依然趋向于居住在"单位制"时期所分配的旧"单位房"中。这样的居住选择结果是由北京日益恶化的出行环境所导致，严重的交通拥堵与不够便捷的公共交通系统使得承受居民不得不承受越来越高的通勤负担，在权衡更好的居住质量和减轻通勤负担中，部分居民选择居住在旧"单位房"来规避通勤负担。

其二，我国不完全的福利制度改革所造成的不公平的二元福利制度已深刻影响了居民，尤其是高技能移民的工作选择。对于以大学毕业生为代表的高技能移民，"体制内"工作提供的福利住房等一系列"计划经济式"的单位福利有着极大的吸引。在北京城市通勤负担日益增长的背景下，相较于社会企业，"体制内"单位在帮助职工提高职住平衡、降低通勤负担、提升生活质量的巨大制度性优势已经造成了一定程度的社会不公。

其三，与工作单位挂钩的购房、购车等政策进一步制约了外来移民的工作流动和工作选择。相较于本地户籍居民，在进行工作更换中，还需要长远的考虑与稳定就业（连续缴纳社保）挂钩的购房、购车等政策，因而进行工作更换的成本更高，更难以通过工作选择来提高职住平衡降低通勤负担。

其四，生命周期对居民职住选择有深刻的影响。婚恋是促使单身居民选择购房的重要因素，而相较于租赁住房、购房情景下的职住关系权衡尤为复杂，需要权衡购房成本、自身通勤成本、配偶通勤成本、孩子就学、居住环境等诸多因素。在很多情况下，居民会趋向于牺牲自身的职住平衡以换取更好的居住环境或者孩子的就学便利。

参考文献

[1] ZHOU J, ZHANG C, CHEN X, et al. Has the legacy of Danwei persisted in transformations? The jobs-housing balance and commuting efficiency in Xi'an [J]. Journal of Transport Geography, 2014, 40: 64-76.

[2] LI S-M, LIU Y. The jobs-housing relationship and commuting in Guangzhou, China:

Hukou and dual structure [J]. Journal of Transport Geography, 2016, 54: 286-294.

[3] ZHAO P, HOWDEN-CHAPMAN P. Social inequalities in mobility: the impact of the hukou system on migrants' job accessibility and commuting costs in Beijing [J]. International Development Planning Review, 2010, 32 (3-4): 363-385.

[4] WANG D, CHAI Y. The jobs-housing relationship and commuting in Beijing, China: the legacy of Danwei [J]. Journal of Transport Geography, 2009, 17 (1): 30-38.

[5] ZHAO P, LÜ B, DE ROO G. Impact of the jobs-housing balance on urban commuting in Beijing in the transformation era [J]. Journal of Transport Geography, 2011, 19 (1): 59-69.

第十一章　公共服务设施对职住平衡的影响

居民对于公共服务设施和生活设施等方面的需求，及其与就业、住房接近程度之间的权衡，是影响职住平衡的重要因素。已有研究表明，居民对于某些社区特征的偏好，对其住宅区位选择也有着显著影响，进而影响通勤时间（Bohte et al., 2009；Cao et al., 2009；Giuliano, 1992；Mokhtarian et al., 2007；Suzuki et al., 2011；Wachs et al., 1993）。理论上，公共服务设施可以通过影响居民住宅区位选择进而影响其职住关系。但是，公共服务设施对居民个体及不同人群的职住关系产生了怎样的影响，这一方面的研究相对缺乏。本章聚焦这一问题，探究公共服务设施对于居民个体职住平衡的总体影响以及对于不同人群职住平衡的影响和差异，进一步丰富居民个体职住平衡影响要素与形成机制，为大都市改进职住平衡的相关规划与交通政策提供新视角。

第一节　研究设计

从理论来看，公共服务设施水平会对居民个体职住关系产生重要影响，已有学者对这一问题展开探究（郑思齐等，2009；2014）。然而，公共服务设施对居民职住关系可能会产生怎样的影响，以及对不同群体的影响是否一样，相关研究仍较为缺乏。据此提出以下问题，并尝试在本章进行探讨回答：职住平衡的影响因素包含哪些？公共服务设施对居民个体职住平衡存在怎样的影响？若存在，在不同人群（如不同收入水平、是否具有本地户籍、家庭结构等）之间的影响是否有显著差异？并在此基础上，从公共服务设施布局角度，为大都市改进职住平衡的相关规划与交通政策提供建议。

研究数据源于 2017 年进行的北京市职住平衡与交通出行居民调查问卷，数据样本覆盖北京市（除密云、延庆、怀柔外）34 个小区 2 226 个样本（如图 11.1 所示）。以居民单程通勤时间作为居民职住平衡的衡量指标。在总结居民个体职住平衡影响因素基础上，通过纳入以上影响因素的多元线性回归模型，探讨公共服务设施对居民职住平衡与通勤时间的影响。

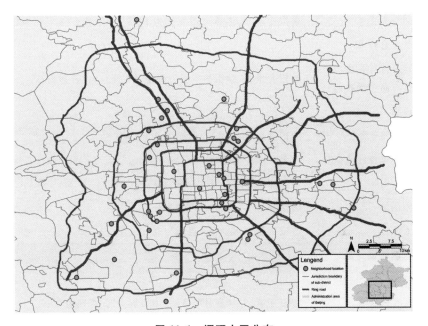

图 11.1　调研小区分布

来源：作者自绘.

考虑不同人群对公共服务设施有着不同的需求或受到不同的限制条件，依据收入水平、家庭结构、户籍、居住区位四个标准，对居民进行划分并分组进行多元线性回归，对比不同组别居民职住关系与通勤时间受到公共服务设施的不同影响。同时通过对全样本及各个分组样本通勤 OD 可视化来辅助分析回归结果。选取变量主要涉及居民个人特征、家庭特征、建成环境、公共服务设施四个方面（如表 11.1 所示）。

表 11.1　模型变量选择

变　量	变量类型	设定及变量解释
因变量		
单程通勤时间	连续变量	取单程通勤时间对数（ln 值）
个人特征变量		
性别	虚拟变量	男性 = 1，女性 = 0
年龄		
是否为青年	虚拟变量	年龄 ≤ 35 岁则为 1，35 岁 < 年龄 ≤ 65 岁则为 0
受教育程度		
是否为高学历（是否具有高劳动技能）	虚拟变量	学历为本科、硕士及以上 = 1，否则为 0
户籍		
是否拥有北京市户籍	虚拟变量	是 = 1，否则为 0
工作单位性质		
体制内	虚拟变量	是 = 1，否则为 0
体制外	虚拟变量	是 = 1，否则为 0
个体户	虚拟变量	是 = 1，否则为 0
家庭特征变量		
家庭月收入		
低收入家庭	虚拟变量	家庭月收入 ≤ 8 000 元 = 1，否则为 0
中收入家庭	虚拟变量	8 000 元 < 家庭月收入 ≤ 20 000 元 = 1，否则为 0
高收入家庭	虚拟变量	20 000 元 < 家庭月收入 = 1，否则为 0
职工数量		
是否为双职工	虚拟变量	双职工 = 1，否则为 0
家庭结构		
单身居住	虚拟变量	单身居住 = 1，否则为 0
夫妻同居	虚拟变量	仅夫妻或情侣同住 = 1，否则为 0
核心家庭	虚拟变量	夫妻与未婚子女同住 = 1，否则为 0

(续表)

变量	变量类型	设定及变量解释
复合家庭	虚拟变量	夫妻与已婚子女同住＝1，否则为0
主干家庭	虚拟变量	夫妻与父母、子女同住＝1，否则为0
私家车拥有情况		
是否拥有私家车	虚拟变量	有＝1，否则为0
住房类型或来源		
商品房	虚拟变量	是＝1，否则为0
保障房	虚拟变量	是＝1，否则为0
租用房	虚拟变量	是＝1，否则为0
单位房	虚拟变量	是＝1，否则为0
建成环境变量		
密度		
人口密度	连续变量	夜间热力图数值/小区内部及边界向外800米范围对应面积
多样性		
土地利用混合度	连续变量	熵指数
可达性		
到市中心或CBD的距离	连续变量	取距离的ln值（千米）
设计		
路网密度	连续变量	道路线密度/（千米/千米^2）
公交便利程度		
地铁可达性	连续变量	到最近地铁站距离/米（取ln值）
公交可达性	连续变量	小区内部及边界向外800米范围内公交车站数量
公共服务设施变量		
设施供给水平		
学校数量	连续变量	小区内部及边界向外800米范围内中小学数量

（续表）

变　　量	变量类型	设定及变量解释
公园与广场数量	连续变量	小区内部及边界向外800米范围内公园与广场数量
商场数量	连续变量	小区内部及边界向外800米范围内商场数量

第二节　公共服务设施与职住平衡的测定

在城市居住区与人口不断郊区化的过程中，北京市公共服务设施供给依然集中分布在五环以内。基于百度地图提供的 Place API 功能，抓取北京市 2015 年 POI 数据，筛选中小学等教育公共服务设施、公园与广场等休闲娱乐设施、商场等商服设施三类 POI，得到三类设施在北京市各个街道空间分布状况（图 11.2～图 11.4）。

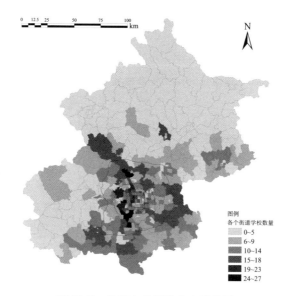

图 11.2　北京市各街道中小学数量

来源：作者自绘．

第十一章 公共服务设施对职住平衡的影响

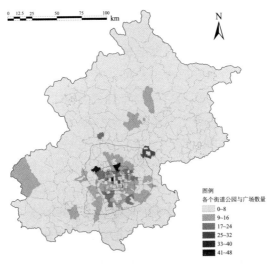

图 11.3　北京市各街道公园与广场数量

来源：作者自绘。

图 11.4　北京市各街道商场数量

来源：作者自绘。

总体来看，北京市中小学分布集中在六环以内及其边缘，分布较为密集的街道多在五环以内。另外，北京市重点中小学在五环内分布也更加密集，意味着有更高的教学质量。大型商场则相对集中分布在五环以内以及五环与六环之间大型居住区所在街道，如回龙观、东小口、沙河等。其余分布在通州、大兴、顺义、昌平、房山人口相对密集的中心附近。公园与广场空间分布特征与以上两类设施略有不同。分布数量较多的街道大多集中在四环至六环之间，并非像学校、商场一样更向五环以内集中。

北京市目前呈现出居住空间郊区化、就业与公共服务设施集中在城区的分布特征。而居民在住宅选择过程中，有着靠近就业地点与公共服务设施的倾向，以上两者对居民职住关系理论上会产生影响。而从北京市居住、就业、公共服务设施的空间分布特征来看，接近公共服务设施很有可能在客观上降低居民通勤时间，使居民职住关系更加趋于平衡。在之后章节中，将通过回归分析来观察教育、商服、公园与广场三类公共服务设施对居民职住平衡与通勤时间的影响。

对样本的描述性统计分析如表 11.2 所示。分性别来看，男性样本平均通勤时间 39.00 分钟，女性样本平均通勤时间 38.63 分钟，两者差别不大。从年龄结构来看，青年（35 岁及以下）样本平均通勤时间为 38.61 分钟，略低于中年（35~65 岁）样本 39.29 分钟的平均通勤时间。从受教育程度来看，接受过高等教育的样本平均通勤时间约为 40.60 分钟，远高于未接受过高等教育样本 28.34 分钟的平均通勤时间。按照户籍划分，北京本地户籍样本平均通勤时间为 39.71 分钟，略高于外地本地户籍样本 37.88 分钟的平均通勤时间。从工作性质来看，个体户样本平均通勤时间最低，为 32.96 分钟；体制内样本平均通勤时间为 38.30 分钟，略低于体制外样本 39.63 分钟的平均通勤时间。

从家庭特征来看，来自不同收入水平家庭样本的平均通勤时间差别较大。来自低收入家庭样本平均通勤时间最低，约为 34.11 分钟；来自高收入家庭样本平均通勤时间约为 43.78 分钟，略高于中等收入水平家庭样本平均通勤时间；来自中等收入家庭样本平均通勤时间约为 40.39 分钟，介于低、高收入家庭样本平均通勤时间之间。来自单职工家庭样本平均通勤时间为 36.89 分钟，低于双职工家庭样本 40.12 分钟的平均通勤时间。另外，有私家车家庭样本平均通勤时间为 39.44 分钟，略高于无私家车的家庭样本 37.85 分钟的平均通勤时间。从家庭结构来看，随着而家庭结构复杂与成员数量的增加，样本平均通勤时间增长。单身居住样本平均通勤时间最短，约为 35.15 分钟；夫妻同居与核心家庭平均通勤时间相差较小；来自复合家庭与主干家庭样本平均通勤时间最高。不同住房来源家庭的居民样本平均通勤时间也具有一定差异，来自商品房和单位房的居民样本平均通勤时间较长，保障房和租用房的居民样本平均通勤时间较短。

表 11.2 样本描述

变量	变量描述统计结果	平均单程通勤时间/分钟
因变量		
单程通勤时间/分钟	均值 38.83，方差 26.00	
个人特征变量		
性别		
男性	55.37%	39.0000
女性	46.63%	38.6272
年龄		
青年	67.70%	38.6072
中年	32.30%	39.2851
受教育程度		
本科、硕士及以上	85.53%	40.5993
本科以下	14.47%	28.3416
户籍		
有北京市户籍	51.71%	39.7089
无北京市户籍	48.29%	37.8809

（续表）

变　　量	变量描述统计结果	平均单程通勤时间/分钟
工作单位性质		
体制内	39.04%	38.3026
体制外	56.69%	39.6284
个体户	4.27%	32.9579
家庭特征变量		
家庭月收入		
低收入家庭	26.69%	34.1059
中收入家庭	61.46%	40.3933
高收入家庭	8.85%	43.7817
职工数量		
单职工	59.84%	36.8926
双职工	40.16%	40.1239
家庭结构		
单身居住	25.16%	35.1500
夫妻同居	21.11%	39.3766
核心家庭	26.73%	38.4084
复合家庭	2.56%	44.3684
主干家庭	24.44%	42.0110
私家车拥有情况		
有私家车	61.46%	39.4379
无私家车	38.54%	37.8508
住房类型或来源		
商品房	37.38%	42.8978
保障房	42.59%	35.5475
租用房	10.82%	35.3659
单位房	9.21%	40.6100

(续表)

变　　量	变量描述统计结果	平均单程通勤时间/分钟
建成环境变量		
密度		
人口密度/（相对人数/千米²）	均值 995.39，方差 20.56	
多样性		
土地利用混合度（熵指数）	均值 0.78，方差 0.08	
可达性		
到市中心或 CBD 的距离/千米	均值 16.96，方差 8.52	
设计		
路网密度/（千米/千米²）	均值 9.74，方差 2.85	
公交便利程度		
地铁可达性/米	均值 1 065.04，方差 1 026.27	
公交可达性/个	均值 17.63，方差 9.49	
公共服务设施变量		
设施供给水平		
学校数量/个	均值 5.57，方差 5.09	
公园与广场数量/个	均值 4.07，方差 3.50	
商场数量/个	均值 5.56，方差 6.56	

从全样本居住地、就业地以及通勤 OD 的空间分布来看（如图 11.5 所示），除少部分以房山、大兴、通州、昌平、顺义等远郊区为核心的外向通勤以及一定数量的居住地周边就业外，大部分居民通勤方向均为向中心城区方向。这种通勤格局反映北京市居住郊区化与就业岗位仍集中在城市中心的空间结构。

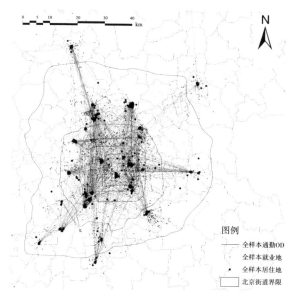

图 11.5 全体调查样本居住地、就业地及其通勤 OD 空间分布

来源：作者自绘.

第三节 公共服务设施对职住平衡影响的回归分析

一、总体回归

基于全样本的多元线性回归模型（表 11.3）确定了部分居民职住平衡影响因素，部分设定的解释变量，包括公共服务设施变量，也表现出统计上的显著相关性。模型调整后 R^2 为 0.118，表明模型对所研究变量具有一定解释度。

表 11.3 北京市居民通勤时间决定因素回归模型（全样本）

自变量	标准回归系数	回归系数	标准误	t 检验	显著性
常量		0.1851	0.8119	0.2300	0.8200
个人特征变量					
性别					
是否为男性	0.0154	0.0218	0.0288	0.7600	0.4490

（续表）

自变量	标准回归系数	回归系数	标准误	t检验	显著性
年龄					
是否为青年	−0.0206	−0.0311	0.0351	−0.8900	0.3750
受教育程度					
是否有高学历（高劳动技能）	0.1538	0.3086	0.0461	6.6900	0.0000
户籍					
是否有北京市户口	−0.0209	−0.0296	0.0365	−0.8100	0.4180
工作性质					
体制内	0.0720	0.1042	0.0821	1.2700	0.2040
体制外	0.1090	0.1552	0.0793	1.9600	0.0500
个体户	—	—	—	—	—
家庭特征变量					
收入水平					
低收入家庭	—	—	—	—	—
中收入家庭	0.0658	0.0954	0.0361	2.6400	0.0080
高收入家庭	0.0501	0.1246	0.0600	2.0800	0.0380
职工数量					
是否为双职工	−0.0128	−0.0184	0.0453	−0.4100	0.6840
家庭结构					
单身居住	—	—	—	—	—
夫妻同居	0.0692	0.1197	0.0591	2.0300	0.0430
核心家庭	0.0085	0.0136	0.0586	0.2300	0.8160
复合家庭	0.0426	0.1902	0.0992	1.9200	0.0550
主干家庭	0.0697	0.1146	0.0550	2.0800	0.0370
住房类型或来源					
商品房	0.0616	0.0900	0.0516	1.7400	0.0810

（续表）

自变量	标准回归系数	回归系数	标准误	t检验	显著性
保障房	—	—	—	—	—
租用房	-0.0712	-0.1016	0.0575	-1.7700	0.0770
单位房	-0.0099	-0.0241	0.0678	-0.3600	0.7220
私家车拥有情况					
是否拥有私家车	-0.0241	-0.0350	0.0336	-1.0400	0.2990
建成环境变量					
密度					
人口密度	0.0970	0.0033	0.0008	4.4100	0.0000
多样性					
土地利用混合度（熵指数）	-0.0880	-0.7953	0.2115	-3.7600	0.0000
设计					
路网线密度	-0.0119	-0.0030	0.0078	-0.3800	0.7060
可达性					
到市中心或CBD的距离	0.0379	0.0379	0.0316	1.2000	0.2300
公交便利程度					
到最近地铁站距离	-0.0093	0.0000	0.0000	-0.3800	0.7040
周边公交站数量	0.0947	0.0070	0.0017	4.1700	0.0000
公共服务设施变量					
设施供给水平					
学校数量	-0.0732	-0.0102	0.0038	-2.6900	0.0070
公园与广场数量	0.0281	0.0057	0.0048	1.1800	0.2370
商场数量	-0.1023	-0.0110	0.0030	-3.7100	0.0000
校正决定系数	0.118				
样本量	2 226				

就全体样本而言，居民周边的学校数量、商场数量与居民通勤时间显著负相关。这种负面效应可以从北京公共服务设施分布特征来解释：居民倾向于居住的教育设施、商服设施服务水平较高地区，往往更加靠近市中心。与此同时，根据居民样本通勤OD可视化结果，样本就业岗位更加集中在市中心，其通勤方向也大多由外指向中心城区，因此居民的通勤时间可能更低。公共服务设施与就业岗位同时集中分布于市中心，在客观上造成了更加对学校、商场、公园与广场等公共服务设施需求更高的居民，在做出住宅选择时，会更加靠近市中心，进而缩短通勤时间。

从个人特征的影响来看，首先，是否具有高学历与居民通勤时间呈显著正相关，表明具有高学历居民更有可能存在长通勤时间，较难缩短通勤进而使职住更加平衡。造成这一现象的原因可能是与高学历与高劳动技能相匹配的就业岗位更加集中在高房价、高地价的城市中心区。另外，在收入受到限制的条件下，这些居民很难在靠近工作地的范围内进行住房选择。基于以上两点，高学历居民就业地与居住地选择受到更多的限制，因而更加难以实现职住平衡。然而，对于学历要求不高的就业岗位分布则更加分散，在北京市中心区、近郊区、远郊区均有较为广泛的分布，城区范围的城中村、郊区的低价格住房等也可以为其提供住处，这些人群反而可以更容易实现职住平衡。以上也符合北京市的居住就业分布空间规律。

其次，工作单位性质对居民职住平衡也有一定的影响，就职于体制外的公司或组织的居民可能就有更长的通勤时间。这可能是因为这类公司相对于体制内的政府机关、企业事业单位，很少提供靠近上班地点的住房选择以及其他福利，因此员工可能会到更远的地方居住。

家庭特征变量方面，中等和高收入家庭与居民通勤时间也呈显著正相关，表明具有较高收入水平的家庭成员可能需要承受较长的通勤时间。这可能是由于中高收入水平家庭对住房自身及其周边环境有着较高的要求，比如住房面积、周边环境质量等，因此有着远离环境质量差、拥挤、住房面积小的中心区的趋势。

来自夫妻同居、复合家庭、主干家庭结构的家庭居民更难实现职住平衡。这可能是因为以上家庭需要综合所有家庭成员的需求进行选择，如其他家庭成员的通勤时间、孩子上学、老人就医与养老环境等方面；在诸多因素的作用下，来自以上家庭居民职住关系受到更多因素影响，因此更难实现职住平衡。

另外，住房类型或来源对居民职住平衡也会产生影响，其中来自商品房的住户可能具有更长的通勤时间，而来自租用房的住户可能具有更短的通勤时间。这其中可能的原因是居民在购买商品房时，其考虑的因素不仅仅是距离上班地点较近，还包括周边设施、小区环境、交通便利性等多方面因素；而租房的居民则无须过多考虑以上问题，其考虑更多的可能是上班的便利性。

在社区建成环境方面，人口密度、土地利用混合度、公交站数量与居民通勤时间显著相关。其中人口越密集，居民通勤时间越长，这可能是因为人口密集的地区通勤发生量较大，造成各种交通方式都相对拥挤，因此时间较长。而土地利用混合程度越高，居民也有更多的可能在附近范围内找到工作，因此通勤时间可能越短。另外，公交站数量越多，供给水平越高，居民也更有可能选择公交出行，但公共交通相对于私家车存在速度较慢、中间接驳以及换乘的问题，因此其所需时间可能更长。

二、分居民收入水平的职住平衡影响

不同收入水平家庭购买力不同，导致其在住房市场内选择范围不同，由此形成不同的就业与公共服务设施可达性。此部分比较来自不同收入水平家庭居民周边公共服务设施数量水平，并通过回归分析探究公共服务设施对不同收入水平居民职住平衡造成的不同影响。

根据样本描述（表11.4）所示，随着收入的增加，居民平均通勤时间增加。低收入水平居民平均通勤时间约为34.11分钟，中等收入水平居民平均通勤时间约为40.39分钟，高收入水平居民平均通勤时间约为43.78分钟。而不同收入水平群体居民周边公共服务设施数量均值也有着一定区别，其中低收入水平居民周边学校（5.78）、公园与广场（3.97）、商场（6.05）平均数量与中等收入水平居民周边学校（5.77）、公园与广场（4.07）、商场（5.50）平均数量较为接近；而高收入水平居民周边学校（4.82）、公园与广场（4.42）、商场（4.39）平均数量则低于中、低收入水平平均数量。

表11.4 样本描述（按收入水平）

变量	低收入水平	中等收入水平	高收入水平
样本数量	661	1 368	197
因变量：单程通勤时间/分钟			
均值	34.1059	40.3933	43.7817
中位数	25.0000	35.0000	40.0000
方差	25.2295	25.9974	26.4447
公共服务设施变量			
学校数量/个			
均值	5.7791	5.5694	4.8223
中位数	4.0000	4.0000	3.0000
方差	5.5639	4.9509	4.2814
公园与广场数量/个			
均值	3.9667	4.0665	4.4213
中位数	3.0000	3.0000	3.0000
方差	3.4539	3.5772	3.0954
商场数量/个			
均值	6.0484	5.4993	4.3858
中位数	4.0000	4.0000	4.0000
方差	7.5102	6.2715	4.6810

另外，通过对低收入水平、中收入水平、高收入水平三组居民样本通勤OD进行可视化（如图11.6所示），发现三组样本通勤方向均以由外向中心城方向通勤为主，差别不大。

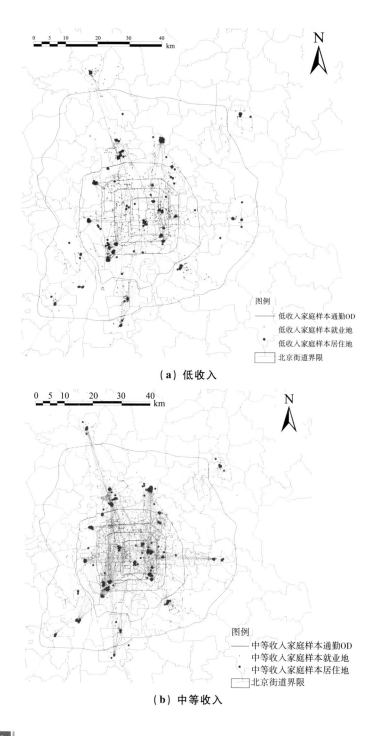

(a) 低收入

(b) 中等收入

第十一章 公共服务设施对职住平衡的影响

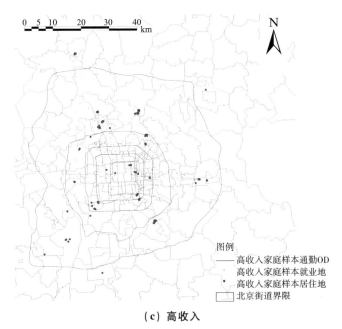

（c）高收入

图 11.6　不同收入水平家庭居民样本居住地、就业地及其通勤 OD 空间分布

来源：作者自绘.

对不同收入水平居民通勤时间的多元线性回归模型表明（表 11.5），影响低收入水平、中等收入水平、高收入水平群体通勤时间的影响因素不尽相同；对不同收入水平群体职住平衡造成影响的公共服务设施因素也不相同。三个不同多元线性回归模型调整后 R^2 值分别为 0.1006，0.1313，0.3448，表明模型对因变量——通勤时间具有一定解释能力，模型拟合度良好。

表 11.5　北京市居民通勤时间决定因素回归模型（按收入水平划分）

自变量	低收入水平	中等收入水平	高收入水平
常量	−1.0677	1.0300	3.1239
个人特征变量			
性别			
是否为男性	0.0136	0.0243	0.0843
年龄			
是否为青年	−0.0298	−0.0284	−0.0798

（续表）

自变量	低收入水平	中等收入水平	高收入水平
受教育程度			
是否有高学历（高劳动技能）	0.2896(***)	0.2987(***)	0.0681
工作性质			
体制内	—	0.1412	0.6662
体制外	-0.0433	0.2324(**)	0.8029
个体户	0.0513	—	
户籍			
是否拥有北京市户籍	0.0998	-0.0425	-0.0317
家庭特征变量			
职工数量			
是否为双职工		-0.0189	-0.1994
家庭结构			
单身居住	—	—	—
夫妻同居	-0.0116	0.1525(**)	0.7113
核心家庭	-0.1035	0.0386	0.5944
复合家庭	0.0869	0.3007(**)	0.6418
主干家庭	0.0452	0.1621(**)	0.4194
住房类型或来源			
商品房	—	0.0955(·)	0.3901
保障房	-0.0413	—	—
租用房	-0.0370	-0.1380(*)	0.2634
单位房	-0.1571(·)	0.0197	0.7327
私家车拥有情况			
是否拥有私家车	-0.0531	-0.0326	-0.0153
建成环境变量			
密度			
人口密度	0.0040(***)	0.0029(***)	0.0022

（续表）

自变量	低收入水平	中等收入水平	高收入水平
多样性			
土地利用混合度（熵指数）	0.2188	-1.2451(***)	-2.0393
设计			
路网线密度	0.0121	-0.0101	-0.0389
可达性			
到市中心或 CBD 的距离	-0.0771(·)	0.0815(**)	0.1484
公交便利程度			
到最近地铁站距离	0.0001(**)	0.0000(·)	-0.0002
周边公交站数量	0.0089(***)	0.0063(***)	0.0038
公共服务设施变量			
设施供给水平			
学校数量	-0.0133(**)	-0.0074(·)	-0.0037
公园与广场数量	-0.0010	0.0116(**)	0.0042
商场数量	-0.0091(*)	-0.0100(***)	-0.0361(*)
校正决定系数	**0.1006**	**0.1313**	**0.3448**
样本数量	**661**	**1 368**	**197**

从公共服务设施对通勤时间的影响来看，就低收入水平居民样本而言，居住地周边的学校数量、商场数量与居民通勤时间显著负相关，表明低收入水平居民对学校、商场等公共服务设施有一定的需求，相对于生活环境质量更加重视子女教育和日常生活便利性，并影响到了其通勤时间与职住关系。这一负面关系与前文解释类似，即：从北京公共服务设施分布特征看，公共服务设施与就业岗位同时集中分布于市中心，在客观上造成了对学校、商场、公园与广场等公共服务设施需求更高的居民，在做出住宅选择时，会更加靠近市中心，进而缩短通勤时间。

而就中等收入水平居民样本而言，居住地周边的学校数量、商场数量与居民通勤时间呈现出显著负相关的同时，周边公园数量与居民通勤时间正相关。这一结果表明中等收入水平通勤时间与职住关系不仅受到居民对学校、商场等公共服务设施需求的影响，并且还受到公园与广场等休闲娱乐活动设施的影响，表现出对居住环境一定程度的要求。学校数量、商场数量与居民通勤时间呈现出显著负相关关系解释与前面相同。而公园与广场数量的系数为正数，说明对公园与广场同居住环境的需求使居民通勤时间可能有所延长。从北京公园与广场类公共服务设施分布特征看，公园与广场类公共服务设施与商场、学校不同，其分布并非过于集中于五环以内，在五环外也有一定数量的分布；且在五环以内集中分布地区距离市中心也有一定距离。因此公园在北京市域分布上相对于教育、商服等公共服务设施，在空间上分布相对更加均匀。因而居民在将公园与广场等作为自身住宅选择考虑因素之一时，可能选择居住距离市中心更远的位置，距离工作集中地更远，因此周边公园数量与居民通勤时间呈现正相关关系，更可能延长居民通勤时间、使居民职住倾向于不平衡。

就高收入水平居民样本而言，仅有居住地周边的商场数量呈现显著负相关，表现出高收入水平居民对商服设施的需求更高，进而对职住关系及通勤时间产生影响。负向关系与前文解释相同。但学校数量与公园数量两个变量并不显著。这可能是高收入水平居民可以通过其他方式，如更高的机动化水平获得较好公共服务设施的可达性；与此同时，相对于公园与学校，高收入水平居民可能对住宅本身特征如面积、户型、小区自身特征等具有更高偏好，因此以上公园与学校等公共服务设施并未对其职住平衡以及通勤时间造成显著影响。

三、分家庭结构特征的职住平衡影响

不同收入家庭结构对公共服务设施的需求不尽相同，导致其进行住房市场选择时，对不同种类公共服务设施有所侧重。比较来自不同类型家庭居民周边公共服务设施数量水平，并通过回归分析探究公共服务设施对不同收入水平居民职住平衡造成的不同影响。

根据样本描述（表11.6），多家庭成员样本比单独居住样本平均通勤时间要更长。学校数量而言，单独居住居民样本周边学校数量（4.81）要低于夫妻同居（5.44）、核心家庭（6.32）、复合家庭（5.60）、主干家庭（5.62）等家庭类型居民样本。居民周边平均公园数量从小到大依次为复合家庭（3.67）、单独居住（3.86）、夫妻同居（4.01）、主干家庭（4.05）、核心家庭（4.36），几者之间相差不大。居民周边平均商场数量从小到大依次为复合家庭（5.04）、主干家庭（5.26）、单独居住（5.41）、核心家庭（5.65）、夫妻同居（6.05），几者之间相差不大。

表 11.6 北京市居民通勤时间决定因素回归模型（按家庭结构划分）

变量	单独居住	夫妻同居	核心家庭	复合家庭	主干家庭
样本数量	560	470	595	57	544
因变量：单程通勤时间/分钟					
均值	35.1500	39.3766	38.4084	44.3684	42.0110
中位数	30	30	30	40	40
方差	23.6308	25.3738	27.1775	26.6724	27.0133
公共服务设施变量					
学校数量/个					
均值	4.8125	5.4447	6.3176	5.5965	5.6195
中位数	3	4	3	3	5
方差	4.8813	5.0823	5.2376	5.7782	4.9696
公园与广场数量/个					
均值	3.8607	4.0128	4.3630	3.6667	4.0496
中位数	3	3	3	3	3
方差	3.2716	3.2038	3.9636	3.6269	3.4126
商场数量/个					
均值	5.4089	6.0489	5.6504	5.0351	5.2647
中位数	4	4	4	3	4
方差	6.7783	7.3534	6.2117	6.3442	5.9637

对单独居住、夫妻同居、核心家庭、复合家庭、主干家庭五组居民样本通勤 OD 进行可视化（如图 11.7 所示），结果表明五组样本通勤方向均以由外向中心城方向通勤为主。

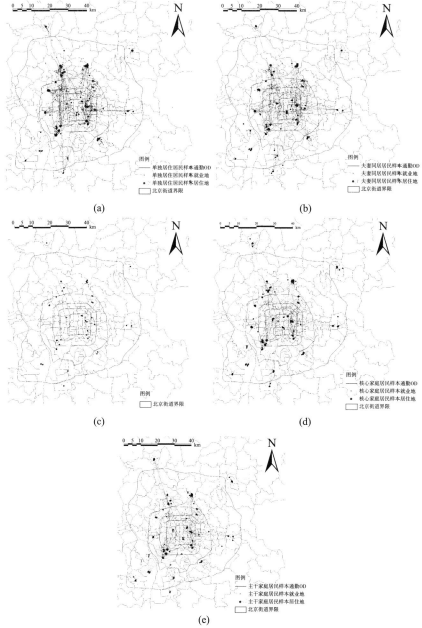

图 11.7 来自单独居住（a）、夫妻同居（b）、核心家庭（c）、复合家庭（d）、主干家庭（e）家庭居民样本居住地、就业地及其通勤 OD 空间分布

来源：作者自绘.

分来自单独居住、夫妻或情侣同居、核心家庭（父母与未婚子女）、复合家庭（已婚夫妇与父母）、主干家庭（三代同堂）五种不同类型家庭居民通勤时间的多元线性回归结果表明（表11.7），影响单独居住、夫妻或情侣同居、核心家庭、复合家庭、主干家庭居民职住平衡和通勤时间影响因素不尽相同；对不同类型家庭职住平衡造成影响的公共服务设施因素也不相同，同时也反映了不同家庭对于公共服务设施的不同偏好。五个不同多元线性回归模型调整后 R^2 值分别为 0.1644、0.1593、0.2021、0.4413、0.1123，表明模型对因变量具有一定解释能力，模型拟合度良好。

表11.7 北京市居民通勤时间决定因素回归模型（按照家庭结构划分）

自变量	单独居住	夫妻同居	核心家庭	复合家庭	主干家庭
常量	−3.4011	0.1006	0.1416	12.6189	5.3436
个人特征变量					
性别					
是否为男性	−0.0223	0.0742	−0.0120	0.2346	0.1039(*)
年龄					
是否为青年	0.0600	−0.1335(*)	−0.1334(**)	−0.1645	0.0749
受教育程度					
是否有高学历（高劳动技能）	0.3788(***)	0.2788(***)	0.2741(***)	0.2431	0.2944(***)
家庭收入					
低收入家庭	0.1770	−0.3480(**)	−0.3658(***)	—	−0.0331
中收入家庭	0.1699	−0.1935(*)	−0.2054(**)	0.2813	0.1076
高收入家庭	—	—	—	−0.1697	—
工作性质					
体制内	0.2772(*)	—	0.0821	−0.1134	—
体制外	0.2486(*)	0.0004	0.1041	0.1560	0.1185(*)
个体户	—	0.0194	—	—	−0.1042

(续表)

自变量	单独居住	夫妻同居	核心家庭	复合家庭	主干家庭
户籍					
是否拥有北京市户籍	-0.0159	-0.0569	-0.0872	0.1872	0.0069
家庭特征变量					
职工数量					
是否为双职工	—	0.2789(**)	-0.0758	-0.2780	0.0535
住房类型或来源					
商品房	0.2117(*)	0.0170	0.2921(***)	-0.8246(**)	0.0050
保障房	0.3431(*)	0.0533	—	-1.1279(***)	—
租用房	0.2161(**)	-0.1940(*)	-0.0431	-1.5609(***)	-0.1118
单位房	—	—	0.1588	—	0.0490
私家车拥有情况					
是否拥有私家车	-0.0161	-0.0495	0.0045	-0.0015	-0.0029
建成环境变量					
密度					
人口密度	0.0054(***)	0.0038(**)	0.0048(***)	-0.0064	-0.0018
多样性					
土地利用混合度（熵指数）	-1.1050(***)	-1.0734(**)	-0.8298(**)	-1.9058	-0.4686
设计					
路网线密度	0.0567(***)	0.0104	-0.0596(***)	0.0321	-0.0041
可达性					
到市中心或CBD的距离	0.2677(***)	0.1043(·)	-0.1552(**)	0.0231	-0.0343
公交便利程度					
到最近地铁站距离	0.0000	0.0000	0.0000	-0.0001	0.0000
周边公交站数量	0.0043	0.0077(**)	0.0084(***)	-0.0003	0.0064(*)

(续表)

自变量	单独居住	夫妻同居	核心家庭	复合家庭	主干家庭
公共服务设施变量					
设施供给水平					
学校数量	0.0052	−0.0190(**)	−0.0222(***)	−0.0443(·)	−0.0139(·)
公园与广场数量	−0.0066	−0.0005	0.0219(***)	−0.1009(***)	−0.0109
商场数量	−0.0100(*)	−0.0025	−0.0051	−0.0040	−0.0125(*)
校正决定系数	0.1644	0.1593	0.2021	0.4413	0.1123
样本数量	560	470	595	57	544

公共服务设施对来自不同类型家庭通勤时间的影响不同，就单独居住居民样本而言，居住地周边的商场数量与居民通勤时间呈现出显著负相关，表明单独居住居民对商场等公共服务设施有一定的需求，并且影响到了其通勤时间与职住关系，这种负相关关系与前文解释一致，即：从北京商服公共服务设施分布特征看，这类公共服务设施与就业岗位同时集中分布于市中心，在客观上造成了对商场等公共服务设施需求更高的居民，在做出住宅选择时，会更加靠近市中心，进而缩短通勤时间。但单独居住居民的职住关系与通勤时间并未受到周边学校与公园数量的影响，可以反映出这类居民在居住地选择时并没有表现出对学校以及公园的一致且明显偏好。

就夫妻同居居民样本而言，居住地周边的学校数量与居民通勤时间呈现出显著负相关，表明夫妻同居居民对学校等公共服务设施有一定的需求，并且影响到了其通勤时间与职住关系，这种负相关关系与前文解释一致，即：从北京教育公共服务设施（中小学）分布特征看，这类公共服务设施与就业岗位同时集中分布于市中心，在客观上造成了对学校等公共服务设施需求更高的居民，在做出住宅选择时，会更加靠近市中心，进而缩短通勤时间。但单独居住居民的职住关系与通勤时间并未受到周边学校与公园数量的影响，可以反映出这类居民在居住地选择时并没有表现出对学校以及公园的一致且明显偏好。但夫妻同居居民的职住关系与通勤时间并未受到周边商服与公园数量的影响,可以反映出这类居民在居住地选择时并没有表现出对商场以及公园的一致且明显偏好。

就核心家庭居民样本而言,居住地周边的学校数量与居民通勤时间呈现出显著负相关的同时,居住地周边的公园数量与居民通勤时间显著正相关。表明核心家庭居民对学校与公园等公共服务设施有一定的需求,并且影响到了其通勤时间与职住关系,反映出核心家庭对子女教育与居住环境质量相对重视。学校有利于居民实现职住平衡,以及公园加剧居民职住不平衡,与前文解释一致,即:从北京教育公共服务设施(中小学)分布特征看,这类公共服务设施与就业岗位同时集中分布于市中心,在客观上造成了对学校等公共服务设施需求更高的居民,在做出住宅选择时,会更加靠近市中心,进而缩短通勤时间。从北京公园与广场类公共服务服务设施分布特征看,公园与广场类公共服务设施与商场、学校不同,其分布并非过于集中于五环以内,在五环外也有一定数量的分布;且在五环以内集中分布地区距离市中心也有一定距离。因此公园在北京市域分布上相对于教育、商服等公共服务设施,在空间上分布相对更加均匀。因而居民在将公园与广场等作为自身住宅选择考虑因素之一时,可能选择居住距离市中心更远的位置,距离工作集中地更远,因此周边公园数量与居民通勤时间呈现正相关关系,更可能延长居民通勤时间、使居民职住倾向于不平衡。但核心家庭居民的职住关系与通勤时间并未受到周边商场数量的影响,可以反映出这类居民在居住地选择时并没有表现出对商场的一致且明显偏好。

公共服务设施对复合家庭居民职住平衡的影响与对核心家庭的影响相似。就复合家庭居民样本而言,居住地周边的学校数量与居民通勤时间呈现出显著负相关的同时,居住地周边的公园数量与居民通勤时间呈现出显著正相关。表明复合家庭居民对学校与公园等公共服务设施有一定的需求,并且影响到了其通勤时间与职住关系,反映出复合家庭对未来子女教育与居住环境质量相对重视。学校有利于居民实现职住平衡，以及公园加剧居民职住不平衡，与核心家庭的解释一致。但复合家庭居民的职住关系与通勤时间并未受到周边商场数量的影响，可以反映出这类居民在居住地选择时并没有表现出对商场的一致且明显偏好。

公共服务设施对主干家庭居民职住平衡的影响与对核心家庭的影响相似。就主干家庭居民样本而言，居住地周边的学校数量以及商场数量与居民通勤时间呈现出显著负相关，表明复合家庭居民对学校与商场等公共服务设施有一定的需求，并且影响到了其通勤时间与职住关系，反映出主干家庭对子女教育与商服便利程度相对重视。学校及商场有利于居民实现职住平衡，与前文样本总体解释一致。但复合家庭居民的职住关系与通勤时间并未受到周边公园数量的影响，可以反映出这类居民在居住地选择时并没有表现出对公园与广场等休闲空间的一致且明显偏好。

四、分居民户籍类型的职住平衡影响

是否具有北京户籍，对居民能够享受的公共服务施增加了外部限制条件。不具有本地户籍的居民，在子女教育、住宅选择等方面面临着较少的选择，相比具有北京户籍的居民，其所能够获取的公共服务资源更少。比较不同户籍类型居民周边公共服务设施数量水平，并通过回归分析探究户籍对居民职住平衡造成的不同影响。

根据表11.8，有北京户籍居民平均通勤时间（39.71分钟）略高于无北京户籍居民（37.88分钟）。在公共服务设施方面，有北京户籍居民周边公园数量均值（4.23）、学校数量均值（6.40）、商场数量均值（5.86）均高于无北京户籍居民周边公园数量均值（3.89）、学校数量均值（4.67）、商场数量均值（5.35）。相对于无北京户籍居民，有北京户籍居民通勤时间更长，能够享受到更多的公共服务，生活服务设施也更加便利。

表 11.8　北京市居民通勤时间决定因素回归模型（按照户籍划分）

变　　量	有北京户籍	无北京户籍
样本数量	1 151	1 075
因变量：单程通勤时间/分钟		
均值	39.7089	37.8809
中位数	30	30
方差	26.1941	25.7676
公共服务设施变量		
学校数量/个		
均值	6.3988	4.6735
中位数	6	3
方差	5.3729	4.6094
公园与广场数量/个		
均值	4.2311	3.8940
中位数	3	3
方差	3.7015	3.2660
商场数量/个		
均值	5.8558	5.2512
中位数	4	4
方差	6.4560	6.6564

另外，通过对有北京户籍、无北京户籍两组居民样本通勤 OD 进行可视化（如图 11.8 所示），发现两组样本通勤方向均以由外向中心城方向通勤为主。

对无北京户籍、有北京户籍两组居民通勤时间的多元线性回归结果表明（表 11.9），影响两组居民职住平衡和通勤时间的影响因素不尽相同；对不同类型家庭职住平衡造成影响的公共服务设施因素也不相同，同时也反映了户籍制度对于居民公共服务设施以及住宅选择的限制。两个不同多元线性回归模型调整后 R^2 值分别为 0.1344、0.1429，表明模型对因变量具有一定解释能力，模型拟合度良好。

第十一章　公共服务设施对职住平衡的影响

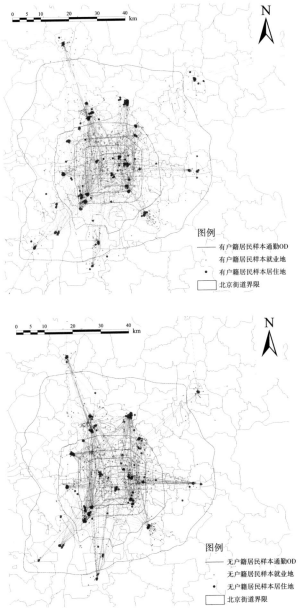

图 11.8　有北京户籍（上）、无北京户籍（下）
居民样本居住地、就业地及其通勤 OD 空间分布

来源：笔者自绘．

表 11.9 北京市居民通勤时间决定因素回归模型（按照户籍划分）

自变量	有本地户籍	无本地户籍
常量	2.1739	-1.1378
个人特征变量		
性别		
是否为男性	0.0240	0.0191
年龄		
是否为青年	-0.0640(·)	0.0208
受教育程度		
是否有高学历（高劳动技能）	0.2571(***)	0.3400(***)
工作性质		
体制内	0.1509	—
体制外	0.2378(·)	-0.0058
个体户	—	-0.1027
家庭特征变量		
收入水平		
低收入家庭	—	-0.1460(·)
中收入家庭	0.0822(·)	-0.0632
高收入家庭	0.0786	—
职工数量		
是否为双职工	-0.0645	0.0394
家庭结构		
单身居住	—	—
夫妻同居	0.1293(·)	0.0578
核心家庭	-0.0080	-0.0146
复合家庭	0.2425(**)	0.0424
主干家庭	0.0978	0.1025

（续表）

自变量	有本地户籍	无本地户籍
住房类型或来源		
商品房	0.2743(***)	0.2699(**)
保障房	0.1862(***)	—
租用房	—	0.0763
单位房	0.2570(***)	—
私家车拥有情况		
是否拥有私家车	0.0032	-0.0584
建成环境变量		
密度		
人口密度	0.0023(**)	0.0044(***)
多样性		
土地利用混合度（熵指数）	-0.7554(**)	-1.0140(***)
设计		
路网线密度	-0.0286(**)	0.0156(·)
可达性		
到市中心或CBD的距离	-0.1248(***)	0.1947(***)
公交便利程度		
到最近地铁站距离	0.0000	0.0000
周边公交站数量	0.0115(***)	0.0019
公共服务设施变量		
设施供给水平		
学校数量	-0.0197(***)	0.0012
公园数量	0.0104(·)	0.0009
商场数量	-0.0119(***)	-0.0064(·)
校正决定系数	0.1344	0.1429
样本数量	1151	1075

就具有北京户籍的居民样本而言，居住地周边学校数量、商场数量与居民通勤时间显著负相关，居住地公园数量与居民通勤时间呈现出正相关关系。表明有北京户籍居民对商场、公园、学校等公共服务设施均具有一定的需求，在获取公共服务设施资源方面可能未受到明显限制，并影响到了其通勤时间与职住关系。这一特征与前文解释一致，即：从北京商服公共服务设施分布特征看，这类公共服务设施与就业岗位同时集中分布于市中心，在客观上造成了对商场等公共服务设施需求更高的居民，在做出住宅选择时，会更加靠近市中心，进而缩短通勤时间。但无北京户籍居民的职住关系与通勤时间并未受到周边学校与公园数量的影响，可以反映出这类居民在居住地选择时并没有表现出对学校以及公园的一致且明显偏好。

然而，就无北京户籍的居民样本而言，仅有居住地周边商场数量与居民通勤时间呈现出显著负相关。表明无北京户籍居民在居住地点选择时，对商场等公共服务设施具有一定的需求，并且影响到了其通勤时间与职住关系。对于无北京户籍的居民而言，学校与公园变量并不显著。原因可能在于，无北京户籍的居民在获取教育公共服务设施资源方面可能受到限制，即使靠近学校也并不能够确实享受到教育服务；而公园方面，无北京户籍的居民收入与生活水平可能更加两极分化，低收入者与高收入者对于公园与广场及居住区周边环境具有不同的支付能力与偏好，最终导致该变量对于无北京户籍居民的通勤时间影响并不显著。

五、分居民居住区位的职住平衡影响

根据北京市公共服务设施空间分布情况，中小学、商场以及公园在五环内分布相对于五环外地区更为密集，这种空间分布模式与北京市工作岗位分布状况较为一致。通过对比公共服务设施对五环内外居民职住平衡及通勤时间的影响，探讨现阶段北京市公共服务设施对居住在不同区位居民职住关系与通勤时间的影响。

根据表11.10，五环以内居民平均通勤时间（36.89分钟）低于五环以外居民（41.21分钟）。在公共服务设施方面，由北京户籍居民周边公园数量均值（4.57）、学校数量均值（6.80）、商场数量均值（6.80）均高于非北京户籍居民周边公园数量均值（3.45）、学校数量均值（4.04）、商场数量均值（4.03）。相对于五环以外居民，五环以内居民通勤时间更短，能够享受到更多的公共服务，生活服务设施也更加便利。

表 11.10　北京市居民通勤时间决定因素回归模型（按照居住区位划分）

变量	五环以内	五环以外
样本数量	1 230	996
因变量：单程通勤时间/分钟		
均值	36.8935	41.2129
中位数	30	30
方差	24.9564	27.0545
公共服务设施变量		
学校数量/个		
均值	6.8049	4.0351
中位数	6	3
方差	5.3812	4.2367
公园与广场数量/个		
均值	4.5699	3.4488
中位数	4	3
方差	3.8883	2.8359
商场数量/个		
均值	6.8024	4.0341
中位数	6	3
方差	7.1476	5.3723

对五环内外两组居民样本通勤 OD 进行可视化表明（图 11.9），五环以内居民主要呈现出向城区方向的内向通勤。而五环以外除少部分居民样本在居住区附近或外向通勤以外，样本通勤方向也以由外向中心城方向通勤为主。

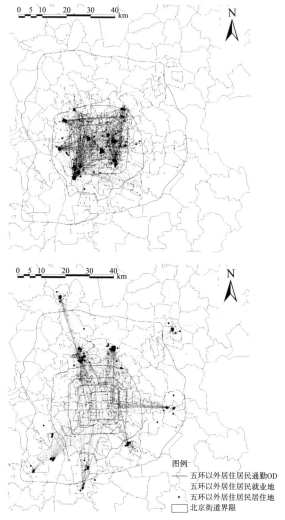

**图 11.9 居住在五环以内（上）、居住在五环以外（下）
居民样本居住地、就业地及其通勤 OD 空间分布**

来源：作者自绘.

对居住在五环以内、五环以外两组居民通勤时间的多元线性回归结果显示（表 11.11），影响两组居民职住平衡和通勤时间影响因素不尽相同；对两组家庭职住平衡造成影响的公共服务设施因素也不相同，同时也反映了户籍制度对于居民公共服务设施以及住宅选择的限制。两个不同多元线性回归模型调整后 R^2 值分别为 0.1327、0.1775，表明模型对因变量具有一定解释能力，模型拟合度良好。

表 11.11　北京市居民通勤时间决定因素回归模型（按照居住区位划分）

自变量	五环以内	五环以外
常量	−0.1719	0.0498
个人特征变量		
性别		
是否为男性	−0.0109	0.0555
年龄		
是否为青年	−0.0274	−0.0458
受教育程度		
是否有高学历（高劳动技能）	0.4242(***)	0.1985(***)
工作性质		
体制内	−0.0037	0.1821(·)
体制外	0.0608	0.2292(**)
个体户	—	—
户籍		
是否有北京市户口	0.0483	−0.0762(·)
家庭特征变量		
收入水平		
低收入家庭	—	−0.2315(***)
中收入家庭	0.0360	−0.1337(**)
高收入家庭	−0.0412	—
职工数量		
是否为双职工	−0.0686	0.0113
家庭结构		
单身居住	—	—
夫妻同居	0.2206(***)	0.0695
核心家庭	0.0241	0.0022
复合家庭	0.1937	0.1995(·)

（续表）

自变量	五环以内	五环以外
主干家庭	0.1192(·)	0.1377 (*)
住房类型或来源		
商品房	0.1492 (**)	—
保障房	—	-0.0833
租用房	-0.1249(·)	-0.1458 (***)
单位房	0.0489	-0.3422 (***)
私家车拥有情况		
是否拥有私家车	-0.0025	-0.0944 (*)
建成环境变量		
密度		
人口密度	0.0036 (*)	0.0050 (***)
多样性		
土地利用混合度（熵指数）	-0.5447(·)	-2.2995 (***)
设计		
路网线密度	-0.0354 (**)	0.0014
可达性		
到市中心或 CBD 的距离	0.0304	0.0080
公交便利程度		
到最近地铁站距离	0.0000 (*)	0.0000
周边公交站数量	0.0088 (***)	-0.0009
公共服务设施变量		
设施供给水平		
学校数量	0.0063	-0.0332 (***)
公园与广场数量	0.0113(·)	0.0856 (***)
商场数量	-0.0063	-0.0290 (**)
校正决定系数	0.1327	0.1775
样本数量	1230	996

公共服务设施对不同居住区位的居民群体通勤时间的影响不同，就五环以内居民样本而言，居住地周边公园数量是唯一显著影响居民通勤时间的公共服务设施变量，且为负向影响，表明五环以内居民对商场等公共服务设施具有一定的需求，且这些居民靠近商场与靠近工作单位的方向较为一致，因此可能造成通勤时间的缩短。与此同时，对于五环以内居民而言，学校、公园变量对其职住关系与通勤时间影响并不显著。造成这种现象的原因，可能是以上类型公共服务设施在五环以内分布相对较为均匀，相对于其他影响因素，以上两个公共服务设施变量成为相对次要的因素。

就五环以外居民样本而言，居民居住地周边学校数量、商场数量、公园与广场数量均为显著影响居民通勤时间的公共服务设施变量。表明五环以外居民在居住地点选择时可能受到以上三类公共服务设施一定程度上的影响。其中学校数量、商场数量对通勤时间呈现负向影响，公园数量对通勤时间呈现正向影响，与之前分析结果较为一致。与五环以内居民样本回归结果相比较，五环以外居民受到学校、公园与广场等公共服务设施的显著影响，这可能是由于五环以外以上两种设施分布相对五环以内更加稀疏，因此居在民居住地点选择过程中，会对以上两类设施的可达性进行着重考虑，反映了五环以外居民对于公共服务设施的偏好。

第四节　小　　结

既有对居民职住关系与通勤时间影响因素的研究主要集中在居民社会经济属性与周边建成环境影响要素方面，关于公共服务设施对居民职住平衡与通勤时间影响的研究则相对较少。本研究在总结并归纳影响居民职住关系因素的基础上，对公共服务设施是否是居民职住关系与通勤时间的影响因素以及影响机制进行研究。根据文献综述，公共服务设施是居民进行住宅位置选择着重考虑的因素，因此理论上可以影响居民住宅选择，进而影响职住平衡及通勤时间。而多元线性回归结果表明，居民周边公共服务设施，包括学校、公园与广场、商场等设施，对居民职住平衡以及通勤时间会产生显著影响。

通过对样本总体与各个居民分组进行多元线性回归，发现居民周边学校数量、商场数量一般会与居民通勤时间呈现出负相关，而公园一般会与居民通勤时间呈现正相关关系。本研究通过三者的空间分布特征解释了这一现象。当居民倾向于居住的教育设施、商服设施服务水平较高地区时，其居住区位也往往更加靠近市中心。与此同时，根据居民样本通勤OD可视化结果，样本就业岗位更加集中在市中心，其通勤方向也大多由外指向中心城区，因此居民的通勤时间可能更低。教育、商服服务设施与就业岗位同时集中分布于市中心，在客观上造成了对学校、商场、公园与广场等公共服务设施需求更高的居民，在做出住宅选择时，会更加靠近市中心，进而缩短通勤时间。从北京公园与广场类公共服务设施分布特征看，公园与广场同商场、学校不同，其分布并非过于集中于五环以内，在五环外也有一定数量的分布；且在五环以内集中分布地区距离市中心也有一定距离。因此公园在北京市域分布上相对于教育、商服等公共服务设施更加均匀。因而居民在将公园与广场等作为自身住宅选择考虑因素之一时，可能选择居住距离市中心更远的位置，因此周边公园与广场数量与居民通勤时间呈现正相关关系，更可能延长居民通勤时间、使居民职住倾向于不平衡。

与此同时，公共服务设施对不同类型居民职住平衡和通勤时间的影响并不相同。这其中反映出不同类型居民对不同公共服务设施的偏好以及所受到的限制。就不同收入水平居民而言，低收入水平居民通勤时间居住地周边的学校数量、商场数量显著相关；中等收入水平居民通勤时间与居住地周边的学校数量、商场数量与公园数量均显著相关；就高收入水平居民样本而言，仅有居住地周边的商场数量呈现出显著相关关系。

而来自不同结构家庭的居民，职住关系及通勤时间受到公共服务设施的影响也不同。单独居住居民职住关系以及通勤时间与周边商场数量显著相关；夫妻同居居民职住关系以及通勤时间与居住地周边的学校数量显著相关；核心家庭、复合家庭居民职住关系以及通勤时间与居住地周边的学校数量、公园与广场数量显著相关；而主干家庭居民职住关系以及通勤时间与居住地周边的学校数量、商场数量显著相关。

另外，对于有无北京户籍居民而言，有北京户籍居民职住关系以及通勤时间与周边学校数量、商场数量、公园数量均显著相关；而无北京户籍居民职住关系以及通勤时间仅与周边商场数量显著相关。这两者之间的差异也反映出现今北京户籍制度背景下，无户籍居民享受公共服务与生活设施所受到的歧视。

对于五环以内居民，除去居住地周边商场数量外，公园与广场数量与学校数量对居民职住关系及通勤时间均无显著影响。而对于五环以外居民而言，商场、学校、公园与广场数量对居民职住关系及通勤时间影响均显著。笔者认为造成这种差异的原因，可能是五环内公共服务设施相对于五环外更加集中，因此居民在居住区位选择会更多考虑其他因素；而五环外居民在居住区位选择时，则会看重周边公共服务设施可达性。这实际上反映了居民向公共服务靠拢的趋势。与此同时，五环以内居民的通勤 OD 中，有一部分则呈现出了外向通勤，这也反映了相对于就业地点，居民更倾向于靠近公共服务设施的住宅位置选择。

综上，就北京市就业岗位与公共服务设施的空间分布特征来看，学校、商场等设施可能会降低居民通勤时间使职住更加平衡，但这会带来居民倾向于更加靠近中心城区居住而非新城，进而可能造成人口密度过高的问题。而根据前文的回归结果，人口密度越高，实际上更可能造成居民通勤时间的延长、职住倾向于失衡。因此，增加新城或远郊区就业岗位的同时，完善各类生活设施的建设，可能更有利于形成居民个体职住平衡。

参考文献

[1] 郑思齐，曹洋. 居住与就业空间关系的决定机理和影响因素：对北京市通勤时间和通勤流量的实证研究 [J]. 城市发展研究，2009，16（06）：29—35.

[2] 郑思齐，徐杨菲，谷一桢. 如何应对"职住分离"："疏"还是"堵"？[J]. 学术月刊，2014，46（05）：29—39.

[3] BOHTE W, MAAT K, WEE B V. Measuring attitudes in research on residential self-selection and travel behaviour: A review of theories and empirical research [J]. Transport Reviews, 2009, 29 (3): 325-357.

[4] CAO X, MOKHTARIAN P L, HANDY S L. Examining the impacts of residential self-selection on travel behaviour: A focus on empirical findings [J]. Transport Reviews, 2009, 29 (3): 359-395.

[5] GIULIANO G. Is Jobs-Housing Balance a Transportation Issue? [J]. Transportation Research Record Journal of the Transportation Research Board, 1992, 1305 (1305): 305-312.

[6] MOKHTARIAN P L, CAO X. Examining the impacts of residential self-selection on travel behavior: A focus on methodologies [J]. Transportation Research Part B, 2007, 42 (3): 204-228.

[7] SUZUKI T, LEE S. Jobs-housing imbalance, spatial correlation, and excess commuting [J]. Transportation Research Part A, 2011, 46 (2): 322-336.

[8] WACHS M. The changing commute: A case-study of the jobs-housing relationship over time [J]. Urban Studies, 1993, 30 (10): 1711-1729.

第十二章　新城职住平衡与交通

第一节　新城建设、多中心结构与交通理论

一、新城运动

当今世界（特）大城市普遍面临着人口和产业过度集中、交通拥堵、环境污染等问题，制约着城市经济、社会和环境的可持续发展（Jacobs，2016；Mieszkowski et al.，1993）。为实现疏解城市人口和功能、缓解交通拥堵和环境污染等目标，提升城市运行效率和居民生活质量，很多国家和地区城市希望通过建设新城和卫星城的方式吸引城市中的人口和就业，在城市结构上引导城市的人口、产业实现合理布局，缓解城市中心地区的交通压力（Helsley et al.，1991），形成城市的"反磁力"中心。二战后，国际新城规划的实践在霍华德"花园城市"的规划理念下，在英国（Merlin，1980）、法国（Tuppen，1979）、瑞典（Cervero，1995）、新加坡（Sin，2002）、韩国（Jun et al.，2001）、等国家业已付诸实践。

新城的提法最早来源于英国，从英国的"新城运动"中应运而生。1945 年，英国组建了一个新城委员会，解决战后英国城市中心地区住房紧张和拥挤的问题。新城委员会对新城建设提出了一系列的要求，如综合设施的配套、新城内部平衡职工的工作和生活等，确立了英国后来新城发展的一般准则。1946 年英国出台了《新城法》，并第一次正式提出"新城"的概念。在这一时期，新城是在政府干预下修

建的以分散大都市人口、疏解大城市中心的人口居住和就业问题的新的城市单元。1946年又陆续发表了一系列的研究报告，指出新城发展除了综合配套和实现内部自给自足之外，还规定了新城建设的人口，新城一般距离城市中心地区20～50千米，人口3万～5万人。1952年，英国政府又出台了《新城开发法》，与《新城法》一起成为推动英国新城开发的重要法案，实现了英国城市特别是大伦敦都市区中心人口和就业的疏解。

英国新城开发从二战以后到20世纪80年代，大致经历了四十年的发展历程。一般把英国的新城发展历史分为三个阶段，每个阶段的新城建设呈现出不同的特点：①第一代新城一般指1946年到1950年的新城建设。该阶段的新城最重要的任务是解决城市中心地区居民的住房困难问题，规划的规模较小，密度较低，住房按照邻里单元的形式安排，各功能区之间相互独立，有大规模的农业带和绿化带；各独立单元与城市中心地区有放射状道路相连接。该阶段的新城主要考虑的是住房的社会需求，力求实现内部的就业和居住平衡，但是对经济因素考虑不够。②第二代新城一般指1955年到1966年建设的新城。在第一个阶段的新城建设中，尽管在解决住房和就业问题上起到了关键性的作用，但是并没有实现真正意义上的工业疏解。第二代新城吸取第一代新城的教训，关注了新城在经济发展中的作用，推动新城成为经济发展新的增长点，在建设上密度更高，规模更大，各城市功能之间的混合程度也不断提升。此外，第二代新城也格外重视公共交通的问题，在一定程度上解决了新城与中心城市的沟通问题。但是，第二代新城的问题在于新城在城市功能上依然过分依赖于中心城区，并没有形成独立的城市功能结构。③第三代新城一般指1967年开始到20世纪80年代建设的新城。该阶段的新城目标之一是通过城市交通的建设改善新城内部交通问题，另一个重要的目标是增强新城的灵活性和经济发展活力。相比前两代的新城，第三代新城在配套设施上不断完善，成为能够与中心城市经济相互补充和促进的相对独立的经济结构；此外，第三代新城也为经济发展预留了大片土地，为今后新城的进一步发展提供了重要的后备资源保障（张捷，2009）。

后来，新城建设在法国、瑞典、日本、新加坡等国家和地区也展开了营造实践,成为欧洲和东亚政府疏解大城市中心区人口和就业、营造新的经济增长点的重要空间规划工具。随着实践的不断深入,各国的学者也对新城的整体类型进行了划分。如日本学者高桥贤一根据新城在都市圈经济中划分的作用,将都市圈中的新城划分为两种类型:一种类型是与中心城市联系不甚紧密,有相对独立的经济功能的城市功能结构,以英国的新城为代表,距离中心城市较远;另一种类型是城市空间扩张过程中成为都市圈的重要组成部分,是中心城区的卫星城,用于引导城市未来的发展,距离中心城市较近且有便捷的交通联系。这类新城以瑞典斯德哥尔摩新城为代表。他还根据新城的功能和演变历程,将新城划分为政策引导型、企业先导型和居住先导性三个类别(邢海峰,2016)。

改革开放特别是进入21世纪以来,中国涌现出新城新区建设的高潮。中国的新城建设在两个主要背景下产生:① 大城市和特大城市出现"大城市病",通过建设新城和卫星城的方式疏解城市中心区的人口和就业(郑思齐等,2014);② 新城建设成为中国空间资本化和空间再生产的一种手段,城市政府通过建设经济技术开发区、工业园区、高教园区、旅游区等多种形式的城市新区招商引资,希望营造新的城市经济增长极,保持在城市竞争中的优势地位(冯奎等,2016)。中国的新城新区建设取得了丰硕的成果,成为带动中国经济发展新的增长极,但是也出现了用地浪费、对居住人口的吸引力较低、新城新区工作者长距离通勤等问题(刘士林等,2013;武廷海等,2011)。《国家新型城镇化规划(2014—2020年)》明确指出,要"严格规范新城新区建设",说明国家开始反思新城新区建设中出现的问题,新城建设开始上升到国家战略的层面。

新城职住关系是否平衡是新城发展是否成功的关键内容。我国新城建设的重要目标是疏解城市中心区的人口和就业(董玉璞,2016;蒋应红,2011;王祥等,2011),减少中心城区过度集聚和交通拥堵。但是,新城建设过程,常常会导致职住不平衡,反而增强了市中心与郊区之间的交通流,进一步恶化中心城区交通拥堵情况。例如,产业新城以就业为主,居住和配套设施建设滞后;居住新城以居住为主,就业、商业和交通等基础设施建设滞后。如果不能实现职住平衡,走

"产城融合"发展道路,新城会引致"钟摆式"交通,加重中心城区的交通负担,加重交通拥堵、环境污染等问题。反之,如果新城能够达到较高水平职住平衡,成为"反磁力"中心,则能够吸引大量居民在新城工作和居住,提升居民特别是低收入居民的生活质量和生活满意度,同时促进城市产业和人口的科学合理布局(王波等,2011;张萍,2012;张毅媚等,2008)。

二、新城建设与城市多中心结构

传统区位论以单中心城市结构为主,提出交通、地租、土地利用和城市空间结构之间的相互空间关系。阿隆索(Alonso,1964)根据杜能的农业区位论提出的竞租模型(bid rent model)具有深远的影响,是区位论最基础的数学模式,成为后来学者进行城市空间结构研究的微观基础。该模型假设城市只有一个中心,城市中心为中心商务区;城市位于均质平原上,且交通成本与到市中心距离成正比。在该模型中,每个个人或企业都会根据自己的支付能力选择最优的居住或企业选址区位。根据不同城市功能区对交通便捷程度的需求弹性不同,按照交通便捷程度要求和付租能力从高到低,从城市中心到城市外围依次布局商业和零售业、工业、多层住宅、独立住房和郊区农业。阿隆索的竞租模型以数理模型的形式,从企业和个人行动决策的角度出发建立了城市用地形成的微观基础,为以后的城市结构形成与演变研究提供了最基本的分析框架,为量化城市经济和人口空间结构、识别城市的就业和人口中心等提供了基本的逻辑框架。

随着欧美城市化过程的推进,传统区位论中的单中心城市假设日渐受到挑战。城市的中心商务区往往面临着过度拥挤的问题,再加上技术和交通的进步,新城运动兴起,很多城市和结构逐渐朝多中心方向发展(Giuliano et al.,1991;Small et al.,1994)。学者开始探究多中心城市结构下,居民和企业多主体微观互动和交通联系下所形成的城市结构的理论模型(Beckmann,1976;Fujita et al.,1982;Papageorgiou,1971)。企业的集聚经济所带来的正外部性和企业之间、企业与市场之间相互联系造成的交通拥堵等问题带来的负外部性,与居民担当被雇用者和消费者等不同角色的通勤成本、就业机会、收入、住房成本之间的权衡成为城市结构形成的微观行为基础（Anas et al., 1998）。

Fujita 和 Ogawa 在 1982 年提出了考虑居民和企业多主体行为选择和企业集聚效应的城市结构模型（Fujita et al., 1982），模型认为城市结构是在企业和居民复杂行为互动的基础上形成的。企业选址遵循产业集聚的逻辑，居民则在收入、交通成本和住房成本之间寻求平衡，寻求家庭效用的最大化。基于该模型，研究者指出研究中单中心的假定是很危险的，因为人口和通勤成本的变动都会打破单中心模型的均衡。Zhang 等（1997）的模型运用了只包含居民行为的、在封闭城市中有一个城市中心和一个城市副中心的模型。这个模型为新城的分析建立了一个较为初级的理论模型。这个模型的静态比较分析结果表明，城市副中心的形成并没有对城市中心区的物价产生影响。当城市副中心距离中央商务区的距离增大时，居民的总体效用上升。

21 世纪初，Lucas 和 Rossi-Hansberg（Lucas et al., 2002）在综合以往城市经济学模型的基础上，提出了居民和企业综合决策下形成的城市结构模型。该模型假设企业和家庭作为决策主体在城市不同的区位进行自由竞价，企业在规模经济的收益、地价和劳动力工资三者之间寻求均衡点，追求利润最大化；家庭在工资报酬、房价和通勤成本之间寻求权衡取舍，追求效用最大化。研究者将城市结构形成和演变的因素归结为集聚经济和通勤成本的共同作用。当集聚经济很强而通勤成本很低时，城市倾向于形成单中心结构；当集聚经济很弱而通勤成本很高时，城市倾向于形成职住的混合；介于两种情况之间则会形成多样化的城市职住空间组合。这一模型在以往模型的基础上，考虑了家庭和企业多元主体在城市空间中的复杂决策安排，将就业和居住空间的形成纳入城市整体结构模型中，为新城发展、城市空间结构和职住关系的研究提供了基本的理论模型基础。

第二节　新城建设、职住平衡与交通

一、城市空间结构与交通

随着二战以后欧美城市向多中心结构转变，就业和居住逐渐郊区化，呈现小汽车出行增加、居民平均通勤距离延长的趋势。城市交通中发生的这些改变造成了交通拥堵、空气污染等问题，城市空间与交通出行之间的相关关系受到城市经济学和交通研究学者的普遍关注。针对二者之间的关系，学界形成了有关城市空间结构与交通的多种理论，如区位协同理论、空间不匹配观点、模式不匹配理论等，在第三章有所详述。

此外，一些学者研究发现，城市空间结构对通勤时间没有显著影响。持这一观点的学者有两种对不显著关系的解释。有些学者发现了通过普查空间单元测度职住比存在着测量上的谬误，从而在技术上改进了郊区职住比的测度（Peng，1997）。还有一些学者指出，非空间的因素会更多地影响到居民的通勤时间和通勤距离。在个人和家庭居住选址的过程中，除了考虑职住距离外，还会考虑住区质量、学区质量和社区安全等问题（Giuliano，1991；Wachs et al.，1993）。

不同的学者从城市空间组织的计算方法和非空间因素的扰动等多个角度给出了解释。如 Peng（1997）质疑对城市空间内职住平衡的测算问题。他的研究指出，大部分研究都以预先假定的普查单元（census track）或行政单元为界限，通过职住比例来判断城市结构的特点，但是忽略了邻近单元工作或居住机会的影响。通过运用可变空间单元的测算方法，其研究表明，在波特兰，仅在工作密度极低（职住比例小于 1.2）或是极高（职住比例大于 2.8）时，职住平衡比例与小汽车出行里程数才有显著的相关关系；在其他的阈值范围内，职住平衡与小汽车出行没有明显的相关关系。

也有学者认为，有其他更重要的因素会对通勤时间产生扰动。Wachs（1993）对洛杉矶的实证研究表明，工作的分散化对大部分居民（66.2%）的通勤距离没有影响。Giuliano 等（1993）对洛杉矶的研究也证明城市的职住结构对个人层面上通勤时间的差异没有显著的解释力。作者认为，不同人群和家庭在住宅选择上有不同的偏好，家庭到工作地的距离不是唯一的考虑因素。除了这一距离因素以外，还会考虑住区质量、学区、社区安全等因素（Giuliano et al.，1993）。在南加州，交通成本的低廉化使得人们住宅和就业地点选址有更多的选择。居民对远离市区有较高的偏好，并乐意因此放弃工作地点的易达性（Giuliano，1995）。此外，其他因素也会影响住房选址决策，如未来工作的不确定性、双职工家庭数量的增多、非工作出行重要性的提升（Giuliano et al.，1993）。最后，即使是居民本人有在工作地邻近位置居住或者职工有在住房附近工作的意愿，在现实中可能也会因其他非空间因素无法实现，如职工可能因住房供应不足或支付能力不足不能在就业地附近居住（Cervero，1996），或因就业岗位在种族等方面的排斥性使得居民不能在附近工作（Giuliano et al.，1993）。

与西方国家不同，中国的就业和居住格局的演变是在市场和制度等因素综合作用下形成的（Ta et al.，2016）。从20世纪90年代开始，中国城市的房地产市场日渐兴起，单位制度逐渐瓦解；与此同时，中国也开始通过营造工业产业园区等在城市郊区地区吸引外商投资，引进先进的技术和管理经验（冯奎等，2015）。二元体制下中国城市内部空间变化所带来的大城市空间结构的变化，特别是城市职住空间的演变引起了国内学者的普遍关注。

有些学者通过实证研究发现，中国城市特别是大城市的城市蔓延和住房郊区化，增加了长距离通勤和对小汽车的依赖程度。Sun等（2016）基于全国164座城市的数据表明，职住分离度越高，居民通勤时间越长；而多中心的城市结构有利于减少通勤时间。北京的研究表明，城市扩张是通勤时间增加的主要动力。城市的无序蔓延所导致的城市郊区低密度、低混合度开发，是通勤时间增加和小汽车依赖度提高的主要原因（Yang，2006；Zhao et al.，2011；孟斌等，2011）。而长距离通勤的根源，在于职住空间分布的不均衡，特别是郊区就业机会不足和基础设施配套不足（郑思齐等，2009），使得居住先行的郊区化模式造成了对市中心工作的依赖，小汽车出行和长距离通勤的"钟摆式交通"现象明显（周素红等，2006）。这就使得在大城市，居住在市中心的居民通勤距离较短；而在郊区新区，特别是市中心功能外溢区工作的居民，通勤距离较长，且通勤方向指向市中心（刘望保等，2014；周素红等，2005）。

近几年的研究表明，多中心、职住平衡的城市结构是缩短通勤距离、减少小汽车依赖的重要手段（Zhao et al.，2011）。如赵晖等（2013）的研究表明，北京市单中心向多中心结构的转变使得北京的通勤结构由"中心-外围"模式向"网络+放射"的结构转变,而在职住较平衡的地区内部通勤的比例则较高。Lin等(2016)对北京的研究表明,在职住均衡较强的城市就业中心,居民的通勤时间也相对较短。而且相比社会经济因素,宏观尺度上空间因素对通勤时间的影响更显著。Zhou等(2014)的研究表明,城市结构对通勤时间的影响与分析的地理尺度有关。如他们通过对西安的研究表明,在全市层面,西安有较好的职住平衡度,居民的通勤时间较短;但是在交通分析单元的职住比例对居民通勤时间没有显著影响。

二、新城建设与交通

目前也有少量的研究探究了新城的通勤行为,但是由于新城需要强有力的政府政策推动,这些研究的区域集中在欧洲和东亚地区。一项斯德哥尔摩新城(Cervero,1995)和一项香港新城的研究(Hui et al.,2005)都发现新城的职住自我匹配在实践中是很难实现的,往往与新城规划的目标和初衷相违背。一个重要的原因是新城的学校、其他的生活和居住配套、就业机会往往落后于新城的发展,导致新城和传统的城市中心之间大规模的潮汐式交通。但是,这两个新城都在城市轨道建设方面取得了一定的成效,通过轨道交通的建设将新城和其他城市传统功能区相联系,在一定程度上降低了小汽车在通勤中的使用,对能源节约和环境保护产生了积极的作用。另一项韩国首尔新城的研究发现,受到新城绿带规划的限制,首尔新城发展呈现"蛙跳式"发展的特点,影响了城市的可持续发展。实证研究发现,假设首尔的新城发展遵循连接式的发展模式,通勤距离和个人通勤能耗都会大大降低(Jun et al.,2001)。

还有少量香港的新城研究涉及新城开发对不同收入群体的影响。Loo(2002)通过个人偏好问卷研究了连接香港市中心和元朗新城的3号高速线路开通对出行的影响。研究发现,不同的社会经济群体对线路开通的反应是不同的,但是线路开通对通勤的影响不大。还有一项研究揭示了香港新城发展带来的潜在的"模式不匹配"问题。Lau(2010)发现居住在香港天水围新城的无车居民在日常通勤中高度依赖公共交通,因此这部分群体的通勤时间因为换乘时间长等因素明显延长，甚至影响到了一批低收入者的工作获得。

在国内，有学者已经关注到了城市新城新区的空间规划对居民通勤的影响。如Zhou等（2017）的研究关注到了以苏州工业园区为代表的产业新城的影响。苏州工业园区尽管在空间分析上呈现职住平衡的表象，但是在实际上却没有实现职住平衡。原因可能是开发区过分注重工业开发，住宅和配套设施的供给不足、工人无法负担周边房价、小汽车的便捷扩大了居民居住选址的范围等。尽管目前有少量对新城通勤影响的研究，但是这些研究大多从绿色、可持续交通的角度研究新城的交通影响，从交通公平角度对新城通勤影响开展的研究还比较少。另外，这些研究尽管已经关注到公共交通对新城交通带来的影响，但是少有研究关注到不同收入群体的资源分配状况。对这些问题进行研究，有利于贡献目前关于新城发展和通勤不匹配的文献，并对旨在减少社会不公平的新城用地与交通规划提出相应的政策建议。

第三节　北京新城职住平衡与交通

一、北京市新城规划发展

北京市于1958年、1982年和1993年先后出台了三版城市总体规划。这三版城市总体规划从规划布局上基本确立了北京市"分散集团式"的布局结构，通过卫星城（镇）的建设带动北京市边缘组团的整体发展。但是由于在该阶段卫星城（镇）距离北京市重点发展区域较远，且缺乏有效的快速交通连接，该阶段的卫星城（镇）建设较为缓慢。

2005年，国务院通过了《北京城市总体规划（2004—2020年）》，规定了新城是"两轴两带多中心"城市总体空间结构中的重要发展节点，是"在原有卫星城基础上，承担和疏解中心城人口功能、集聚新的产业、带动区域发展的规模化城市地区，具有相对独立性"，规划新城包括11个，分别为通州、顺义、亦庄、大兴、房山、昌平、怀柔、密云、平谷、延庆、门头沟，该版规划中正式提出了"新城"的概念，但从新城的地域分布来看，该版规划中的新城依然是前几版规划中对卫星城的延伸。在新城的功能上，这一版总体规划确定了新城的多重功能:"疏解城市功能""形成新的城市增长极",相比前几版规划赋予了新城更广的区域内涵,除了分担城市中心区的城市功能之外,还要形成自己的产业优势,成为带动区域经济发展的独立城市组团。

《北京城市总体规划(2016年—2035年)》是最新一版的北京城市总体规划,在本版规划中将新城的地位提高到了更加显著的位置。规划提出"完善城市体系,在北京市域范围内形成'一核一主一副,两轴多点一区'的城市空间结构,着力改变单中心集聚的发展模式,构建北京新的城市发展格局"(图12.1)。其中:"一副"指的是将通州新城建设为北京市的城市副中心,总面积约155平方千米;"多点"是指顺义、大兴、亦庄、房山和昌平五个新城,这些新城是承接中心地区人口和就业疏解的重点地区,也是推动京津冀协同发展的重要区域,将承接中心城区人口和本地城镇化双重任务,着力推进人口、产业、居住、服务均衡发展。

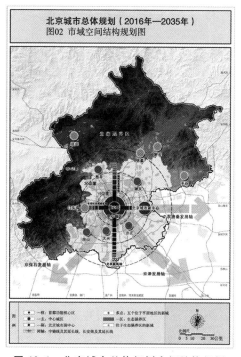

图 12.1 北京城市总体规划空间结构规划

在北京市重点发展的六个新城中，亦庄和顺义的发展历史较为悠久，是在产业集群的基础上发展起来的新城；通州是在居住郊区化和城市东扩过程中逐渐发展起来的；而昌平、房山和大兴则是在原有区县的基本功能基础上逐渐壮大形成的。

从土地开发情况来看（图12.2），新城所占全市城镇建设用地的比例呈现逐年增长的态势，新城已经成为全市空间扩展的主要载体，也是产业发展和人口增长的重要地区。从城镇建设用地的增长率上来看，新城每年的城镇建设用地规模都在缓慢增长，2010年的年均增长率最高，达到3.12%，自此增长率缓慢下降，自2012年起逐渐维持在年均1%左右的增长率；2016年年均城镇建设用地缓慢回升，达到0.86%，新城建设趋于平稳。

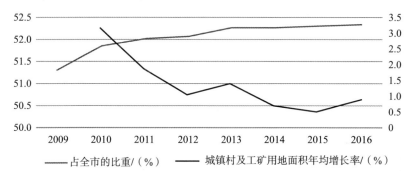

图12.2　2009—2016北京各新城城镇村及工矿用地面积占全市的比重和年均增长率变化

来源：北京市土地利用现状汇总表（2009—2016年）.

从人口的分布来看，2016年，新城人口总量占到全市的25.6%，常住人口规模超过730万人，占全市常住人口的33.6%；常住外来人口占全市人口的比重达到38.9%（表12.1）。说明新城是容纳全市新增人口的重要区域。昌平新城常住人口最多，且增长快。大兴新城和通州新城次之，顺义新城和房山新城的人口最少（图12.3）。

表12.1　2016年北京城新人口和社会经济的基本指标

	数值	占全市比重/（%）
户籍人口/万人	348.2	25.6
常住人口/万人	730.3	33.6

(续表)

	数 值	占全市比重/（%）
常住外来人口/万人	313.9	38.9
地区生产总值/亿元	5 423.3	21.1
第一产业增加值/亿元	77.0	52.3
第二产业增加值/亿元	2 586.2	52.3
第三产业增加值/亿元	2 760.1	13.4
全社会固定资产投资/亿元	1 769.8	43.7
规模以上工业总产值/亿元	8 909.3	49.3

来源：2017年北京区域统计年鉴.

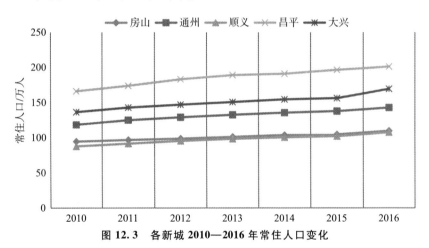

图 12.3　各新城 2010—2016 年常住人口变化

来源：2017年北京区域统计年鉴.

新城也是外来人口重要聚居地，新城中外来人口都占常住人口较高比例，如昌平 2016 年外来人口已经占常住人口的 51%、大兴达到了 49%（图 12.4）。主要原因是这些郊区新城为外来人口提供了大量的住房来源，可以容纳较多的外来人口居住，新城地区较低的房价、对租户的政策相对宽松为外来人口在北京市找到合适的居所提供了一定的便利条件。另外，郊区新城有较多的非正式就业机会，在一定程度上打破了没有户口的求职者在求职中的壁垒。

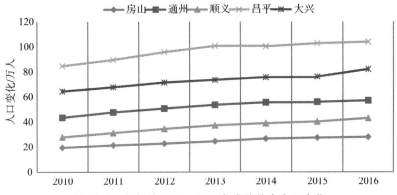

图 12.4 各新城 2010—2016 年常住外来人口变化

来源：2017 年北京区域统计年鉴.

从经济发展来看，新城经济总量在 2016 年已经达到 5 423.3 亿元，占到全市的约五分之一。新城增长发展快，是全市重要的经济增长地区。但新城在全市的经济占比要低于人口占比，说明北京市经济发展的重心依然集中在中心城区，经济和人口分布在市域上存在明显差异。从产业结构来看，新城第一产业和第二产业的增加值分别达到全市的 52.3%，第三产业的增加值只占全市范围的 13.4%，说明新城是全市第一产业和第二产业主要集中区，第三产业发展总量相对较小，这种产业格局也基本决定了全市的就业格局，新城在全市域就业结构中以第一、二产业为主，第三产业就业次之。

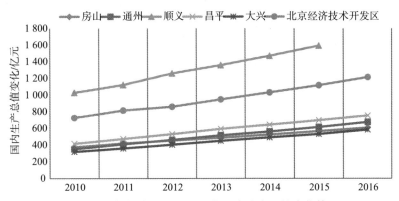

图 12.5 各新城 2010—2016 年国内生产总值变化情况

来源：2017 年北京区域统计年鉴.

各新经济发展有较大的差异。图12.5显示，顺义新城和亦庄新城北京经济技术开发区的经济总量远超其他新城。在其他四个新城中，昌平新城的经济总量最高且增长最快；通州新城的经济发展后来居上，2016年通州的经济总量已经远超出房山和大兴，逼近昌平。房山新城和大兴新城在六个新城中经济增长处于较为弱势的地位，就业供给也较低。

二、新城职住关系对居民通勤的影响

（一）数据与方法

首先采用比较分析的方法，将郊区社区分为"新城"社区与"非新城"社区，然后对这两类社区的居民通勤行为进行对比，从而揭示新城居民的通勤特征。以2005—2020年各新城规划的范围为准，将位于新城规划边界内的社区定义为"新城社区"，边界外的社区定义为"非新城社区"。

数据来自2017年4月至7月在北京全市范围内开展的北京市居民出行调查。该调查抽样采用分层抽样、按人口规模比例抽样（PPS抽样）相结合的方法：① 根据第六次全国人口普查数据（2010）和第三次全国经济普查数据（2013）对每个街道的职住状况进行研判，根据人口密度、就业机会分布和城市总体规划的目标，选择以居住为主、以工作为主、职住混合和规划开发的典型片区。② 再根据住房来源（单位房、商品房、政府福利住房）、房价、小区建成年代、小区周边建成环境等要素，在北京市内选择居住小区共计36个，根据小区人口的比例，按照1 000户及以下的小区抽取50个样本、1 000～2 000户小区抽取100个样本、2 000户以上的超大小区抽取150个样本的比例进行抽样。③ 最后，再根据全市范围内的人口分布对样本进行数量调整。问卷采用网上填答的方式，涵盖了出行信息、个人社会经济属性、迁居和工作调动历史、个人择业和出行偏好与满意度等内容。将本研究中样本的基本情况与北京市2017年国民经济社会统计公报中的数据进行对比，发现样本在北京市具有一定的代表性，与北京市的基本情况基本吻合。共选择12个郊区社区，其中8

个为新城社区,4 个为非新城社区,社区的分布见图 12.6。研究使用数据样本数量为 1 061 个,其中新城社区样本量为 595 个,非新城社区样本量 466 个。

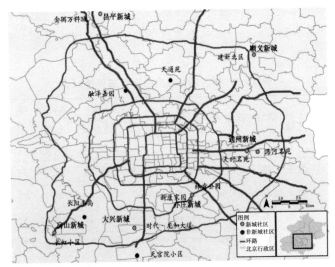

图 12.6　所调查的郊区社区位置

来源:作者自绘.

表 12.2　调查郊区社区所在新城位置分布

变量	具体类别	平均数/样本数量	标准差/(%)
社区所在新城位置	昌平	109	10.27
	亦庄	124	11.69
	大兴	87	8.2
	房山	62	5.84
	通州	128	12.06
	顺义	85	8.01
	非新城	466	43.92
合计		1 061	

12 个新区样本居民的社会经济属性情况如表 12.3 所示。亦庄新城的社区、房山新城的长阳半岛社区和通州的天时名苑社区的居民家庭收入普遍较高,且教育程度和小汽车的拥有量也明显高于其他社

区。大兴新城和非新城的两个样本社区中，高收入者的比例则普遍较低。非新城社区的租户比例普遍较高，如昌平的融泽嘉园有房的居民只占到27.19%，天宫院小区有房的居民比例只占到31.17%。

12个样本社区的建成环境如表12.4所示。其中，土地利用混合度的计算是根据Google Earth的卫星图按1∶1的比例绘制，通过熵权法计算得出的。

表12.3 郊区调查社区社会经济属性对比

郊区社区	区域	新城社区	低收入/(%)	中等收入/(%)	高收入/(%)	大学以上教育比/(%)	有车比例/(%)	有房比例/(%)	平均年龄
金隅万科城	昌平	是	16.51	59.63	23.85	85.32	56.88	74.77	32.76
融泽嘉园	昌平	否	13.64	46.97	39.39	85.61	50.76	27.19	29.52
天通苑	昌平	否	13.53	48.83	37.65	86.47	58.82	53.25	32.71
新康家园	亦庄	是	8.33	51.67	40.00	93.33	66.67	50.88	33.27
林肯公园	亦庄	是	6.25	40.63	54.69	84.38	65.63	55.56	32.31
时代龙和	大兴	是	36.78	52.87	10.34	73.56	73.56	74.07	35.74
天宫院小区	大兴	否	26.31	55.79	17.89	75.79	54.75	31.17	31.53
长虹小区	房山	是	17.74	64.52	17.74	83.87	70.97	78.95	34.42
长阳半岛	房山	否	5.80	42.03	52.17	89.86	72.46	80.88	33.38
建新北区	顺义	是	22.35	56.47	21.18	71.76	61.18	58.23	34.45
潞河名苑	通州	是	9.30	72.09	18.60	79.07	65.12	76.92	37.37
天时名苑	通州	是	3.53	41.18	55.29	91.76	62.35	63.86	31.76

表12.4 郊区调查社区建成环境

郊区社区	区域	新城社区	样本量	家户密度/(户/千米^2)	土地利用混合度	支路密度/(千米/千米^2)	公交站点密度/(个/千米^2)	到最近地铁站距离/千米
金隅万科城	昌平	是	109	7 487	0.519	8.406	5.385	1.10
融泽嘉园	昌平	否	132	8 228	0.484	8.966	4.910	1.10

(续表)

郊区社区	区域	新城社区	样本量	家户密度/(户/千米²)	土地利用混合度	支路密度/(千米/千米²)	公交站点密度/(个/千米²)	到最近地铁站距离/千米
天通苑	昌平	否	170	6 712	0.394	6.922	4.120	1.60
新康家园	亦庄	是	60	4 674	0.439	4.089	2.362	0.76
林肯公园	亦庄	是	64	5 347	0.438	9.802	2.314	0.37
时代龙和	大兴	是	87	7 731	0.428	9.291	2.423	0.98
天宫院小区	大兴	否	95	2 604	0.467	3.177	1.604	0.62
长虹小区	房山	是	62	6 043	0.507	6.074	3.232	0.31
长阳半岛	房山	否	69	2 511	0.430	4.211	2.264	0.89
建新北区	顺义	是	85	5 925	0.515	7.430	2.483	0.72
潞河名苑	通州	是	43	9 523	0.377	11.719	5.409	1.80
天时名苑	通州	是	85	8 256	0.433	10.831	3.740	0.31

(二) 新城居民通勤距离

郊区的新城社区居民和郊区的非新城社区居民相比较，可以看出新城居民的通勤距离要小于非新城社区居民的通勤距离（表12.5）。新城社区居民平均通勤距离为7.831千米，非新城社区居民平均通勤距离为10.913千米，ANOVA检验的F统计值显示，两组之间的差异在统计上具有显著性（$P<0.001$）。这说明在郊区，新城社区居民的职住平衡程度相对非新城社区居民的职住平衡程度要高一些。

表12.5 各社区通勤距离比较

郊区社区	新城位置	社区名称	通勤距离/千米
新城社区	总体		7.831
	昌平	金隅万科城	7.699
	亦庄	林肯公园	7.789
		新康家园	7.061

（续表）

郊区社区	新城位置	社区名称	通勤距离/千米
	大兴	时代·龙和大道	3.973
	房山	长虹小区	10.749
	顺义	建新北区	6.257
	通州	潞河名苑	7.536
		天时名苑	12.121
非新城社区	总体		10.913
	昌平	融泽嘉园	6.511
		天通苑	9.768
	大兴	天宫院	14.538
	房山	长阳半岛	17.163
F	26.26		
Sig	0.000		

在不同区域，社区居民的通勤距离也有显著的差异，如在大兴新城的社区中，居民的通勤距离较短，平均为 3.973 千米，说明大兴新城的工作岗位与当地居民的匹配程度较好。而房山新城的长虹小区中，居民平均通勤距离则达到了 10.749 千米，说明房山新城中，居民的本地化就业程度低，需要外出到其他区域就业。在郊区的非新城社区中，天宫院和长阳半岛等社区的居民平均通勤距离在 15 千米左右，主要原因是这些社区距离新城就业中心和中心城区较远，居民的就业可达性程度低。融泽嘉园社区的居民通勤距离相对较短，主要原因是该社区临近上地科技园就业区。

为进一步说明新城职住平衡对新城居民通勤距离的影响，通过定量回归分析，比较不同因素的作用。表 12.6 显示，即便是在控制了诸多因素的前提下，是否位于新城对于郊区居民通勤距离来说，具有显著影响因素。与非新城社区相比，居住在亦庄、大兴、通州和顺义的新城社区居民通勤距离相对较小。这说明亦庄、大兴、通州、顺义四个新城在整体上说，其产业发展提供了与新城附近社区居民劳动技能相匹配的工作机会，而昌平和房山新城所提供的工作机会则相对有

表 12.6　城市发展新区居民通勤距离影响因素的回归分析

	回归系数	标准差	显著水平
郊区社区为主			
参照组：非新城社区			
昌平	0.157	0.272	0.564
亦庄	-0.900	0.200	0.000
大兴	-1.098	0.291	0.000
房山	-0.330	0.209	0.114
通州	-0.714	0.359	0.047
顺义	-0.488	0.264	0.065
社区建成环境			
居住密度	-0.053	0.078	0.496
土地利用混合度	5.768	2.845	0.043
支路密度	0.038	0.040	0.342
距离最近地铁站距离	-0.608	0.242	0.012
就业密度	-0.042	0.073	0.569
个人和家庭社会经济特征			
性别	0.109	0.070	0.877
婚姻	-0.057	0.106	0.589
年龄	-0.027	0.035	0.438
年龄的平方	0.001	0.001	0.270
参照组：低收入			
中收入	0.378	0.111	0.001
高收入	0.672	0.127	0.000
小汽车	0.292	0.080	0.714
北京户口	-0.096	0.085	0.257
有子女	-0.008	0.094	0.928
大学文凭	0.400	0.105	0.000
房屋权属	0.248	0.091	0.006
参照组：政府和事业单位			
国企	0.336	0.121	0.006
私企	0.173	0.104	0.096

（续表）

	回归系数	标准差	显著水平
外资企业	0.588	0.162	0.000
厌恶小汽车	−0.082	0.029	0.005
厌恶出行	0.030	0.029	0.291
截距	4.916	1.535	0.001
样本数量	924		
F	9.800		
显著水平	0.000		
R^2	0.228		
调整后的 R^2	0.205		

限，居民的就业更多地依附于更加核心的城市功能集团。亦庄、顺义新城在北京的发展相对较早，已经形成了比较成熟的产业优势和较为稳定的产业结构，在政策的支持下也发展起来了相对较为独立的高新技术产业和高端服务业集群。通州新城作为城市东部的组团，借助城市副中心建设的契机和距离城市中央商务区较近的优势，也在承接城市产业和人口转移的过程中逐渐提升自己的产业功能。大兴新城作为在大兴城区基础上发展起来的新城，区域性中心的特点显著，形成了与市中心相对独立的功能组团，但新城的产业结构还有待进一步升级。相比之下，房山和昌平新城的发展还较为滞后。这与 Zhou 等（2017）对苏州工业园区的研究有一致的结论，新城要想实现缩短通勤距离的目标，必须在居民的劳动力技能和新城的就业机会上实现匹配。

社区建成环境的因素也会对新城居民的通勤距离产生显著影响。土地利用混合度的提升会显著降低居民通勤的距离，这可能是因为土地利用混合度的提升有利于提升居民到达周边目的地的可达性，也有利于居民在居住地周边找到相应的工作机会（Cervero，1996；Frank et al.，1994）。到达地铁站的距离与出行距离呈现负相关关系。到达地铁站的距离越远，人们通勤距离越近。这可能是因为距离地铁站点可达性的降低限制了人们就业选择的空间范围，从而使得人们被迫在社区附近其他交通工具可及的范围内进行工作的搜寻。在控制了其他因素的情况下，居住密度和就业密度都对新城居民的通勤距离没有显著影响。

个人和家庭的社会经济属性也是影响到新城居民通勤距离的重要因素。与国内外的研究一致，在控制了其他因素的情况下，收入越高的新城居民和受教育水平越高的新城居民通勤距离越长（Sandow, 2007; Sandow et al., 2010）。这可能是因为收入和受教育水平更高的居民有更高水平的议价能力，因而在择业的过程中对通勤距离的考量更加不敏感。另外，受到高房价的制约，有相当一部分高技能就业者选择在郊区新城购房，就新城之外的郊区来讲，新城的学校、医院、商业等设施服务相对较为完善，但大部分高技能就业者还是选择前往城市中心区上班，那里有更多的与其劳动技能和教育水平相匹配的就业机会（Hu et al., 2017）。这个结论也可以通过住房所有与通勤距离之间的关系得到印证。对房屋拥有权属的居民通勤距离也要长于租户，也就是说在郊区拥有住房的人，更加倾向于长通勤。另外，住房的拥有，可能会固化这种长通勤关系，有房的居民的迁居灵活性较差，随着工作的调动，通勤距离增加的可能性就会大大提升。

上述分析结果也表明了传统中国特色的单位制度对居民通勤距离的影响。从工作单位的性质来看，相比在政府和事业单位工作的居民，在企业工作的居民通勤距离更长。这可能是因为在单位制度的影响下，居民居住在距离工作单位较近的社区以安排自己的工作和生活，因而在政府和事业单位工作的居民通勤距离相对较短。这与国内其他研究单位对通勤影响的学者的结论一致（Wang et al., 2016），也与其他性质的工作岗位在北京市的地理分布有关。政府和事业单位在北京市的分布在空间上比较均质，每个新城都有自身的行政机构和附属组织，但是企业，特别是国企和外资企业的分布则集中于政治文化功能集中和科研技术力量强大的更加核心的城市功能区。在控制了其他变量的情况下，户口对居民通勤没有显著影响。这可能是因为户口对居民通勤的影响来自其他因素的中介作用，如收入、工作单位等。

（三）新城居民通勤方式

新城社区居民的通勤方式和非新城社区居民的通勤方式具有差异

（表12.7）。新城社区居民的小汽车通勤比例高于非新城社区。卡方检验的Pearson系数表明，非新城社区对地铁通勤的依赖程度更高，如天宫院、天通苑和长阳半岛，地铁的通勤比例都达到40%左右。但从公交情况来看，与新城社区相比，非新城社区的公交通勤比例较低，主要原因是非新城社区的公交线路服务水平相对较低。

表12.7 城市发展新区各社区通勤方式比较

郊区社区	新城位置	社区名称	小汽车	地铁	公交	步行/自行车
新城社区	总体		30.96	21.15	16.92	30.96
	昌平	金隅万科城	45.37	12.96	10.19	31.48
	亦庄	林肯公园	29.69	34.38	10.94	25.00
		新康家园	36.67	20.00	23.33	20.00
	大兴	时代·龙和大道	40.23	9.19	12.64	37.93
	房山	长虹小区	24.19	24.19	16.13	35.48
	顺义	建新北区	23.53	11.76	22.35	42.35
	通州	潞河名苑	23.81	14.29	23.81	38.10
		天时名苑	15.66	45.78	21.69	16.87
非新城社区	总体		29.00	35.50	9.52	25.97
	昌平	融泽嘉园	36.92	23.85	5.38	33.58
		天通苑	25.44	40.83	13.61	20.12
	大兴	天宫院	17.02	38.30	7.45	37.23
	房山	长阳半岛	39.13	40.58	10.14	10.14
Pearson	32.397					
Pr	0.000					

本研究采用Logistic回归分析了不同因素对于新城居民通勤方式的影响。分析结果（以小汽车出行为参照变量）表明，控制其他因素的条件下，大兴、通州等新城社区居民地铁通勤的概率要比非新城社区居民低，这两个新城社区居民更倾向于小汽车出行（表12.8）。昌平、房山、顺义等新城的社区居民相比非新城社区居民更有可能乘坐

公交通勤，主要原因是在这些新城中，公共交通服务有更多的线路选择和更加便捷的服务。亦庄新城社区居民步行/自行车通勤的比例相比非新城社区居民更低，一个可能的原因是亦庄新城的居民有更高的收入水平，因此小汽车通勤的可能性更高。分析结果还显示，出行距离的对数值会影响到通勤模式的选择。出行距离越长，相比小汽车出行，地铁和公交出行的概率越高，步行/自行车出行的概率越低。这说明公共交通的依赖者更有可能长距离通勤。

表 12.8　居民通勤模式影响因素回归分析（参照组：小汽车）

	地铁			公交			步行/自行车		
	回归系数	标准差	显著性	回归系数	标准差	显著性	回归系数	标准差	显著性
通勤距离	1.470	0.151	0.000	0.522	0.134	0.000	-1.307	0.156	0.000
新城社区									
参照组：非新城									
昌平	1.280	0.859	0.136	2.166	1.098	0.048	-0.052	0.943	0.956
亦庄	-0.998	0.635	0.116	0.403	0.739	0.585	-1.358	0.719	0.059
大兴	-2.941	0.942	0.002	-1.016	1.041	0.329	-1.612	1.076	0.134
房山	0.070	0.714	0.922	1.412	0.795	0.076	0.074	0.694	0.915
通州	-3.194	1.151	0.006	-0.426	1.211	0.726	-0.510	1.310	0.697
顺义	0.288	0.869	0.740	2.820	1.097	0.010	-1.022	0.961	0.288
社区建成环境									
居住密度	0.331	0.216	0.126	0.167	0.283	0.555	0.477	0.326	0.884
土地利用混合度	-29.939	9.642	0.002	-32.14	11.280	0.004	15.241	10.314	0.139
支路密度	0.198	0.119	0.097	0.061	0.142	0.666	0.091	0.140	0.517
距离最近地铁站距离	-2.732	0.899	0.002	-1.954	0.812	0.016	0.570	0.835	0.494
就业密度	-0.281	0.212	0.185	-0.061	0.299	0.838	-0.392	0.292	0.180
个人和家庭社会经济特征									
性别	-0.172	0.220	0.435	-0.170	0.246	0.489	0.038	0.222	0.864
婚姻	0.052	0.339	0.877	0.029	0.387	0.941	-0.251	0.326	0.442
年龄	-0.295	0.124	0.018	-0.318	0.125	0.011	-0.007	0.116	0.955

(续表)

	地 铁			公 交			步行/自行车		
	回归系数	标准差	显著性	回归系数	标准差	显著性	回归系数	标准差	显著性
年龄的平方	0.004	0.002	0.030	0.004	0.002	0.008	0.000	0.002	0.963
低收入									
中收入	−0.268	0.446	0.549	−0.827	0.426	0.052	−1.130	0.354	0.001
高收入	−0.726	0.474	0.126	−1.323	0.475	0.005	−1.385	0.412	0.001
小汽车	−1.126	0.263	0.000	−1.300	0.289	0.000	−0.893	0.252	0.000
北京户口	−0.316	0.261	0.225	0.157	0.300	0.600	−0.043	0.274	0.877
有子女	0.133	0.288	0.645	0.141	0.332	0.672	0.187	0.299	0.530
大学文凭	0.080	0.389	0.838	0.915	0.465	0.049	0.042	0.310	0.891
房屋权属	0.980	0.293	0.001	−0.981	0.328	0.003	−0.743	0.287	0.010
参照组：政府和事业单位									
国企	0.298	0.386	0.440	0.318	0.407	0.435	−0.911	0.386	0.018
私企	0.291	0.346	0.400	0.096	0.364	0.791	−0.102	0.307	0.741
外资企业	0.333	0.495	0.501	0.498	0.527	0.345	−0.131	0.576	0.820
厌恶小汽车	0.224	0.092	0.015	0.067	0.105	0.522	−0.041	0.094	0.661
厌恶出行	0.166	0.940	0.077	0.016	0.101	0.874	0.013	0.089	0.880
截距	18.350	5.252	0.000	19.552	5.794	0.001	−2.632	5.379	0.625
样本数量	918								
卡方统计量	794.73								
显著水平	0.000								
类决定系数	0.3229								

社区的建成环境也是影响通勤方式选择的重要因素。居住密度对通勤方式的选择没有显著影响，但是土地利用混合度的提高会显著降低地铁和公交出行的概率，而增加小汽车使用的概率。这与大部分研究中土地利用混合度抑制小汽车出行的研究结论相反。支路密度越高，距离地铁站的距离越近，居民通勤采用地铁和公交的可能性越高。这说明在控制了其他变量的情况下，更高的街道连通性和步行友好度能够显著提升公共交通通勤的比例。这与以往关于城市设计提升

可持续交通出行概率的研究结论是一致的（Berman，1996；Khattak et al.，2005）。同时，研究也说明了地铁投资与社区规划的结合有利于提升公共交通通勤的概率，从而支持了郊区轨道交通拓展和公共交通导向的开发的实际意义（Huang et al.，2016；王丰龙等，2014）。

个人和家庭的社会经济特征也影响新城居民通勤模式的选择。年龄对通勤模式有非线性的影响。相比于小汽车，在37岁和40岁之间，人们乘坐地铁和公交的概率分别随着年龄的增长而提升，但在此年龄段之后，人们放弃两种交通方式而选择开车通勤的概率提升。这可能与不同年龄人们的通勤距离有关。Axisa等（2012）的研究发现，在35岁之前，人们的通勤距离随着年龄增长而增加，之后会随之降低。而年龄与通勤方式的这一关系可能也符合通勤变动的重要规律。另一个重要的因素是随着人们年龄的增长，收入提高和拥有小汽车的概率也逐渐提升，因此开车的概率也会随之提升。这一点也可通过小汽车使用与收入水平的关系得到印证：中高收入人群更加倾向于开车，通勤对小汽车的依赖程度更高，有车群体开车的概率也显著高于无车群体。这与北京市总体情况是一致的（Li et al.，2017）。有房的人选择步行和自行车的比例更低，更可能选择小汽车出行，说明有房者迁居的灵活性较小，工作变动所带来的通勤距离增加的可能性较高，同时由于有房者往往在年龄和职位上也相应较高，因此有小汽车的概率也会相应提升。这些因素都增加了有房人群小汽车通勤的概率。

此外，工作单位的性质也会对通勤模式的选择产生影响。国企的新城居民相比在政府和事业单位工作的居民，步行/自行车出行的概率更低，更可能开车通勤。一个可能的原因是国企在新城分布较少，城市中心区仍然是国有企业的集聚地。

（四）新城居民通勤时长

从新城居民和非新城居民的通勤时长来看（表12.9），新城社区居民的平均通勤时间约为38.1分钟，非新城社区居民的平均通勤时间约为46.6分钟，二者的ANOVA检验表明其差异在统计上是显著的（$P<0.001$）。通勤距离和通勤方式会对新城居民的通勤时间产生显著

影响，通勤距离越长，通勤时间则越长；乘坐地铁和公交出行的居民的通勤时间显著高于乘坐小汽车出行的居民，采用步行/自行车出行的居民的通勤时间显著低于乘坐小汽车出行的居民。在叠加了通勤距离和通勤方式的影响后，新城社区各社区通勤时长较小，而非新城社区居民的通勤时间则普遍较长。主要原因是非新城社区居民的通勤距离较长，且对公共交通的依赖程度较高。在非新城社区中，融泽嘉园居民的通勤时间较短，主要是因为该社区靠近上地科技园区，就业机会较多，缩短了该社区居民的通勤距离。整体来看，新城社区居民通勤时长得益于新城职住关系较为平衡的影响，例如，与非新城社区相比，处于房山、顺义和通州三个新城的居民通勤时间显著较低。但是，非新城社区居民的通勤时长则主要受通勤距离较长的影响，他们更加倾向于通过改变居住地、就业地或者乘坐地铁来减少通勤时间。

表 12.9 城市发展新区各社区通勤时间比较

与新城的位置关系	新城位置	社区名称	通勤时间/分钟
新城社区	总体		38.099
	昌平	金隅万科城	34.624
	亦庄	林肯公园	36.843
		新康家园	37.700
	大兴	时代·龙和大道	34.610
	房山	长虹小区	39.742
	顺义	建新北区	30.129
	通州	潞河名苑	37.419
		天时名苑	54.471
非新城社区	总体		46.567
	昌平	融泽嘉园	37.022
		天通苑	52.241
	大兴	天宫院	43.747
	房山	长阳半岛	54.725
F	13.71		
Sig	0.0002		

社区建成环境也会对通勤时间产生显著的影响。居住密度越高，通勤时间越长。这可能是由于居住密度背后所代表的其他含义与通勤时间产生了相关关系（Sun et al., 2016），在本研究中，居住密度高的社区一般都是大型居住区，特别是郊区的非新城大规模社区，周边缺少产业配套和相关的就业机会，因此在空间上限制了通勤者的就业机会选择。这一点可以通过土地利用混合度与通勤时长的关系得到印证，土地利用混合度提升会相应降低通勤时间。

不同于通勤方式和通勤距离，在通勤时间的分析结果中，个人和社会经济属性中达到显著相关水平的变量不多（表 12.10）。低收入者的通勤时间相比中等收入者显著较高，但是与高收入者相比没有统计意义上的显著性。小汽车的拥有情况也是影响通勤时间的重要因素，拥有小汽车的居民通勤时间显著低于其他居民。

表 12.10　居民通勤时间影响因素回归分析

	回归系数	标准差	显著水平
通勤距离	0.436	0.227	0.000
通勤方式			
参照组：小汽车			
地铁	0.337	0.540	0.000
公交	0.216	0.617	0.000
步行/自行车	-0.164	0.544	0.003
新城社区			
参照组：非新城			
昌平	0.253	0.144	0.078
亦庄	-0.116	0.106	0.275
大兴	-0.255	0.154	0.097
房山	-0.223	0.109	0.042
通州	0.591	0.189	0.002
顺义	0.153	0.139	0.272
社区建成环境			
居住密度	0.819	0.413	0.048

（续表）

	回归系数	标准差	显著水平
土地利用混合度	-6.007	1.509	0.000
支路密度	-0.005	0.021	0.800
距离最近地铁站距离	-0.484	0.128	0.000
就业密度	0.007	0.039	0.865
个人和家庭社会经济特征			
性别	0.026	0.037	0.484
婚姻	-0.042	0.055	0.447
年龄	0.015	0.018	0.410
年龄的平方	-0.000	0.000	0.454
参照组：低收入			
中收入	-0.116	0.059	0.050
高收入	-0.086	0.068	0.205
小汽车	-0.099	0.042	0.019
北京户口	0.042	0.044	0.342
有子女	0.001	0.049	0.980
大学文凭	0.080	0.056	0.149
房屋权属	0.046	0.048	0.343
参照组：政府和事业单位			
国企	-0.064	0.064	0.317
私企	-0.024	0.054	0.656
外资企业	0.436	0.085	0.609
厌恶小汽车	0.024	0.015	0.116
厌恶出行	0.026	0.015	0.086
截距	4.971	0.823	0.000
样本数量	916	F	49.17
显著水平	0.000		
R^2	0.6182		
调整后的 R^2	0.6048		

第四节 新城职住关系的社会分异和模式差别

一、新城职住关系的社会分异

职住平衡不仅是某一地区就业岗位数和住房数量上的平衡，更重要的是就业机会和居住人口就业需要的平衡。职住关系的社会分异体现在同一地域范围内不同收入群体的通勤距离的差异，接下来进一步探讨北京郊区新城中不同收入人群的通勤距离。

对调查数据进行分析发现，新城社区各收入群体之间的通勤距离具有显著的差异性，低收入群体的通勤距离为 3.92 千米，中等收入群体的通勤距离为 6.66 千米，高收入群体的通勤距离为 12.05 千米（表 12.11）。在非新城社区，各收入群体之间的通勤距离同样有差异，

表 12.11 不同收入群体通勤距离对比 （单位：千米）

与新城的位置关系	新城位置	社区名称	收入 低	收入 中等	收入 高	F 检验	显著性
新城社区	总体		3.92	6.66	12.05	32.14	0.000
	昌平	金隅万科城	6.11	5.87	13.37		
	亦庄	林肯公园	2.47	5.48	10.05		
		新康家园	1.08	6.03	9.64		
	大兴	时代·龙和大道	2.21	3.95	10.35		
	房山	长虹小区	6.45	11.26	13.19		
	顺义	建新北区	2.82	11.76	22.35		
	通州	天时名苑	5.36	8.50	15.25		
非新城社区	总体		6.88	11.45	11.86	6.72	0.001
	昌平	融泽嘉园	6.12	7.70	5.24		
		天通苑	4.94	10.49	10.57		
	大兴	天宫院	9.01	14.40	23.10		
	房山	长阳半岛	8.08	16.83	18.44		

但是中高收入群体之间的通勤距离相差不明显，低收入群体的通勤距离明显低于更高的收入群体。ANOVA 检验的结果表明，不同收入群体之间通勤距离的差异在统计上具有显著性（$P<0.001$）。这一现象与西方国家"空间不匹配"的研究发现相反，但与最近墨西哥城的一项研究具有一致性（Suárez et al., 2016）。主要有以下三方面原因：① 在北京郊区的新城之外地区，产业部门以制造业、机械加工业、批发、仓储物流、农产品加工业、建筑业等为主，这些部门大多为劳动密集型产业，对劳动力的教育水平和劳动技能的要求较低，从而为居住在郊区的低收入者提供了一定数量的就近就业机会，导致他们的通勤距离较短。② 郊区还存在大量的零售、摊贩、保洁、家政等非正式性经济（informal sectors），提供了对教育和劳动技能要求低的非正式性就业机会，有利于郊区低收入者就近就业。③很多低收入者没有小汽车，或居住在距离地铁较远的地区，加上公共交通服务水平低，这些都限制了他们的交通移动能力，有一部分人选择就近在周边寻找工作。

上述现象也存在一些特例。例如在有些新城社区，如金隅万科城等，发现低收入者的通勤距离长于中等收入群体的现象，这说明在社区周边，满足和匹配低收入者劳动能力的工作岗位还不够充足，低收入者需要到更大的地理搜寻范围内寻找工作。在非新城社区，例如融泽嘉园，高收入通勤者的通勤距离在所有的收入群体中最短，主要原因是融泽嘉园接近上地科技园区。

通过定量回归分析（表 12.12），发现在控制了其他社会经济要素的情况下，对郊区的不同收入群体来说，是否居住在新城，对他们的通勤距离有显著影响。居住在昌平新城社区的居民高收入者的通勤距离显著高于非新城社区的居民，而亦庄新城社区中高收入者居民的通勤距离显著低于非新城社区。亦庄的北京经济技术开发区在产业发展上已经较为成熟，为中高收入者提供了充足的就业机会，再加上该区域中高档次住宅的开发，在亦庄新城已经形成了中高收入群体职住匹配的现象，在区域层面上实现了空间和社会经济的匹配。

表 12.12　不同收入群体通勤距离影响因素回归

	低收入			中等收入			高收入		
	回归系数	标准差	显著性	回归系数	标准差	显著性	回归系数	标准差	显著性
新城社区									
参照组：非新城									
昌平	−0.594	1.006	0.556	−0.399	0.413	0.335	1.130	0.393	0.004
亦庄	−1.067	0.723	0.143	−0.930	0.296	0.002	−0.984	0.310	0.002
大兴	−1.071	1.094	0.330	−1.035	0.441	0.019	−0.695	0.501	0.167
房山	−1.246	0.701	0.079	−0.301	0.295	0.308	−0.178	0.388	0.646
通州	0.449	1.392	0.748	−0.847	0.536	0.114	−0.624	0.539	0.248
顺义	−0.905	0.846	0.287	−0.183	0.388	0.638	−1.005	0.443	0.024
社区建成环境									
土地利用混合度	7.424	10.689	0.489	−8.407	4.071	0.039	−1.947	4.664	0.677
支路密度	−0.307	0.175	0.083	0.059	0.063	0.349	0.022	0.053	0.683
距离最近地铁站距离	−0.268	1.121	0.812	−0.630	0.346	0.069	−0.387	0.404	0.338
就业密度	−0.073	0.280	0.795	0.065	0.113	0.568	−0.239	0.109	0.029
土地利用混合度	7.424	10.689	0.489	−8.407	4.071	0.039	−1.947	4.664	0.677
支路密度	−0.307	0.175	0.083	0.059	0.063	0.349	0.022	0.053	0.683
距离最近地铁站距离	−0.268	1.121	0.812	−0.630	0.346	0.069	−0.387	0.404	0.338
就业密度	−0.073	0.280	0.795	0.065	0.113	0.568	−0.239	0.109	0.029
个人和家庭社会经济特征									
性别	−0.303	0.238	0.205	0.023	0.100	0.821	0.034	0.106	0.747
婚姻	0.135	0.302	0.656	−0.147	0.158	0.352	0.027	0.161	0.866
年龄	0.111	0.073	0.131	−0.101	0.053	0.059	−0.040	0.064	0.534
年龄的平方	−0.001	0.001	0.123	0.001	0.001	0.036	0.001	0.001	0.394
小汽车	0.049	0.246	0.842	−0.104	0.115	0.363	0.189	0.125	0.131
北京户口	0.246	0.292	0.402	0.012	0.128	0.926	−0.280	0.123	0.023
有子女	0.132	0.330	0.691	0.060	0.144	0.676	−0.007	0.135	0.958

（续表）

	低收入			中等收入			高收入		
	回归系数	标准差	显著性	回归系数	标准差	显著性	回归系数	标准差	显著性
大学文凭	0.212	0.252	0.403	0.466	0.145	0.001	0.077	0.246	0.755
房屋权属	-0.232	0.305	0.448	0.270	0.132	0.042	0.361	0.135	0.008
参照组：政府和事业单位									
国企	0.646	0.349	0.068	0.253	0.178	0.156	0.364	0.190	0.057
私企	-0.089	0.316	0.778	0.183	0.145	0.208	0.262	0.178	0.142
外资企业	1.806	0.906	0.049	0.742	0.253	0.004	0.376	0.222	0.090
厌恶小汽车	-0.198	0.090	0.031	-0.074	0.045	0.102	-0.047	0.043	0.264
厌恶出行	-0.036	0.091	0.694	0.015	0.043	0.731	0.098	0.042	0.021
截距	-3.111	5.384	0.565	7.919	2.239	0.000	4.916	1.535	0.001
样本数量	117			483			924		
F 检验	1.750			4.290			9.960		
显著水平	0.030			0.000			0.000		
决定系数	0.324			0.190			0.217		
校正决定系数	0.139			0.146			0.195		

北京户口对低收入者和高收入者的通勤距离有显著的影响，有户口的新城低收入居民通勤距离高于无户口者，而有户口的高收入居民通勤距离显著低于同等收入的无户口者。可能的原因是对于低收入者而言，有无户口会影响到择业的行业范围和地域范围，无户口的居民受到户口的限制，就业范围可能囿于附近非正式的劳动岗位，因而通勤距离较短；对于高收入者而言，无户口的居民一般都是教育水平较高的企业劳动者，满足他们劳动技能的工作岗位在新城的分布较为匮乏。同时，对于中等收入有大学文凭的居民，其通勤距离长于无大学文凭的居民，再次说明了北京市高技能劳动力岗位的增长比不上劳动力数量的增长，且该趋势对于中等收入群体的影响最为严重（Hu et al., 2017）。房屋权属对通勤距离的影响也有收入群体之间的差异，该影响只在高收入群体中具有显著性，这可能与高收入群体在就业上更加灵活的选择和住所搬迁更高的成本有关。

在单位性质上,相比政府和事业单位,在国企和外资企业中的低收入者和高收入者的通勤距离都较长。这与新城居民整体的通勤距离影响因素回归分析的结果一致,可能是因为在新城中,国企和外资企业的比例相对较低,而政府和事业单位的分布则在空间上较为均匀。

社区建成环境的要素对通勤距离的影响只在中等收入群体中具有显著的影响。更高的居住密度、更混合的土地利用结构都有利于缩短中等收入者的通勤距离,而低收入者和高收入者对社区建成环境变动的反应并不敏感。地铁站的邻近性也只对中等收入者有显著的影响,到达地铁站越近,中等收入者的通勤距离越长。这可能是因为中等收入者是地铁通勤主要的消费群体,距离地铁站越近,他们选择地铁通勤的可能性越高,从而因交通资源的可及性拓展自己的就业搜寻范围。

年龄对中等收入者的通勤距离有显著的非线性影响,在51岁之前,中等收入者的通勤距离随年龄的增加而增加;在51岁之后,通勤距离随年龄的增加而减小。另外,出行态度对新城不同收入群体居民的通勤距离也有显著影响,厌恶小汽车的低收入者和中等收入者通勤距离较短。但厌恶出行的高收入者通勤距离反而更长,这可能是因为高收入者在工作寻找中有更高的议价能力,相比通勤距离更看重工作机会、人脉资源、职业平台等,出行态度在工作寻找中发挥的左右较为有限。

二、新城职住关系的模式差别

新城中不同收入群体间的出行方式存在差异,这些差异是居民对于通勤距离、交通设施、自身拥有交通工具等的综合反映。表 12.13 显示,新城社区中不同收入群体的通勤方式具有显著差异,卡方检验中 Pearson 系数的值为 62.93 ($P<0.001$)。低收入居民中有超过一半的比例都采用步行/自行车的通勤方式,中等收入居民和高收入居民小汽车通勤的比例分别达到 31.45% 和 34.46%,公共交通的使用比例随着收入提升而提高,低、中、高收入群体公共交通出行的比例分别为 26.04%,35.22% 和 49.72%。

整体来看,新城居民的小汽车和公共交通出行的比例随着收入水平的上升而提升,由此可以推测很多低收入者受到交通资源的限制在社区周边寻找工作。相比之下，非新城社区居民中低收入者的小汽车通勤比例远低于新城社区，但高收入者小汽车通勤的比例高于新城社区。中低收入新城社区非新城社区居民的通勤方式有显著差异，但高收入的居民中通勤方式没有显著差异。

表 12.13 郊区社区不同收入群体通勤方式比较（%）

郊区社区/收入	新城	社区名称	小汽车	公共交通	步行/自行车	Pearson	Pr
新城社区低收入		总体	22.92	26.04	51.04	6.595	0.037
	昌平	金隅万科城	27.78	38.89	33.33		
	亦庄	林肯公园	25.00	25.00	50.00		
		新康家园	20.00	20.00	60.00		
	大兴	时代·龙和大道	28.13	18.75	53.13		
	房山	长虹小区	9.09	27.27	63.64		
	顺义	建新北区	15.79	26.32	57.89		
	通州	潞河名苑	50.00	25.00	25.00		
		天时名苑	0.00	33.30	66.70		
非新城低收入		总体	8.70	37.68	53.62		
	昌平	融泽嘉园	5.56	33.33	61.11		
		天通苑	8.70	39.13	52.17		
	大兴	天宫院	12.50	37.50	50.00		
	房山	长阳半岛	0.00	50.00	50.00		
新城社区中等收入		总体	31.45	35.22	33.33	13.36	0.001
	昌平	金隅万科城	48.44	14.06	37.50		
	亦庄	林肯公园	16.00	44.00	40.00		
		新康家园	32.26	45.16	22.58		
	大兴	时代·龙和大道	45.65	21.74	32.61		
	房山	长虹小区	30.00	37.50	32.50		
	顺义	建新北区	25.00	37.50	37.50		
	通州	潞河名苑	23.33	36.67	40.00		
		天时名苑	8.82	70.59	20.59		

（续表）

郊区社区/收入	新城	社区名称	小汽车	公共交通	步行/自行车	Pearson	Pr
非新城中等收入	总体		24.34	50.88	24.78		
	昌平	融泽嘉园	37.10	37.10	25.80		
		天通苑	20.73	60.98	18.29		
	大兴	天宫院	15.09	45.28	39.62		
	房山	长阳半岛	24.14	62.07	13.79		
新城社区高收入	总体		34.46	49.72	15.82	3.65	0.161
	昌平	金隅万科城	50.00	34.62	15.38		
	亦庄	林肯公园	40.00	48.57	11.43		
		新康家园	45.83	45.83	8.33		
	大兴	时代·龙和大道	55.56	33.33	11.11		
	房山	长虹小区	18.19	63.64	18.19		
	顺义	建新北区	27.78	33.33	38.89		
	通州	潞河名苑	12.50	50.00	37.50		
		天时名苑	14.60	68.20	17.20		
非新城高收入	总体		43.71	32.21	16.17		
	昌平	融泽嘉园	48.00	18.00	34.00		
		天通苑	37.50	51.56	10.94		
	大兴	天宫院	29.41	58.82	11.76		
	房山	长阳半岛	55.56	41.67	2.78		

定量回归分析结果显示（表 12.14），相比非新城社区居民，居住在大兴和亦庄新城社区的低收入和中等收入居民采用机动化方式出行的比例显著较高。通州中高等收入新城社区居民和房山高收入新城社区居民相比非新城社区居民，更有可能采用公共交通方式出行，可能是通州、房山两个社区的公共交通特别是轨道交通相比小汽车交通和步行更加方便快捷。

表 12.14　城市发展新区不同收入群体通勤方式影响因素回归

低收入（参照组：步行/自行车）	小汽车			公共交通		
	回归系数	标准差	显著性	回归系数	标准差	显著性
通勤距离	0.845	0.674	0.210	6.019	1.796	0.001
新城位置						
参照组：非新城						
昌平	2.792	2.832	0.324	0.374	2.895	0.897
亦庄	3.868	2.066	0.061	7.815	3.863	0.043
大兴	2.482	1.323	0.061	7.811	3.301	0.018
房山	−15.874	2267.115	0.994	1.445	3.764	0.701
通州	0.583	2.132	0.784	−1.143	2.273	0.615
顺义	0.298	1.879	0.874	−0.672	2.594	0.795
社区建成环境						
距离最近地铁站距离	1.135	1.712	0.507	7.268	2.979	0.015
就业密度	−0.201	0.433	0.642	0.134	0.364	0.714
个人和家庭社会经济特征						
性别	0.934	0.977	0.339	−2.795	1.565	0.074
婚姻	0.182	1.067	0.864	−0.297	1.421	0.834
年龄	0.158	0.396	0.690	−0.700	0.516	0.175
年龄的平方	−0.002	0.005	0.774	0.010	0.007	0.152
小汽车	−2.203	1.119	0.049	4.569	2.105	0.030
北京户口	1.387	1.202	0.249	0.230	1.769	0.896
有子女	1.040	1.179	0.378	1.583	1.815	0.383
大学文凭	1.107	0.941	0.239	2.177	1.453	0.134
房屋权属	2.984	1.296	0.021	−1.318	2.049	0.520
参照组：政府和事业单位						
国企	2.543	1.466	0.083	7.505	2.449	0.002
私企	1.821	1.066	0.088	1.185	1.618	0.464
外资企业	19.072	4935.011	0.997	11.327	4935.050	0.998
厌恶小汽车	0.017	0.352	0.961	0.990	0.603	0.101

(续表)

低收入（参照组：步行/自行车）	小汽车			公共交通		
	回归系数	标准差	显著性	回归系数	标准差	显著性
厌恶出行	0.197	0.345	0.569	1.151	0.583	0.048
截距	−12.172	7.386	0.099	−11.814	10.481	0.260
样本数量	116			卡方统计量	139.78	
显著水平	0.00			类决定系数	0.6040	
出行距离	1.010	0.157	0.000	−2.451	0.237	0.000
新城位置						
参照组：非新城						
昌平	0.231	0.761	0.761	0.085	0.903	0.925
亦庄	0.206	0.603	0.733	1.128	0.684	0.099
大兴	0.473	0.619	0.444	1.233	0.738	0.095
房山	0.061	0.712	0.932	0.439	0.886	0.620
通州	0.957	0.580	0.099	−2.038	0.641	0.001
顺义	0.145	0.605	0.811	−0.636	0.706	0.367
社区建成环境						
距离最近地铁站距离	0.154	0.429	0.720	−0.158	0.473	0.739
就业密度	0.233	0.117	0.048	0.013	0.132	0.923
个人和家庭社会经济特征						
性别	0.205	0.276	0.458	0.329	0.329	0.312
婚姻	0.197	0.429	0.646	0.249	0.494	0.615
年龄	0.412	0.160	0.010	0.595	0.196	0.002
年龄的平方	0.005	0.002	0.011	0.008	0.003	0.002
小汽车	0.860	0.317	0.007	−0.269	0.368	0.464
北京户口	0.337	0.350	0.336	0.464	0.415	0.263
有子女	0.186	0.380	0.624	−0.061	0.462	0.895
大学文凭	−0.516	0.430	0.231	−0.662	0.490	0.177

(续表)

低收入（参照组：步行/自行车）	小汽车			公共交通		
	回归系数	标准差	显著性	回归系数	标准差	显著性
房屋权属	0.164	0.359	0.649	−0.226	0.436	0.605
参照组：政府和事业单位						
国企	0.197	0.478	0.679	−0.809	0.601	0.178
私企	0.319	0.395	0.419	−0.640	0.472	0.175
外资企业	1.102	0.695	0.113	−1.941	0.970	0.045
厌恶小汽车	0.132	0.122	0.280	−0.180	0.147	0.220
厌恶出行	0.226	0.119	0.057	−0.136	0.141	0.335
截距	5.954	2.905	0.040	−4.706	3.408	0.167
样本数量	481			卡方统计量	363.68	
显著水平	0.000			类决定系数	0.3491	
出行距离	0.945	0.220	0.000	2.560	0.370	0.000
新城位置						
参照组：非新城						
昌平	1.306	1.014	0.198	1.891	1.386	0.173
亦庄	0.662	0.593	0.264	−0.063	1.197	0.958
大兴	1.405	1.622	0.386	2.053	2.109	0.330
房山	2.352	1.174	0.045	−3.136	1.699	0.065
通州	1.951	0.617	0.002	0.796	1.039	0.444
顺义	1.277	0.798	0.110	1.825	1.220	0.135
社区建成环境						
距离最近地铁站距离	0.998	0.528	0.059	0.564	0.797	0.479
就业密度	0.342	0.158	0.031	0.491	0.217	0.024
个人和家庭社会经济特征						
性别	0.368	0.318	0.247	0.240	0.517	0.642

(续表)

低收入（参照组：步行/自行车）	小汽车			公共交通		
	回归系数	标准差	显著性	回归系数	标准差	显著性
婚姻	0.115	0.493	0.815	0.650	0.759	0.392
年龄	0.257	0.197	0.190	-0.072	0.299	0.810
年龄的平方	0.003	0.003	0.260	0.002	0.004	0.668
小汽车	1.998	0.437	0.000	0.238	0.617	0.699
北京户口	0.183	0.357	0.609	0.390	0.639	0.541
有子女	0.701	0.398	0.078	0.160	0.761	0.834
大学文凭	1.457	0.956	0.127	1.297	1.293	0.316
房屋权属	1.584	0.427	0.000	-0.088	0.668	0.895
参照组：政府和事业单位						
国企	0.237	0.549	0.666	0.768	1.122	0.493
私企	0.437	0.515	0.396	1.004	0.968	0.300
外资企业	0.333	0.653	0.610	1.379	1.133	0.224
厌恶小汽车	0.192	0.128	0.133	0.183	0.205	0.373
厌恶出行	0.021	0.133	0.875	0.040	0.196	0.840
截距	3.220	3.655	0.378	3.215	5.729	0.575
样本数量	321.000			卡方统计量	235.220	
显著水平	0.000			类决定系数	0.3630	

就业密度能够显著促进中等收入群体小汽车出行，并促进高收入群体小汽车和步行/自行车出行。这说明就业密度所体现的意义具有双重性。一方面，就业密度是经济活动强度的指代，就业密度高的区域一般经济较为发达，附近住区居民的社会经济地位也较高，因此小汽车出行的概率较大，这与上海的一项研究结果具有一致性（Sun et al., 2016）；另一方面，就业密度的提升提高了在社区周边范围内工作获得的概率，从而降低了小汽车出行的概率。

社会经济因素对新城居民出行模式差异具有一定的作用。

第一，年龄对中等收入新城居民小汽车使用产生显著的影响。在41岁前，年龄上升意味着对小汽车支付和使用能力的提升以及在职位上的跃迁，因此使用小汽车出行的概率会随之上升；但是随着年龄的进一步增长，可能人们对通勤距离邻近性的诉求日渐提升，小汽车通勤的意愿也随之降低。拥有小汽车的中高收入者使用小汽车通勤相比低收入者概率提升，说明小汽车使用也受到收入这一中介变量的干扰。低收入者在交通出行上的可支付能力较低，因此拥有小汽车的低收入者家庭可能将小汽车用于其他非通勤用途；而中高收入者则有较多的资金用于小汽车的使用和维护，因而对小汽车通勤有更高的可支付性。

第二，有房的低收入者和高收入者小汽车通勤的概率更高，一个可能的原因是有房居民的迁居成本较高，工作的变动所带来的通勤距离提高的可能性较大；也可能因为有房意味着更高的支付能力，因而对小汽车通勤的支付能力更高。

第三，在国企和私企工作的低收入群体采用小汽车通勤的概率提升，在外企工作的中等收入群体采用公共交通出行的概率提升，说明国企、私企和外资企业还大多集中在更加核心的城市功能区，但是企业的就业机会在空间上的不匹配给低收入者的通勤带来了更大的通勤负担，这是新城规划特别是产业规划中需要关注到的重要问题。

第五节　小　　结

（一）郊区新城职住平衡是多中心空间结构影响区域交通的重要作用途径

建设郊区新城，促进多中心空间结构被认为是大城市实现可持续交通的重要策略，这一观点自"田园城市"理念诞生起便被广泛认可，且得到诸多实践。但是，多中心空间结构是否能够有效减少郊区同中心城区的通勤交通流、减缓中心城区交通流压力和交通拥堵、减少中心城区同郊区之间的长通勤？这些科学问题多年来却一直没有一致的答案。争论的焦点是多中心空间结构中的"中心"到底在多大程度上实现真正的"中心",不仅仅是居住中心,而且是就业中心,也就是说实现职住平衡。

在西方研究中有两种比较流行的观点,有学者支持协同区位理论,认为在郊区化的过程中企业和居民的选址不断实现动态调整,不断在郊区实现新的职住平衡(Cervero et al., 1997; Gordon et al., 1989);也有学者认为郊区化使得人们通勤时间延长,引致新城与中心城区的"潮汐交通"(Cervero et al., 1998; Vandersmissen et al., 2003)。新城也是郊区多中心化城市形态的一种具体表现,但是与西方的城市结构形成动力不同,新城是在地方政府强干预规划政策下形成的一种城市形态。本研究发现了在不同的新城中,有"协同区位理论"和"潮汐交通"并存的现象,新城的通勤绩效如何实际上取决于在个体层面,新城内的就业机会与居民的社会经济属性是否匹配。如果新城能够提供与居民的收入预期和工作技能相匹配的工作机会,则居民选择在新城工作的可能性较高;反之,在新城与中心城区之间通勤的概率则较高。每个新城由于所处的地理位置不同,产业基础和资源禀赋不同,政府政策的侧重和支持力度不同,因此在产业发展和房地产开发上的具体情况也有很大的差异。不同于市场经济下的城市结构,新城对产业和人口的吸引和集聚很大程度上取决于政府政策的支持力度。

(二)新城职住关系存在社会分异和模式差别现象

职住关系的社会分异是"空间不匹配"的重要体现,如前面章节所述,"空间不匹配"是一个源于美国的研究概念,本土化色彩很强,但后来逐渐被运用于除少数族裔以外的弱势群体(Holzer, 1991),其讨论也拓展到发展中国家。在中国的特大城市,"空间不匹配"有不同的表现形式。与西方国家不同,中国特大城市尽管也经历了郊区化的过程,但是郊区化的表现形式和社会、经济空间特征与西方国家有很大的差异。从住房视角来看,受到高房价的影响,郊区会吸引大量的低收入者前来居住;同时,出于改善居住环境,部分高收入者也会选择住在郊区。郊区的就业数量、就业类型(结构)、空间分布等成为影响郊区住户职住关系的关键因素。上述分析发现,高收入者更倾向于前往中心城区就业，因为中心城区的就业类型与其教育水平、职业技能等相匹配；而郊区的就业类型对于促进郊区低收入者的职住平衡异常重要。也就是说郊区产业发展，包括非正式经济的繁荣，对于郊区低收入减少通勤距离、缩短通勤时长有一定的积极意义。郊区新城属于郊区的就业中心，郊区新城的良好建设能够有效抑制郊区化过程中的通勤成本社会分异现象，减弱职住"空间不匹配"问题。

职住关系的模式差别问题需要引起更多关注。在新城建设过程中，公共交通如果发展滞后，就会造成交通资源在不同收入群体之间的不公平配置，影响低收入的择业选择范围，不利于其职住关系匹配度的提高。上述分析结果表明，郊区新城低收入群体之间在通勤方式的选择上存在着很大限制，无小汽车和地铁公交可达性低等增加了其通勤时间。中高收入者可以凭借小汽车和便捷地铁交通缩短通勤时间。有些低收入者，迫于巨大时间成本及其所带来的身心劳累，不得不就近在居住区附近寻找工作，将工作搜寻的范围限定于步行/自行车可达的地理空间范围。这会进一步影响低收入者的就业收入。最终，职住关系中的模式差别会强化社会分异。

美国的研究已经发现轨道交通对降低"空间不匹配"问题严重程度的积极作用（Fan et al., 2010），本研究中也发现了类似的现象：轨道交通的作用在中等收入者中更加显著，在高收入者和低收入者中的作用不显著。高收入者倾向于小汽车出行，低收入者地铁邻近性普遍较差，地铁站周边的高房价和高房租甚至会出现"绅士化"现象，排斥低收入者就近地铁入住。如何使得低收入者能够更好地享受到轨道交通开通的福利，更加平等地享受轨道交通带来的便捷、快速的通勤体验，是在今后的研究当中需要交通研究者，特别是研究发展中国家交通的学者持续关注的问题。

（三）中国特色的制度和政策对新城居民通勤影响显著

如前面章节所述，单位制是我国城市职住平衡的主导传统因素。近年来，随着住房市场改革、就业市场改革等市场化改革以及户籍制度改革、医疗养老教育等社会福利改革等的深入，单位制度对于居民的职住关系的决定作用在逐渐弱化。但是，当前单位制对于职住关系和通勤的影响依然存在。本研究发现，在政府机关、事业单位、国企等单位就业的居民的平均通勤距离和通勤时长较低，主要得益于就业地与住房就近，职住平衡度较高。户籍制度对于职住关系和通勤距离的影响也不容忽视。在户口的二元制度下，新城实际上为没有户口的北京居民提供了一个职住匹配的机会空间。这与其他发展中国家的情况类似。例如在墨西哥城，在城市的外围地带集中居住了大量的外来人口，他们居住在外围地区的非正式住房中（违法建筑），并在居住周边寻找非正式的工作，通过居住和工作的一体化维持着在城市边缘地区的生活，推动整个大都市区的城镇化进程（Suárez et al., 2016）。

本研究发现，从提高职住平衡、减少通勤距离和时长、减轻中心城区交通压力的角度，提出新城建设建议，涉及产业发展、住房、社区配套和交通等四个方面。

1. 新城的产业发展是塑造新城职住平衡的前提和基础

产业发展是就业机会的孵化器，也是能够吸引居民到新城长期发展的主要动力。本研究表明，在政策的引导下，新城的产业发展能够切实助推形成新的相对独立的发展中心，如顺义、亦庄，已经形成了相对独立的城市发展中心，居民的通勤距离和时间较短，在新城内部实现了较好的职住匹配。但是对于通州、昌平、房山、大兴，在新城内部未能实现良好的职住匹配。从目前的发展来看，上述几个新城产业发展依然处于较为初级的阶段，没有形成较强的产业支撑，特别是缺乏高新技术产业和知识密集型产业的推动。顺义和亦庄的经验表明，新城的产业发展能够助推房地产和周边居住设施的发展，从而通过吸引职工在周边居住形成新的职住空间匹配。但是，新城面临的一大挑战是对高收入居民在周边就业的吸引力依然有限。这可能与新城高技能劳动力较少有关，尚未形成与城市功能核心区相竞争的就业集群。近年来，有的新城已经通过政策引导助推高精尖产业的发展，如昌平区于2017年发布了《北京市昌平区人民政府关于加快构建高精尖产业结构的意见》，指出在昌平新城发展的过程中切实加强高精尖产业的发展，注重科技人才的引进和科技企业的培育；同时，建设金融聚集区，为高精尖产业的发展提供完备的资金支持。大兴区2017年出台了《大兴区推进大众创业万众创新实施意见》，通过一系列的激励措施力图促进民间资本对新城产业集聚和产业创新的培育，并确定了各相关政府部门在培育创新创业形态和构建创新创业服务体系中的作用。通州区也借助建设城市副中心的契机，提出了建立金融服务、商务服务、文化旅游等产业集群，清退传统制造业企业，将通州打造成北京市总部经济基地和京津冀协同发展的样本地区，也出台了一系列对高新技术产业引进和人才引进的优惠政策。但是，在注重产业结构提升和经济跨越式发展的同时，在产业发展上各新城还应当考虑居民与岗位要求能力的匹配，为低收入居民提供适当的能够满足其基本工作技能的工作，使新城能够切实成为城市低收入者融入北京的重要场所。

2. 新城的住房建设应该注重住房供给的多样性、可购性和交通可达性

从研究来看，目前很多居民依然将新城作为"睡城"，就业机会的搜寻依然依赖于更加核心的城市功能区。新城对居民的吸引力主要是较低的房价，而轨道交通的修建大大提升了新城住房的可达性，增加了对居民的吸引力。对于很多年轻的高收入、高教育水平的群体而言，在目前的可支付水平下，在尚未面临医疗、教育等更多问题的考虑时，在新城购买婚房成为"权宜之计"。但是新城的住房开发与产业开发存在较为严重的脱节现象。目前郊区新城很多的住宅都是大面积连片开发，尽管为居民提供了充足的房源，但是远离新城的就业机会，公共交通不便，导致居民对新城经济发展的贡献有限，需要依赖更加邻近的城市功能区的就业机会。近年来逐渐兴起的新城高收入住宅区也存在类似的问题。尽管社区的环境和周边的设施配套都实现了良好的发展，但是社区与就业机会的距离太远，增加了通勤的难度和成本。在今后新城的住宅开发中，住房和产业发展的匹配是需要重点考虑的问题，不但要实现住房开发和产业开发位置的邻近，同时要考虑到住区居民的社会经济属性与周边产业机会的匹配，使得新城居民能够平等地享受到新城提供的多层次、多类型的就业机会。

3. 在新城人居环境建设上，注重土地利用混合度和公共服务设施的配套，促进职住平衡

在以往的研究中经常忽略的一点是新城开发中社区建成环境的设计和周边设施配套。以往新城职住平衡政策侧重就业和居住空间的分布，忽略新城本部人居环境建设对于职住关系的重要性。在本研究中发现，高密度的开发并不是新城社区开发减少通勤距离和通勤时间的万灵药，特别是对于远离就业中心的大型新城居住区，大规模的高密度开发仅仅是一座远离就业机会的"孤岛"。高密度的开发必须与高用地混合度、周边就业机会的提供和便捷的公共交通服务等属性相结合，才能为减少通勤距离和通勤时间、鼓励绿色出行提供可能。但是，需要规划者谨慎对待的一点是社区设计也要根据社区居民的社会经济属性进行弹性调整。紧凑化、混合度高的社区设计并不能对所有收入群体的住区都起到促进可持续出行的作用。研究表明，这种社区设计在中等收入的居民中相对较为敏感，但对其他的收入群体不具有显著的影响。在以后新城的开发过程中，除了注重宏观尺度上用地的匹配之外，还需要在微观尺度上关注社区设计对居民日常通勤的影响。

4. 提升交通基础设施服务水平，支撑新城建设，加快形成多中心结构

交通设施是连接新城和中心城区的"骨架"，对于新城和中心城区的通勤交通流起着重要的塑造和引导作用。尤其是要加强轨道交通和快速公交建设，通过缩短时间，压缩郊区新城和中心城区的地理距离。但是，也要认识到轨道交通对于郊区新城职住平衡的作用具有两面性，一方面轨道交通便利了与中心城区的联系，增强了郊区新城对于人口和企业迁入的吸引力，有利于新城住房开发和就业机会发展；但另一方面，轨道交通的迅速发展也降低了中心城区和郊区新城之间的通勤时间成本，增强了郊区居民的移动能力，为其在更广范围寻求就业提供了机会，降低了居民在新城内部实现就业和居住匹配的可能性。在新城轨道交通建设过程中，要充分考虑土地利用和交通设施的一体化，将住房、产业发展和交通建设统筹考虑、协调发展。结合轨

道交通设施,在新城建设中大力推进 TOD(transit oriented development,交通导向城市开发),强化 TOD 站点周边的土地综合开发,以 TOD 为空间主导模式、以轨道交通为交通骨干,组织新城空间发展。

北京在《北京城市总体规划(2016—2035年)》中提出"一核一主一副"的空间布局,将通州新城升级为"一副"即北京城市副中心,注重打造成职住平衡的新城区。建设"一主十副"轨道交通枢纽,并围绕枢纽进行 TOD 开发。其中,"一主"为北京城市副中心站综合交通枢纽,在该枢纽上建设亚洲最大 TOD 综合体,建筑规模约 238 万平方米,除了地铁、高铁等基础交通规划外,还将包括商业、写字楼、酒店、住宅公寓、公园等多种城市功能。

参考文献

[1] 董玉璞. 上海新城交通发展策略[J]. 上海城市发展,2016,(3):27—31.
[2] 冯奎. 中国新城新区发展报告[M]. 北京:中国发展出版社,2015.
[3] 蒋应红. 对上海新城交通发展的若干建议[J]. 交通与运输,2011,27(06):10—11.
[4] 刘士林,刘新静,盛蓉. 中国新城新区发展研究[J]. 江南大学学报(人文社会科学版),2013,12(04):74—81.
[5] 刘望保,侯长营. 转型期广州市城市居民职住空间与通勤行为研究[J]. 地理科学,2014,34(03):272—279.
[6] 孟斌,郑丽敏,于慧丽. 北京城市居民通勤时间变化及影响因素[J]. 地理科学进展,2011,30(10):1218—1224.
[7] 王波,蔡瑞卿. 居住新城交通规划策略:以广州市白云湖为例[J]. 城市交通,2011,9(03):52—59.
[8] 王丰龙,王冬根. 北京市居民汽车使用的特征及其影响因素[J]. 地理学报,2014,69(06):771—781.
[9] 王祥,薛美根. 上海新城交通发展的主要策略[J]. 交通与运输,2011,27(06):7—9.
[10] 武廷海,杨保军,张城国. 中国新城:1979—2009[J]. 城市与区域规划研究,2017,9(01):126—150.
[11] 邢海峰. 新城有机生长规划论[M]. 长春:吉林出版集团有限责任公司,2016.
[12] 张捷. 新城规划的理论与实践[M]. 天津:中国建筑工业出版社,2009.

[13] 张萍. 我国新城规划建设中的交通问题思考[J]. 上海城市规划, 2012, (04): 106—108.

[14] 张毅媚, 潘轶铠, 高克林. 快速发展中的郊区新城交通对策研究[J]. 交通与运输(学术版), 2008, (01): 34—36.

[15] 赵晖, 杨开忠, 魏海涛, 等. 北京城市职住空间重构及其通勤模式演化研究[J]. 城市规划, 2013, 37(08): 33—39.

[16] 郑思齐, 曹洋. 居住与就业空间关系的决定机理和影响因素: 对北京市通勤时间和通勤流量的实证研究[J]. 城市发展研究, 2009, 16(06): 29—35.

[17] 郑思齐, 徐杨菲, 吴璟, 等. 三重双赢: 中国新城发展的新理念[J]. 住宅产业, 2014, (07): 17—20.

[18] 周素红, 闫小培. 基于居民通勤行为分析的城市空间解读: 以广州市典型街区为案例[J]. 地理学报, 2006, (02): 179—189.

[19] 周素红, 杨利军. 广州城市居民通勤空间特征研究[J]. 城市交通, 2005, (01): 62—67.

[20] AGUILERA A. Growth in commuting distances in French polycentric metropolitan areas: Paris, Lyon and Marseille[J]. Urban Studies, 2005, 42(9): 1537-1547.

[21] ALONSO W. Location and Land Use[M]. Cambridge, MA: Harvard University Press, 2013.

[22] ALONSO W. Location and land use, publications of the Joint Center for Urban Studies of the Massachusetts Institute of Technology and Harvard University[Z]. Cambridge, MA: Harvard University Press, 1964.

[23] ANAS A, ARNOTT R, SMALL K A. Urban Spatial Structure[J]. Journal of Economic Literature, 1998, 36(3): 1426-1464.

[24] AXISA J J, SCOTT D M, NEWBOLD K B. Factors influencing commute distance: a case study of Toronto's commuter shed[J]. Journal of Transport Geography, 2012, 24: 123-129.

[25] BECKMANN M J. Spatial Equilibrium in the Dispersed City[M]. Environment, Regional Science and Interregional Modeling. London: Springer. 1976: 132-141.

[26] BERMAN M A. The transportation effects of neo-traditional development[J]. Journal of Planning Literature, 1996, 10(4): 347-363.

[27] BLUMENBERG E, MANVILLE M. Beyond the Spatial Mismatch: Welfare Recipients and Transportation Policy[J]. Journal of Planning Literature, 2004, 19(2): 182-205.

[28] CERVERO R. Mixed land-uses and commuting: Evidence from the American Housing Survey [J]. Transportation Research Part A, 1996, 30 (5): 361-377.

[29] CERVERO R. Sub-centring and Commuting: Evidence from the San Francisco Bay Area, 1980-1990 [J]. Urban Studies, 1998, 35 (7): 1059-1076.

[30] CERVERO R. Sustainable new towns [J]. Cities, 1995, 12 (1): 41-51.

[31] CERVERO R, WU K-L. Polycentrism, Commuting, and Residential Location in the San Francisco Bay Area [J]. Environment and Planning A, 1997, 29 (5): 865-886.

[32] CLARK W A V. Commuting in Restructuring Urban Regions [J]. Urban Studies, 1994, 31 (3): 465-483.

[33] DUBIN R. Commuting patterns and firm decentralization [J]. Land Economics, 1991, 67 (1): 15-29.

[34] FAN Y, GUTHRIE A E, LEVINSON D M. Impact of light rail implementation on labor market accessibility A transportation equity perspective [J]. Journal of Transport and Land Use, 2012, 5 (3): 28-39.

[35] FAN Y, GUTHRIE A, TENG R. Impact of twin cities transitways on regional labor market accessibility: A transportation equity perspective [R]. Center for Transportation Studies, University of Minnesota, 2010.

[36] FRANK L D, PIVO G. Impacts of mixed use and density on utilization of three modes of travel: single-occupant vehicle, transit, and walking [J]. Transportation Research Record, 1994, 1466: 44-52.

[37] FUJITA M, OGAWA H. Multiple equilibria and structural transition of non-monocentric urban configurations [J]. Regional Science and Urban Economics, 1982, 12 (2): 161-196.

[38] GENEVIEVE G, A. S K. Subcenters in the Los Angeles region [J]. Regional Science and Urban Economics, 1991, 21 (2): 163-182.

[39] GIULIANO G. Is jobs-housing balance a transportation issue? [J]. UC Berkeley: University of California Transportation Center, 1991: 305-312.

[40] GIULIANO G, SMALL K A. Is the journey to work explained by urban structure? [J]. Urban Studies, 1993, 30 (9): 1485-1500.

[41] GIULIANO G. The weakening transportation-land use connection [J]. Access Magazine, 1995, 1 (6): 3-11.

[42] GORDON P, RICHARDSON H W, JUN M-J. The commuting paradox evidence from the top twenty [J]. Journal of the American Planning Association, 1991,

57（4）：416-420.

[43] GORDON P. The spatial mismatch hypothesis: Some new evidence [J]. Urban Studies, 1989, 26（3）：315-326.

[44] HELSLEY R W, SULLIVAN A M. Urban subcenter formation [J]. Regional Science and Urban Economics, 1991, 21（2）：255-275.

[45] HELSLEY R W, SULLIVAN A M. Urban subcenter formation [J]. Regional Science and Urban Economics, 1991, 21（2）：255-275.

[46] HOLZER H J. The spatial mismatch hypothesis: What has the evidence shown? [J]. Urban Studies, 1991, 28（1）：105-122.

[47] HUANG X, CAO X, CAO X, et al. How does the propensity of living near rail transit moderate the influence of rail transit on transit trip frequency in Xi'an? [J]. Journal of Transport Geography, 2016, 54：194-204.

[48] HUI E C, LAM M C. A study of commuting patterns of new town residents in Hong Kong [J]. Habitat International, 2005, 29（3）：421-437.

[49] HU L, FAN Y, SUN T. Spatial or socioeconomic inequality? Job accessibility changes for low-and high-education population in Beijing, China [J]. Cities, 2017, 66：23-33.

[50] JACOBS J. The death and life of great American cities. Vintage. Jane Jacobs. 2016. The death and life of great American cities, Vintage [Z]. 2016

[51] JIANGPING Z, CHUN Z, XIAOJIAN C, et al. Has the legacy of Danwei persisted in transformations? the jobs-housing balance and commuting efficiency in Xi'an [J]. Journal of Transport Geography, 2014, 40：64-76.

[52] JUN M-J, HUR J-W. Commuting costs of "leap-frog" newtown development in Seoul [J]. Cities, 2001, 18（3）：151-158.

[53] KAIN J F. Housing segregation, negro employment, and metropolitan decentralization [J]. The Quarterly Journal of Economics, 1968, 83（2）：299-311.

[54] KHATTAK A J, RODRIGUEZ D. Travel behavior in neo-traditional neighborhood developments: A case study in USA [J]. Transportation Research Part A, 2005, 39（6）：481-500.

[55] LAU J C Y. The influence of suburbanization on the access to employment of workers in the new towns: A case study of Tin Shui Wai, Hong Kong [J]. Habitat International, 2010, 34（1）：38-45.

[56] LEVINE J. Rethinking accessibility and jobs-housing balance [J]. Journal of the American Planning Association, 1998, 64（2）：133-149.

[57] LEVINSON D M. Accessibility and the journey to work [J]. Journal of Transport Geography, 1998, 6 (1): 11-21.

[58] LIN D, ALLAN A, CUI J. The influence of jobs-housing balance and socio-economic characteristics on commuting in a polycentric city [J]. Environment and Urbanization Asia, 2016, 7 (2): 157-176.

[59] LI S, ZHAO P. Exploring car ownership and car use in neighborhoods near metro stations in Beijing: Does the neighborhood built environment matter? [J]. Transportation Research Part D, 2017, 56: 1-17.

[60] LOO B P Y. The potential impacts of strategic highways on new town development: a case study of Route 3 in Hong Kong [J]. Transportation Research Part A, 2002, 36 (1): 41-63.

[61] LUCAS R E, ROSSI-HANSBERG E. On the Internal Structure of Cities [J]. Econometrica, 2002, 70 (4): 1445-1476.

[62] MERLIN P. The New Town Movement in Europe [J]. The Annals of the American Academy of Political and Social Science, 1980, 451 (1): 76-85.

[63] MIESZKOWSKI P, MILLS E S. The causes of metropolitan suburbanization [J]. The Journal of Economic Perspectives, 1993, 7 (3): 135-147.

[64] PAPAGEORGIOU G J. The population density and rent distribution models within a multicentre framework [J]. Environment and Planning A, 1971, 3 (3): 267-281.

[65] PENG Z-R. The jobs-housing balance and urban commuting [J]. Urban Studies, 1997, 34 (8): 1215-1235.

[66] PETER G, AJAY K, W. R H. The influence of metropolitan spatial structure on commuting time [J]. Journal of Urban Economics, 1989, 26 (2): 138-151.

[67] SANDOW E. Commuting behaviour in sparsely populated areas: Evidence from northern Sweden [J]. Journal of Transport Geography, 2007, 16 (1): 14-27.

[68] SANDOW E, WESTIN K. Preferences for commuting in sparsely populated areas: The case of Sweden [J]. Journal of Transport and Land Use, 2010, 2 (3/4): 87-107.

[69] SHEN Q. Spatial and Social Dimensions of Commuting [J]. Journal of the American Planning Association, 2000, 66 (1): 68-82.

[70] SIN C H. Segregation and marginalisation within public housing: The disadvantaged in Bedok New Town, Singapore [J]. Housing Studies, 2002, 17 (2): 267-288.

[71] SMALL, SONG. Population and employment densities: Structure and change [J].

Journal of Urban Economics, 1994, 36 (3): 292-313.

[72] SULTANA S. Job/housing imbalance and commuting time in the Atlanta metropolitan area: Exploration of causes of longer commuting time [J]. Urban Geography, 2002, 23 (8): 728-749.

[73] SUN B, ERMAGUN A, DAN B. Built environmental impacts on commuting mode choice and distance: Evidence from Shanghai [J]. Transportation Research Part D, 2016, 52 (Part B): 441-453.

[74] SUáREZ M, MURATA M, CAMPOS J D. Why do the poor travel less? Urban structure, commuting and economic informality in Mexico City [J]. Urban Studies, 2016, 53 (12): 2548-2566.

[75] TA N, CHAI Y, ZHANG Y, et al. Understanding job-housing relationship and commuting pattern in Chinese cities: Past, present and future [J]. Transportation Research Part D, 2016, 52 (Part B): 562-573.

[76] TAYLOR B D. Spatial mismatch or automobile mismatch? An examination of race, residence and commuting in US metropolitan areas [J]. Urban Studies, 1995, 32 (9): 1453-1473.

[77] TUPPEN J. New Towns in the Paris Region: An Appraisal [J]. The Town Planning Review, 1979, 50 (1): 55-70.

[78] VANDERSMISSEN M-H, VILLENEUVE P, THÉRIAULT M. Analyzing changes in urban form and commuting time* [J]. The Professional Geographer, 2003, 55 (4): 446-463.

[79] WACHS M, TAYLOR B D, LEVINE N, et al. The changing commute: A case-study of the jobs-housing relationship over time [J]. Urban Studies, 1993, 30 (10): 1711-1729.

[80] WANG D, ZHOU M. The built environment and travel behavior in urban China: A literature review [J]. Transportation Research Part D, 2016, 52: 574-585.

[81] YANG J. Transportation implications of land development in a transitional economy: Evidence from housing relocation in Beijing [J]. Transportation Research Record, 2006, 1954 (1): 7-14.

[82] ZHANG Y, SASAKI K. Effects of subcenter formation on urban spatial structure [J]. Regional Science and Urban Economics, 1997, 27 (3): 297-324.

[83] ZHAO P, LÜ B, ROO G D. Impact of the jobs-housing balance on urban commuting in Beijing in the transformation era [J]. Journal of Transport Geography, 2011, 19 (1): 59-69.

[84] ZHAO P. Sustainable urban expansion and transportation in a growing megacity: Consequences of urban sprawl for mobility on the urban fringe of Beijing [J]. Habitat International, 2009, 34 (2): 236-243.

[85] ZHOU J, ZHANG C, CHEN X, et al. Has the legacy of Danwei persisted in transformations? The jobs-housing balance and commuting efficiency in Xi'an [J]. Journal of Transport Geography, 2014, 40: 64-76.

[86] ZHOU, WANG, CAO, et al. Jobs-housing balance and development zones in China: A case study of Suzhou Industry Park [J]. Urban Geography, 2017, 38 (3): 363-380.

第十三章　区域职住关系与都市圈

第一节　都市圈与区域职住关系

都市圈是一种城市功能地域，通常指由中心城市与其紧密联系的若干中小城镇及乡村构成的空间组织形式占据的范围，近年来其概念被规划界日益广泛地应用。都市圈是职住关系在区域地理尺度上的重要体现。都市圈历经了在美国最初出现相关概念、引入日本并提出"都市圈"词汇、引入我国并应用于规划等几个阶段。美国于1910年在城市蔓延和郊区化发展的背景下提出了都市区（metropolitan district）的概念（Berry et al., 1969；Klove, 1952），并于1949年设立了具体划定标准（Frey et al., 2004；Jaeger et al., 1998；罗海明 et al., 2005）。其后，其他西方国家也相继建立了类似的概念，如英国的标准大都市劳动市场区（SMLA）（Flowerdew et al., 1979）、加拿大的国情调查大都市区（CMA）（Stone, 1971）、澳大利亚的国情调查扩展城市区（CEUD）（周一星, 1995）等。1954年日本借鉴欧美提出了标准城市地区的概念（洪世键等, 2007），并于1975年由日本官方确立了都市圈概念及其划定标准（Alden, 1984；Kanemoto et al., 2005）。回顾日本、美国、欧洲的都市圈（区）概念，其共同特点是由一个中心城市和一定范围的外围地区构成。中心城市通常由一定的人口规模门槛确定，外围地区的判定标准主要有人口密度、非农比例、通勤率等，但几乎所有国家的都市圈判定标准都离不开通勤率这一核心判定标准（Horner，2007；Lund et al.，1994；Merriman et al.，1995），即外围地区与中心城市之间的通勤人数占该地人口的比例。

都市圈概念被引入我国后，周一星、宁越敏、顾朝林（顾朝林，1991；宁越敏，2011；周一星等，1995）等学者对都市区、都市圈进行了划定方法的探讨，并都强调了中心城市和周边地区的社会经济联系，如周一星认为都市区是以一个大的人口为核心区以及与这个核心区具有高度的经济社会发展一体化的邻接社区的组合（周一星，1995）。然而，在我国语境中的都市圈或都市区有几个明显的转向：其一是都市圈的空间规模尺度有扩大倾向，例如王建将都市圈的规模尺度拓展到在现代交通技术条件下直径 200～300 千米的范围（王建，1997），而西方都市圈直径一般在数十千米不等；其二是中心城市的门槛有提高倾向，例如高汝熹等认为都市圈要以综合功能较强、经济较为发达的中心城市为核心（高汝熹等，1998），而西方都市圈判定中心城市的门槛以 5 万～10 万人为主；其三是中心城市的数量有由 1 个变为可以为多个的倾向，如张京祥等（2001）认为存在多核心都市圈，并出现了如所谓苏锡常都市圈的地方实践（罗小龙等，2005），而西方都市圈通常是以某一个城市为中心。我国学术界过去对都市圈划分的研究，由于缺乏实际的人口空间活动数据，无法识别通勤比例，而是多采用引力模型与经济距离（程云龙等，2011；顾凤霞等，2010；姜世国，2004）、经济势能（李璐等，2007）等模型模拟方法。这类划分的结果往往很大，虽然有定量支撑，但并不能真实反映与城市具有通勤联系或其他人流活动联系的范围，实际上已经逐渐偏离了都市圈的原始核心含义。

第二节　京津冀地区都市圈识别

近年来，大数据技术发展快速，为获取人口真实的活动空间范围提供了机会。例如，王德等（2018）、丁亮等（2015）利用手机信令数据对上海的都市圈范围界定进行了有益的探索。本节以京津冀地区为例，利用手机信令数据和土地利用覆盖数据，对城市群地区的都市圈空间范围进行识别。京津冀地区是我国城镇化快速发展地区,也是我国首都所在地,京津冀协同发展已经上升为国家战略,京津冀地区都市圈空间范围的识别具有一定代表性。

一、案例地区与数据

2015年,中共中央政治局审议通过了《京津冀协同发展规划纲要》,范围包括北京、天津2个直辖市及河北省全域11个地级市,本节将上述地域作为研究范围(图13.1)。

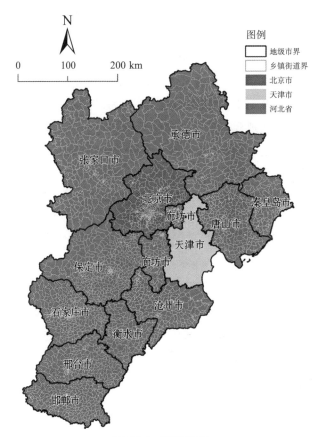

图 13.1 研究范围

京津冀城市群地区 2018 年国内生产总值共计 85 140 亿元,年末常住人口 1.127 亿人,面积 21.7 万平方千米,区域人口密度达 519 人/

平方千米，经济密度达 3 924 万元/平方千米，人均 GDP 在 1 万美元以上。京津冀地区已经成为我国东部地区最重要的三大城市群地区之一，是我国北方最重要的经济增长中心。

研究采用的数据主要包括两部分，分别是手机信令数据和土地利用覆盖数据。前者用于分析人口的空间活动，后者用于提取城市的实体地域。

手机信令数据来自某运营商，为 2018 年 6 月某周共计三日的京津冀地区全范围数据。数据包括驻留数据和 OD 数据，为保障个人信息隐私，分析数据按照时间、空间、用户属性进行汇总。数据的时间记录间隔为 0.5 小时，数据的空间单元为 1 000 米网格。本样本中，根据手机信令平均每日共计 0.707 亿条出行链记录。经过数据清洗和初步整理后，手机信令 OD 数据的数据格式如表 13.1 所示。出行目的的判断方式为，基于手机信令日夜间驻留数据识别稳定居住地和稳定就业地，稳定居住地和稳定就业地之间的出行作为通勤出行，稳定居住地与其他地点之间的出行作为生活出行，其他地点和其他地点之间的出行作为其他出行。

表 13.1 手机信令 OD 数据格式

字段名	date_dt	time_id	o_grid	d_grid	age	gender	pop	type
含义	日期	时间段	起点网格编号	终点网格编号	年龄	性别	人数	出行目的

土地利用覆盖数据来自北京大学地理数据平台。数据年份为 2015 年，以美国陆地卫星 Landsat 遥感影像数据作为主信息源并通过目视解译得到用地类型三级分类，从而建立 1∶10 比例尺的数据库，数据的空间单元为 30 米网格。

二、研究设计

研究识别城市的 4 类空间范围，分别为城市实体地域、都市影响圈、都市通勤、生活圈，其研究思路如图 13.2 所示。其中，某个城市的城市实体地域是其都市圈的中心城区，后三者为都市圈的范畴，是城市的功能地域。据此，定义都市影响圈是与中心城市具有比较紧密社会经济活动联系的地域系统所占据的空间范围；通勤圈是与中心城市存在日常性稳定通勤行为的区域空间范围；生活圈是中心城市居民日常生活休闲娱乐的区域空间范围。

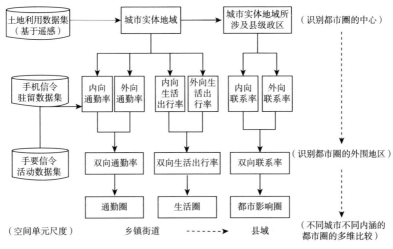

图 13.2　研究思路

过往许多规划文件和文献中所用的都市圈概念，实际上更加接近于本章所述的都市影响圈（程云龙等，2011；顾凤霞等，2010；姜世国，2004；李璐等，2007），这与国际上通常以通勤作为主要判定依据的都市圈空间范围相去甚远，尺度明显偏大，直接进行比较往往会得出不合理的结论，影响城市与区域政策的制定。

城市实体地域指的是集中了各种城市设施且以非农业用地和非农业经济活动为主体的城市型景观分布范围（周一星等，1995）。研究采用土地利用覆盖数据，将城市建设用地和与城市建设用地空间相连接的城镇工矿用地进行合并提取，作为城市实体地域。然后利用 ArcGIS 进行空间重采样，以保障数据与手机信令网格数据在空间单元上的一致性。过往的研究中，对城市实体多采用主观界定方法，如某一个环路内或选取若干个市中心的市辖区（安景文等，2019）。与这些主观方法相比，本章基于遥感得出的实体地域更加接近城市的真实实体范围，也利于识别更加合理可靠的都市圈范围。

基于识别出的城市实体地域，利用 ArcGIS 将其所覆盖的县域行政区进行合并，作为城市实体所在行政地域。目前我国部分城市将与城市实体并不邻接的县市进行了撤县设区，例如北京、天津两市已将下辖全部县级行政单元（如北京延庆、天津蓟州）改为市辖区，此外不同市辖区的空间尺度也存在显著差异（袁家冬等，2005），如果直接采用全部市辖区进行不同城市间的比较将有失偏颇。本章界定方法在不同城市间具有一致的判定标准，相对而言彼此间是可比的。

基于手机信令数据，构建联系率、通勤率、生活出行率 3 个指标，均为双向联系率，其计算公式如下：

$$C = \frac{\sum_{i=1}^{n} \left(\sum_{j=1}^{m} o_{ij} + \sum_{j=1}^{m} d_{ij} \right)}{\sum_{i=1}^{n} p_i}$$

式中：o_{ij} 表示该日以网格 i 为出发地并以中心范围内网格 j 为目的地的出行量，d_{ij} 表示该日以中心范围内网格 j 为出发地并以网格 i 为目的地的出行量，p_i 表示网格 i 该日的平均驻留用户量，n 表示研究空间单元覆盖的网格数量，m 表示中心区的网格数量。计算过程具体主要通过 GIS 空间分析及 SQL 语句完成。双向通勤率及双向生活出行率的计算方法可依此类推，具体在此不再赘述。

都市影响圈的识别方法为：以上文方法识别的城市实体所在行政地域为中心区，以县域为基本空间单元，据手机信令的双向联系率进行空间分级。都市通勤圈、生活圈的识别方法为：以上文方法识别的城市实体地域为中心区，以乡镇街道为基本单元，据手机信令双向通勤率及双向生活出行率进行空间分级。

三、基于城际通勤的都市影响圈识别

（一）都市影响圈的范围识别

图 13.3 是根据手机信令平均驻留用户数量，对整个京津冀地区进行的三维可视化结果。从图中可以发现北京、天津、石家庄等主要中心城市人口集聚区所占据的空间规模较大，且中心区人口密度较

高。其中：北京的人口集聚区规模最大；天津规模为其次，手机信令揭示实际上天津主要由天津主城和滨海新区两个相对独立的人口集聚区构成。此外，可以发现京津冀地区的城镇主要分布在北京以南及北京以东，而北部及西部的燕山、太行山山区则人口较为稀疏。

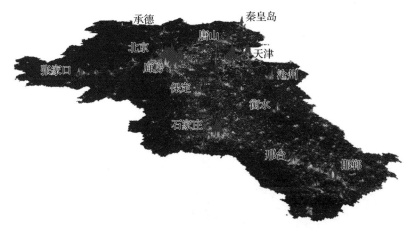

图 13.3　京津冀地区平均驻留手机用户规模的三维可视化

以前文所述方法，分别识别京津冀地区 13 市的都市影响圈的空间范围（图 13.4）。结果显示，北京与整个京津冀地区内大量县区存在较为紧密的人群活动联系，展现了在区域中的强影响力，与北京联系率在 2% 以上的县区占到整个地区的一半以上，而联系率 5% 以上的紧密县区也超出了北京市的行政区范围；在地区具备较强影响力的城市还包括石家庄和天津，其中与石家庄联系率在 2% 以上的县区占据的空间范围仅次于北京，表明石家庄作为河北省的省会城市，一定程度上发挥了河北省域的经济、政治、文化交流中心的作用，且其影响力在冀中南各地更为突出，而天津市的影响力更多地局限在沿海的唐山等地；另一个值得关注的是承德都市影响圈，与其联系率在 5% 以上的紧密县区几乎覆盖了整个燕山地区，可能的原因是冀北山区的县城普遍规模较小，服务等级偏低，人群反而倾向于前往该片区的中心城市承德。

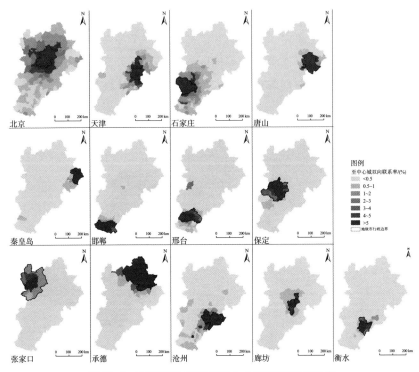

图 13.4 京津冀地区至各市中心城的双向联系率

以 5%作为界定标准,将都市影响圈与各市的行政范围进行对比,结果显示出不同城市具备截然不同的形态特征(图 13.5),可以据此将其划分为四种类型:①辐射型都市影响圈,即都市影响圈超出了其行政范围,包括北京、天津、石家庄、唐山,此类城市往往人口经济体量较大,并在区域中产生了跨行政区的影响力,以北京最为典型;②一致型都市影响圈,即都市影响圈与其行政范围一致,包括秦皇岛、沧州、承德,此类城市为普通的地区级中心城市,其经济腹地与行政辖地相吻合;③收缩型都市影响圈,即都市影响圈小于其行政范围,包括保定、邯郸、邢台、衡水、张家口,此类城市为人口经济体量相对较小或行政区范围偏大,中心城的区域带动能力不足,其影响范围无法拓展覆盖到自身全部下辖行政区;④错位型都市影响圈,即都市影响圈与行政范围不一致,都市影响圈的一部分超出了行政范围,但同时行政范围内的部分地区却不属于其都市影响圈,此类城市仅包括廊坊，廊坊市的行政区存在飞地，城市的功能地域与行政地域出现了比较明显的错位，造成了城市治理的一些困难并在一定程度上影响了城市与区域发展，值得进一步关注。

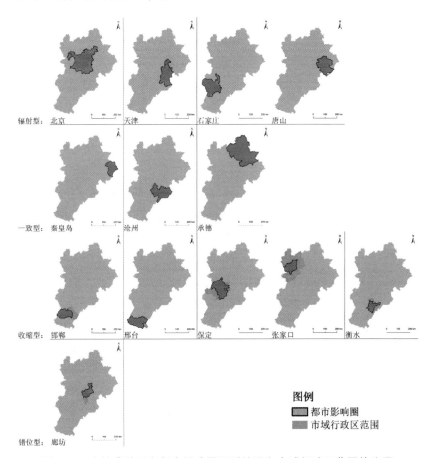

图 13.5　京津冀地区各都市影响圈识别结果和市域行政区范围的比照

（二）都市影响圈的规模结构特征比较

为进一步定量比较京津冀地区各个城市的都市影响圈的规模结构特征，计算各个都市影响圈的总人口、都市影响圈外围地区与中心城市的联系总量及平均联系率、覆盖区县数量及面积。其中都市影响圈的总人口由手机信令平均驻留用户数量按比例扩样计算得到，扩样方法为，根据手机信令驻留用户数与地区常住人口数计算扩样比，并根据扩样比计算扩样人口。联系总量为该都市影响圈平均每日外围地区和中心城之间的用户往来的总量，平均联系率为联系总量与外围地区每日平均驻留用户数量之比。

表13.2中结果展示，各个都市影响圈的人口规模存在非常显著的差异，超过1 000万人口的有北京、天津、石家庄三个城市的都市影响圈，其中人口规模最大的北京都市影响圈的总人口超过4 000万人，而人口规模最小的张家口都市影响圈和衡水都市影响圈的总人口不足200万人，反映出了京津冀地区人口高度集聚分布于超大、特大城市及其周边地区。从各个都市影响圈的面积来看，其差距明显小于人口，这表明各个都市影响圈的差距主要在于人口的集聚程度而非空间范围的大小。

基于手机信令驻留数据，计算得到京津冀地区两城市指数为2.26，四城市指数为1.42，十一城市指数为1.91。两城市指数大于2，表明区内首位城市北京对次位城市天津有较大的规模优势。四城市指数远大于1，表明区内三、四位城市发育相对欠缺。十一城市指数远大于1，且已接近2，表明区内其他城市发育更加欠缺，处于高度不平衡，人口过于集聚。与Zipf法则进行比照可以发现，本区城市人口规模的β指数>1。首位城市北京的高首位度，带来了其他社会经济要素的高度集聚，可能是导致北京都市影响圈范围具备较大优势的一个重要因素。

从联系总量和联系率来看，联系总量最大的是北京，其次为石家庄、唐山，而联系率最大的则是石家庄。这表明，石家庄与周边地区之间的人口联系十分紧密，区域协作发展程度可能较高。然而，天津都市影响圈的联系率较低，仅仅达到了区内普通地级市的水平，这可能反映出天津作为一个直辖市，尽管自身经济社会发展水平较高，但省级行政边界可能对区域协同发展造成了一定的阻隔，导致天津实际上没有与周边地区建立起较为紧密的社会经济联系。石家庄都市影响圈的联系率甚至超过了北京都市影响圈；而处于三省市交界的廊坊的都市影响圈联系率最低，进一步印证了省级行政边界可能对区域协同发展产生了壁垒作用。

表 13.2 京津冀地区各都市影响圈的规模结构特征

都市影响圈中心城市名	比例扩样的都市圈总人口/万人	外围与中心城日均联系总量/人次	外围与中心城平均联系率/(%)	覆盖区县数量	都市影响圈面积/平方千米	行政区面积/平方千米	行政区面积与都市影响圈面积的变化比/(%)
北京	4 234.89	432 875	19.13	29	29 431	16 411	+79.34
天津	2 142.79	210 618	12.37	18	14 474	11 917	+21.46
石家庄	1 123.31	292 232	23.99	26	16 230	13 056	+24.31
唐山	703.87	237 871	19.05	15	13 893	13 472	+3.13
廊坊	607.68	86 540	7.70	10	5 687	6 382	-10.89
保定	510.87	79 960	10.21	17	13 521	22 185	-39.05
沧州	508.55	129 833	13.39	16	14 035	14 035	0.00
邯郸	465.50	106 048	12.70	17	10 468	12 065	-13.24
秦皇岛	333.66	23 713	8.73	7	7 802	7 802	0.00
邢台	315.59	66 372	13.35	12	7 382	12 433	-40.63
承德	275.04	65 531	12.36	11	39 493	39 493	0.00
衡水	189.73	34 695	12.27	6	4 918	8 815	-44.21
张家口	155.17	35 930	15.49	7	7 574	36 797	-79.42

京津冀地区的各都市影响圈的平均联系率与联系总量之间大致呈正相关关系（图13.6）。联系总量越大的都市影响圈，其平均联系率也越高，这表明都市影响圈的联系总量并不是随着规模的扩大而线性增加的。在规模体量更大的都市影响圈中，往往内部人口往来交流活动更加密切，高等级的都市影响圈可能具备更强的内部区域社会经济协作，展现出更强的发展活力。

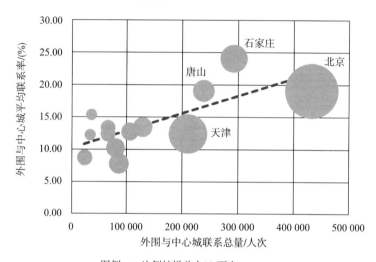

图 13.6 京津冀地区各都市影响圈联系总量、联系率、总人口的关系

第三节　从通勤圈到生活圈

一、通勤圈范围识别

都市影响圈识别结果表明，北京、天津、石家庄、唐山四市的都市影响圈超越了自身行政区，同时各项指标计算结果显著高于京津冀地区其他都市影响圈。针对京津石唐这四座中心城市，以前文所述方法，分别识别其通勤圈的空间范围（图13.7）。结果显示，以5%双向通勤率为界定标准，京津石唐四市的通勤圈事实上基本都小于自身的市域行政范围，通勤联系率随着距离增加而逐渐衰减。

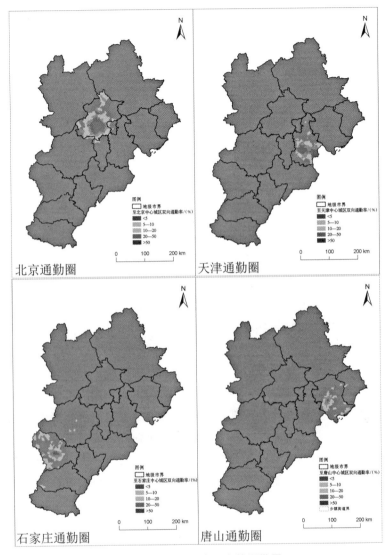

图 13.7 京津石唐四市的通勤圈

唯一一个通勤圈的连续空间范围在局部地区突破行政区的是北京通勤圈,其中在东部的三河市燕郊镇和大厂回族自治县祁各庄镇的通勤率突破了 10%,与北京中心城间存在规模较大的稳定通勤人群。除此之外,三河、香河、武清、固安、涿州五地的部分其他乡镇的通勤率在 5% 以上,也与北京中心城间存在一定规模的稳定通勤人群。这些地区与北京市中心的空间距离超过 50 千米，且不属于北京市域。由河北入京的稳定通勤人群进行日常性的长距离跨省通勤，面临着很大的通勤压力。市域范围内通勤率基本随着距市中心的距离而衰减。北京市的 50% 以上通勤率的高强度通勤区空间范围很大，已经连续蔓延至六环附近，完整覆盖了通州等主要新城。然而，这些外围新城的交通基础设施密度显著低于中心城区，导致外围新城及各城郊地区面临着极大的道路交通拥堵和轨道交通拥挤风险。

天津通勤圈具有典型的双中心特征，存在天津主城和滨海新区两个空间规模接近的 50% 以上通勤率的高强度通勤区，但两个高强度通勤区并不彼此邻接。这表明，天津市存在两个空间上分离的主要就业中心。此外，宝坻和蓟州存在飞地式的通勤率超过 5% 的乡镇。其中，蓟州东赵各庄镇的通勤率突破了 10%，考察该镇发现，该镇处于津蓟高速与首都环线高速的交汇处，交通区位优势突出。该镇的高通勤率，反映了交通基础设施的投入促成的交通区位提升，或对该地区人群的通勤行为产生诱发作用。

与京津二市的通勤圈相比，石家庄和唐山的通勤圈范围明显较小，其中唐山通勤圈范围最小。此外，石家庄和唐山的 50% 以上高强度通勤区空间范围非常小，表明这两市的长距离通勤人群数量相对京津而言较少。然而，这两市都存在较多的与主城空间不邻接的飞地式高通勤乡镇，呈多中心式零星分布。这一通勤现象或与石家庄的工矿区分布和唐山的滨海工业区分布相关。此外，保定境内沿京港澳高速的部分乡镇和秦皇岛境内沿京哈高速的部分乡镇，分别存在相当规模的与石家庄及唐山的跨市通勤，或反映了交通干线布局对沿线地区通勤行为的诱发及促进。

二、生活圈范围识别

除通勤圈，生活圈也是城市功能地域的一种重要类型。分别识别京津石唐四市的娱乐休闲生活圈空间范围（图 13.8），结果显示，以 5% 双向生活出行率为界定标准，京津石唐四市的生活圈均大于各自通勤圈的空间范围。整体来看，各市的生活圈空间范围与市域行政范围比较吻合。

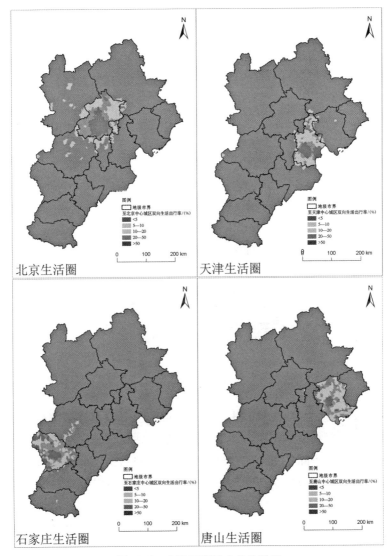

图 13.8 京津石唐四市的生活圈

北京生活圈完整覆盖了市域行政范围并向外不同方向蔓延，而其覆盖的周边地区旅游资源比较丰富（图13.9），表明北京市民除了选择北京市域范围内的景区，还会选择周边部分地区作为休闲娱乐的目的地。市域范围内，除主城外生活出行率最高的是怀柔北部的山区，这一地区有多个森林公园、地质公园及度假区，山水资源禀赋具备优势。除了相邻地区，还有易县、涞源、崇礼、宣化等地的部分乡镇也是北京生活出行率 5% 以上的地区，这些乡镇大多是著名旅游景区所在地（如西陵镇等）或交通集散地（如姚家房镇等）。这表明北京市民休闲娱乐选择的空间范围较大，愿意承担的出行距离也较长。

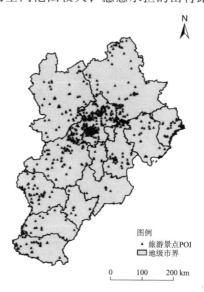

图 13.9　京津冀地区旅游景点 POI 的分布

相较而言，天津、石家庄、唐山三市的生活圈主要集中在本市市域范围内。但在市域范围内，居民选择的生活休闲地也有一定的倾向性，例如天津市除了主城和滨海新区外，蓟州盘山地区也是重要目的地；唐山除了主城外，还有北部迁西—遵化的长城沿线地区和南部的十里海地区是主要生活休闲目的地；石家庄的生活休闲目的地比较广泛，散布在市域各地，其中以旅游资源相对丰富的太行山区分布最为密集。此外，沿京港澳高速的部分地区也是石家庄生活圈的组成部分。综上所述，生活圈的范围受优质旅游资源分布的影响较大，此外也受交通干线布局的引导作用影响。

三、通勤圈和生活圈的空间范围差异

对四座城市的通勤圈和生活圈识别结果进行面积的测算（表 13.3），结果显示通勤圈和生活圈的空间范围存在很大的差异，不同城市的都市圈间也存在较大差异。横向比较通勤圈和生活圈，可发现生活圈的范围普遍在通勤圈的 2 倍以上，表明居民进行生活休闲愿意承担的出行距离远大于通勤愿意承担的出行距离。纵向比较不同城市，可发现北京的通勤圈和生活圈均远大于其他城市。从市域内占比来看，四座城市的通勤圈基本都在市域范围内，市域内占比最低的北京，其通勤圈中跨市通勤的空间范围占比也不到 10%；而北京生活圈则与其他城市生活圈表现出较大差异，有超过 30% 超出了本市的行政区范围，其他城市的生活圈则主要集中于本市市域内。

表 13.3　京津石唐四市的通勤圈和生活圈的规模特征

都市圈中心城市名	通勤圈			生活圈		
	总面积/千米²	市域范围内面积/千米²	市域内占比/(%)	总面积/千米²	市域范围内面积/千米²	市域内占比/(%)
北京	10 478.01	9 736.63	92.9	23 486.45	16 323.95	69.5
天津	4 902.38	4 902.38	100.0	12 625.53	11 728.09	92.9
石家庄	4 888.17	4 552.50	93.1	14 092.52	12 389.96	87.9
唐山	2 624.73	2 541.85	96.8	11 530.87	11 475.19	99.5

为了进一步探寻通勤圈内的详细空间特征，利用 ArcGIS 分别对四座城市的市中心取 5～50 千米的缓冲区，并对缓冲区进行空间裁剪得到 1 个 5 千米缓冲区和 9 个 5 千米环带。在此基础上，针对这些空间单元进行人口密度和双向通勤率的空间统计（图 13.10），从而展示通勤圈的"剖面"变化规律。结果发现，总体而言，通勤率随距离衰减速度要低于人口密度随距离的衰减速度，因此在各个城市的近郊均存在一个人口密度相对不高但通勤比例却很高的地带，不同城市的这一地带空间范围大小存在一定的差异。

从曲线的特征来看，京津石唐四市的人口密度衰减大致都呈负指数函数，但通勤率的衰减则各有不同。北京市的通勤率衰减曲线为存在 2 个转折点的"Z"形，在 0～22 千米处通勤率缓速衰减，表明北京大致 22 千米半径范围内社会经济活动强度均非常大，此范围大致是五环以内，22～35 千米处通勤率迅速衰减，此后又缓速衰减至大

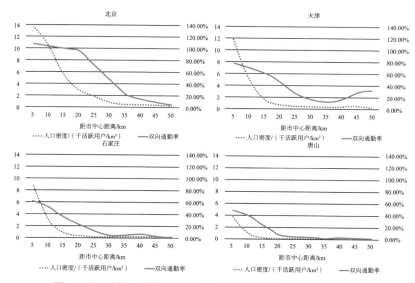

图 13.10 京津石唐四市的人口密度与通勤率随距离衰减过程

致 50 千米处才降至 5% 以下。天津和石家庄的通勤率衰减曲线呈双峰状，天津尤为明显，主要原因是天津存在一个强大的副中心滨海新区，而石家庄则周边有多个小型就业或居住中心。天津的通勤率曲线在 50 千米内都在 5% 门槛线上，而石家庄则在 30 千米处滑落至 5% 门槛线以下后又在 40 千米处突破门槛线。唐山的通勤率衰减曲线没有特殊的特征，至 20 千米左右衰减至 5% 以下，表明唐山的通勤率的主要变化规律是从市中心向外逐渐递减。

第四节 小 结

本章对城市群地区的都市圈，采用手机信令数据进行了识别。首先利用基于遥感数据的土地利用覆盖识别城市实体地域，然后利用手机信令数据，以中心与外围地区的联系率、通勤率、生活出行率为关键指标，识别了京津冀城市群地区主要城市的 3 种不同类型的城市功能地域圈层：都市影响圈、通勤圈、生活圈。主要结论如下：

首先，都市圈的范围取决于划分标准及中心城范围的判定，结果显示一般而言都市影响圈>生活圈>通勤圈，即以所有类型联系得出的都市影响圈范围最大，范围规模其次为居民生活娱乐休闲的生活圈，最小的是具备日常通勤交流的通勤圈；其次，京津冀地区的各个地市的都市影响圈范围总体比较接近于其市域行政范围，但各市间亦存在差异，可分为辐射型、一致型、收缩型、错位型 4 种类型；再次，各市的通勤圈实际上基本都未超出市域行政范围，超出市域最明显的北京通勤圈也仅有 7.1% 在市域范围之外；此外，通勤率随市中心距离衰减速度要低于人口密度衰减速度，因此在城市近郊均存在一个人口密度相对不高但通勤比例却很高的地带；最后，北京在京津冀地区具有非常高的首位度，北京都市圈在联系总量、平均联系率、都市圈总人口、都市圈中心人口密度等多个指标上都具有显著优势。

主要发现可以为未来的都市圈规划研究提供一些参考。当前，我国新出台一系列与都市圈相关的政策文件，都市圈规划研究方兴未艾。但是，在不同地区的规划中，乃至不同学者的研究中，所述都市圈的内涵有着很大的差别。在我国《关于培育发展现代化都市圈的指导意见》（下简称《指导意见》）中，明确将都市圈定义为"以 1 小时通勤圈为基本范围的城镇化空间形态"。然而，研究结果显示，若以通勤作为标准，几乎所有城市的都市圈都没有超出市域范围，即使北京都市圈也仅仅在燕郊地区有突破市域行政界限，这与王德等利用手机信令数据对上海都市圈界限的研究结果比较一致（安景文等，2019）。大数据分析结果表明，我们过去可能高估了城市的通勤圈范围，而实际上人们能接受的通勤距离和时长是有限的，在我国当前的城市与区域发展状态下，与城市具备稳定通勤联系的区域实际上很难超出市域行政范围。无论是按照我国《指导意见》中的定义，还是按照国际上一般的都市圈概念，所谓"京津冀都市圈"或"环渤海都市圈"都属于概念的混用与错用。京津冀地区实际上更加接近于由若干个都市圈构成的一个区域或城市群。因此，在未来都市圈规划和研究中，应当尽量避免概念的混用、错用及滥用，而应基于城市与区域发展的客观条件来进行合理设计，优化城市与区域空间结构，引导城市与区域的健康发展，促进区域协同。

本章的研究还揭示了一些在京津冀协同发展中需要关注的问题。首先，研究发现天津主城与周边地区的联系弱于石家庄与周边地区的联系。按照中心地理论等传统区位理论的观点，高等级的中心应具有更高等级的服务范围和服务等级（王士君等，2012）。猜测造成天津与周边地区联系较少有可能是省域行政界限对区域发展形成的壁垒作用导致的。因此，未来应当加强跨省互通互联，努力破解发展存在的体制机制障碍，尽量减少行政力量对社会经济要素区际流动的干扰。此外，北京通勤圈的范围尽管总体未超出市域行政范围，但实际上已经覆盖了北京市除延庆、怀柔、密云、平谷外的绝大部分地区，面积超过1万平方千米，已经接近于东京都市圈（何仲禹等，2016）。其中，通勤率高于50%的高强度通勤区已经蔓延至六环附近。研究分析结果印证了北京通勤圈中的高强度范围已经具有很大的规模，在城郊地区存在严重的供需不平衡，为了满足这些地区居民的通勤需求，在城郊地区建设地铁或市郊铁路等大运量轨道交通有很高的紧迫性。

参考文献

[1] 安景文，孟真，梁志霞，等. 京津冀都市圈经济增长收敛性测度［J］. 城市问题，2019，（04）：66—71.

[2] 程云龙，刘小鹏，刘泓翔，等. 都市圈空间界定方法的应用研究：以成都都市圈为例［J］. 城市发展研究，2011，18（08）：64—67.

[3] 丁亮，钮心毅，宋小冬. 利用手机数据识别上海中心城的通勤区［J］. 城市规划，2015，39（09）：100—106.

[4] 高汝熹，罗明义. 世界城市圈域经济发展态势分析［J］. 经济问题探索，1998，（10）：5—8.

[5] 顾朝林. 中国城市经济区划分的初步研究［J］. 地理学报，1991，（02）：129—141.

[6] 顾凤霞，刘文宝. 都市区空间范围划界方法探讨：以长春市为例［J］. 城市发展研究，2010，17（06）：92—96.

[7] 何仲禹，翟国方. 业务核都市与东京都市圈空间结构优化［J］. 国际城市规划，2016，（01）：46—52.

[8] 洪世键，黄晓芬. 大都市区概念及其界定问题探讨［J］. 国际城市规划，2007，（05）：50—57.

[9] 姜世国. 都市区范围界定方法探讨：以杭州市为例［J］. 地理与地理信息科学，2004，（01）：67—72.

[10] 李璐, 季建华. 都市圈空间界定方法研究 [J]. 统计与决策, 2007, (04): 109—111.

[11] 罗海明, 汤晋, 胡伶倩, 等. 美国大都市区界定指标体系新进展 [J]. 国外城市规划, 2005, (03): 50—53.

[12] 罗小龙, 沈建法. "都市圈"还是"圈"市: 透过效果不理想的苏锡常都市圈规划解读"圈"都市现象 [J]. 城市规划, 2005, (01): 30—35.

[13] 宁越敏. 中国都市区和大城市群的界定: 兼论大城市群在区域经济发展中的作用 [J]. 地理科学, 2011, 31 (03): 257—263.

[14] 王德, 顾家焕, 晏龙旭. 上海都市区边界划分: 基于手机信令数据的探索 [J]. 地理学报, 2018, 73 (10): 1896—1909.

[15] 王建. 美日区域经济模式的启示与中国"都市圈"发展战略的构想 [J]. 战略与管理, 1997, (02): 1—15.

[16] 王士君, 冯章献, 刘大平, 等. 中心地理论创新与发展的基本视角和框架 [J]. 地理科学进展, 2012, 31 (10): 1256—1263.

[17] 许学强, 周一星, 宁越敏. 城市地理学 [M]. 北京: 高等教育出版社, 2022.

[18] 袁家冬, 孙振杰. 关于我国城市统计区重建的地理学研究 [J]. 地理科学进展, 2005, (04): 11—18.

[19] 张京祥, 邹军, 吴启焰, 等. 论都市圈地域空间的组织 [J]. 城市规划, 2001, (05): 19—23.

[20] 周一星, 史育龙. 建立中国城市的实体地域概念 [J]. 地理学报, 1995, (04): 289—301.

[21] JAEGER D A, LOEB S, TURNER S E, et al. Coding geographic areas across census years: creating consistent definitions of metropolitan areas [R], 1998.

[22] ALDEN J D. Metropolitan planning in Japan [J]. The Town Planning Review, 1984, 55 (1): 55–74.

[23] BERRY B J L, GOHEEN P G, GOLDSTEIN H. Metropolitan Area Definition: A Re-evaluation of Concept and Statistical Practice [M]. Washington, DC: US Bureau of the Census, 1969.

[24] FREY W H, WILSON J H, BERUBE A, et al. Tracking metropolitan America into the 21st century: A field guide to the new metropolitan and micropolitan definitions [R]. 2004.

[25] HORNER M W. A multi-scale analysis of urban form and commuting change in a small metropolitan area (1990—2000) [J]. The Annals of Regional Science, 2007, 41 (2): 315-332.

[26] KANEMOTO Y, KURIMA R. Urban Employment Areas: Defining Japanese Metropolitan Areas and Constructing the Statistical Database for Them [M]. GIS-Based studies in the humanities and social sciences. Boca Raton: CRC Press. 2005: 85-97.

[27] KLOVE R C. The Definition of Standard Metropolitan Areas [J]. Economic Geography, 1952, 28 (2): 95-104.

[28] KLOVE R C. The definition of standard metropolitan areas [J]. Economic Geography, 2016, 28 (2): 95-104.

[29] LUND J R, MOKHTARIAN P L. Telecommuting and residential location: Theory and implications for commute travel in the monocentric metropolis [J]. Transportation Research Record, 1994, 1463: 10-14.

[30] MERRIMAN D. Excess commuting in the Tokyo metropolitan area: Measurement and policy simulations [J]. Urban Studies, 1995, 32 (1): 69-85.

[31] PARR J B. Metropolitan area definition: A re-evaluation of concept and statistical practice [J]. Journal of Marketing Research, 1970, 7 (3): 406.

[32] FLOWERDEW R, SALT J. Migration between labour market areas in Great Britain, 1970-1971 [J]. Regional Studies, 1979, 13 (2): 211-231.

[33] STONE L O. On the correlation between metropolitan area in-and out-migration by occupation [J]. Journal of the American Statistical Association, 1971, 66 (336): 693-701.

第十四章 结 语

一、研究小结

前人对空间视角下的职住平衡测定方法已经做了较多的扩展和延伸，但对于个体层面职住平衡测定方法鲜有讨论。而且居住平衡的本质非常强调"以人为本"，通过提升每一位居民的生活水平，从而解决城市问题，促进整个区域的可持续发展。据此，本书从个体视角出发丰富了职住平衡的内涵和测定方法，创新之处在于扩充了"职住平衡"概念中"住"的概念，在如北京这样的大城市中，职住选址不仅仅是通勤成本与住房成本之间的简单博弈，各项公共服务、商业服务设施的情况，都对职住选址具有很大的影响。那么，"住"的概念不应该仅仅局限在"住房"的概念，而应该理解为包括住房、公共服务设施、商业服务设施的一个综合性生活需求供给空间。职住平衡概念讨论的不仅仅是"就业"与"住房"之间的匹配关系，而应该是"就业"与"生活"之间的关系。基于以上，本研究提出基于生活圈出行的职住平衡测定方法——职住距离/时间指数，对比不同人群的职住平衡情况，研究发现：

（一）两性比较

男性的职住距离、时间指数低于女性，职住平衡情况相对较好，这与很多相关研究的结果一致（Crane，2007；Wyly，1998）。相比于男性，女性因在生理、心理和经济上的劣势属于相对弱势群体，这使得她们在进行居住地、就业地和交通出行方式的选择上受到了一定的限制，相对更难实现职住平衡，因而不得不承受相对更长的交通出行距离和时间。如果将家庭因素考虑进来的话，在一个双职工的家庭中，要如何进行住房区位的选择呢？以及在家庭交通出行资源有限的前提下，谁使用小汽车？是否考虑购买第二辆小汽车？Cervero（1989）认为在双职工家庭中，家庭住址及相关资源往往更倾向于收入水平更高的一方，大概率为男性。同时，由于在一个家庭中，更多时候女性承担着照顾孩子的职责，其以子女为中心的出行量将较多。正如Crane（2007）研究结果显示，在一个有子女的家庭中，母亲交通出行总量是父亲的3倍。

（二）生命周期（life course）对居民的职住平衡情况具有重要的影响

不同年龄段的职住距离指数差异较大，整体趋势是年龄越大职住距离指数越小，职住平衡水平越高。未婚受访对象职住距离指数高于已婚群体，职住时间指数却低于已婚群体，这反映了调研未婚群体的出行效率高于已婚群体，机动化出行比例较高。从被访问对象的住房来源情况来看，租房群体的职住时间指数最小；而购买公房、经济适用房或商品房群体的职住平衡情况较差。这是由于，在中国社会中，婚恋是促使单身居民购房的主要因素。相较于租赁住房，职住关系在购房情景下尤为复杂，需要综合考虑权衡购房成本、自身通勤成本、配偶通勤成本、子女就学、居住环境周边设施情况等诸多因素。在北京这样的教育资源分布不均的城市中，甚至很多家长趋向于牺牲自身的职住平衡以换取更好的居住环境和孩子的就学便利。从父母或者亲戚处继承住房的调研对象的平均职住距离指数相对最大，日常出行距离较长，职住平衡水平较低。这是由于继承的住房通常是固定区位而不能进行主动选择，因而，在这样的人群中，需要承受长距离通勤、职住不平衡的占比会更高。

（三）工作单位性质同样影响居民职住平衡情况

私有企业员工职住平衡水平较差，职住距离指数较大，事业单位员工职住平衡水平较高，职住距离指数和职住时间指数均较小，职住平衡情况较好。相对来说，在体制内工作的人职住平衡情况较好，一定程度上是由于强势的体制内单位依然有能力为职工提供邻近工作地的福利住房或者住房补贴，以及其他相关生活服务设施，这一定程度上提高了居民实现职住平衡的能力。

（四）个体差异比较

从个人潜在工作能力方面来看，教育背景越高、收入水平越高一定程度上意味着一个人可选择的工作岗位数量更多、质量更高。从理论上来看，这类人群相对更有能力实现自身的职住平衡。然而研究数据发现高学历就业者（本科及以上）职住距离、时间指数较高，职住平衡水平低于较低学历（高中及以下）的就业者；个人收入水平越高，职住距离指数和职住时间指数同样越高，职住平衡情况反而越差。那么从数据上显示出来的低学历、低收入群体的良好职住平衡水平，是通勤成本的变化对他们来说比较敏感而主动选择相近的"职"与"住"的区位呢，还是受限于劳动力市场的被动选择呢？城市中相对弱势群体实现了职住平衡的同时，他们的生活质量有没有真正提升上来呢？这是值得深入讨论的一个问题。

二、理论讨论

20世纪初霍华德面对大城市的交通拥堵、居住环境恶劣等问题，在《明日的田园城市》中首次提出"居住与就业邻近平衡布局"的思想，后经沙里宁、芒福德等学者的延伸发展，职住平衡逐步成为一个重要的规划理念。20世纪80年代后期，以赛维罗和朱利亚诺为代表的一批学者开始将"职住平衡"作为一种政策手段，对其是否能够有效解决郊区化背景下交通拥堵、环境污染等城市问题展开了激烈的讨论。

改革开放四十年的时间，中国经历了快速的城镇化进程，在如北京一般的超大城市经历了土地改革、住房福利制度改革、单位制度解体等多重变革，城市空间主动或被动地进行着重大重构。计划经济时代，政府以"单位"为单元，直接对生产和生活进行组织，住房和其他基本生活服务设施作为"工作"的福利待遇，由单位直接配给安排。而市场经济下，市场力量成为城市空间结构各个要素空间区位的决定主体，就业岗位和商品房小区在空间分布上愈发分散。与此同时，我国大城市空间不断蔓延扩张，私人小汽车和轨道交通建设高速发展。而不同行业不同岗位对就业者专业能力有着不同程度的门槛要求，同时也为其提供与其相匹配的收入水平。商品房小区因其所处地段、建造品质以及周边设施情况等因素呈现一定的价格梯度。居民根据自身的职业能力、购买水平和选择偏好，决定工作地点和居住地点。由此，微观个体很多时候不得不承受或者相关条件下愿意承受不同时间和距离的通勤，宏观上就造成了早晚通勤时间的交通拥堵及相关城市问题；职住分离成为我国很多大城市的常态。在借鉴西方关于"职住平衡"研究成果的基础上，国内学者也开始讨论交通拥堵、通勤距离和时间过长等城市问题，是否是由于"职住失衡"造成的，以及"职住平衡"作为一种政策手段能否有效解决上述城市问题。

当前国内外关于"职住平衡"的理论或实证方面的研究，存在概念模糊、方法混乱、研究尺度和平衡标准不明确等问题，这一定程度上导致职住平衡政策有效性的争论，因为不同研究中采用的研究视角、测定方法和研究尺度不尽相同，研究结论之间无法进行有效的直接对比。综合性地对不同视角下职住平衡的定义、方法进行回顾、梳理具有很大的理论和实际意义。

关于从什么视角出发讨论职住平衡，是本研究面对的第一个问题。之前有学者从不同学科视角出发，包括社会学与社会管理、城市经济学、城市规划学、人文地理与城市地理学科视角，对职住空间关系的研究进行了综合回顾与述评（张学波等，2017）。本研究从另一维度出发，将研究视角简化为地域视角和个体视角：地域视角下的职住平衡，关注的是一定区域内就业与住房的空间安排；个体视角下的职住平衡则聚焦在每一个个体的"职"与"住"选址，及其产生相应的出行行为。确定了研究视角之后，再分别来看不同视角下的职住平衡概念与相应的测定方法。

地域视角下的职住平衡概念，可以从三个维度理解，分别是数量维度、质量维度和匹配维度：数量层面的职住平衡，关注区域内住房数量与就业岗位数量，或就业者与居住者数量之间的比值；质量层面的职住平衡，则关注同在本区域居住和就业的人口占总居住人口或总就业人口的比重；匹配层面的职住平衡，则将房价与收入因素考虑进来，摒弃理想的均质模型，考虑就业岗位潜在提供的收入水平与同区域内房价是否相互匹配。综合来看，数量平衡是基础，匹配平衡是核心要求，而质量平衡则是我们关注的结果。学者们基于最本质最核心的思想，根据自身的研究需求和数据获取情况，扩展延伸出各种方法指标测定职住平衡。方法指标之间没有绝对的好与坏，每一种方法都有其优势、劣势与相应的适用条件。

而个体视角下的职住平衡概念，可以从两个维度理解，即通勤时间与通勤距离。通勤距离指标反映的是个体层面的交通量，主要由职住区位决定。通勤时间是一个相对综合的指标，由通勤距离和通勤速度决定，而通勤速度反映了个体的出行方式和出行能力及所处区域交通设施建设情况。

职住平衡的研究尺度是个有趣的话题。地域视角下，从极端情况来看，对于整个地球或者一个国家这样的空间尺度来说，职与住肯定是平衡的；而对于一栋楼或者一个居住小区、就业中心区，职与住又是肯定不平衡的。于是，学者普遍认同了 Peng（1997）的研究结论，即相比于宏观和微观尺度，职住平衡适合在中观尺度上进行研究。那么，中观尺度是怎样的一种空间尺度呢？早期学者受到数据获取的限制，研究尺度单元选择街道、县等行政区，存在研究单元面积不等、边界固定等问题。近些年来，学者多利用 GIS 技术，通过动态捕捉技术，划定出一个动态的捕捉范围。那么就面临着另外一个问题，多大的捕捉范围是合适的呢？

地域视角下的职住平衡研究尺度应与个体视角下的职住平衡标准共同来考虑。对于某一区域来说，居住在区域内部的个体出行的最大容忍边界，即是地域视角下职住平衡的范围尺度。在不同等级规模的城市中，居民对于通勤时间和通勤距离的期望值和容忍极限也是不同的，如在北京一个小时的通勤时间可能很平常，但是在一些三四线城市，开车通过全城时间可能仅需 40 分钟。因此，空间视角下职住平衡的合适研究尺度，取决于研究区域的城市等级规模、交通基础设施建设情况。在等级规模较高、各项交通基础设施建设情况较好的城市中，居民的出行效率较高，对通勤距离和通勤时间的容忍值也较高，这样的区域的职住平衡空间研究尺度也应该较大；反之亦然。

而关于职住平衡的标准，正如前文所述，个体层面的职住平衡标准取决于所在城市的空间规模、设施建设情况以及个体容忍度和其他相关社会经济属性。一般不做绝对性的平衡判断，通常通过不同社会经济属性群体之间进行比较得出相对性的平衡情况判断。空间层面的职住平衡标准，比如针对职住比 JHR、自足度 SCD 和混合度 JER 的平衡标准讨论，在不同城镇化发展与相关设施建设水平不同的地区，平衡标准略有差异。总的来看，各项指标都是越接近 1，代表着越平衡。

三、政策展望

讨论职住关系的关键，即是在讨论生产方式与生活方式的组织问题。职住平衡从理论上通过让居民的就业地和居住地靠近，减少交通量和交通成本，以缓解拥堵、污染等城市问题（Cervero et al., 1996; Levine, 1998），但是很多学者都质疑其实际的政策有效性（孟晓晨等, 2009）。原因有很多，比如企业普遍都有对于集聚经济的追求，居住区需要远离产生环境污染等负外部性的企业聚集地区。同时，在双职工家庭中，一个居住地很难与两个就业地同时平衡。而且，劳动力市场事实上很难实现企业在附近找到全部合适雇员，每个居民都能在住宅附近找到合适工作（郑思齐等, 2009）。因而，某种程度上来说，市场经济条件下"职住分离"是劳动力市场和房地产市场下的必然结果。这意味着，即便实现了数量层面的职住平衡，也不代表说能直接减少整个区域的交通出行总量，其起到的作用是给予每一个居民实现平衡的可能性选择，不能表征真正的平衡状态，而是代表实现平衡的一种潜力。

在中国的很多大城市中，20 世纪 80 年代土地有偿使用制度建立，城市内居住、商业、工业等不同性质用地基于地价而逐渐形成不同的功能分区（柴彦威等, 2011）。单位居住区由于历史惯性大多仍然位于城市中心区或近郊区，而可能引发环境污染的很多工业企业外迁至远郊区，往返于城市中心区与边缘区的通勤流由此产生。20 世纪 90 年代，北京市经济结构开始逐步调整，土地收入作为城市政府财政收入越来越重要的一部分，产业空间在地价的引导下继续重构（孔令斌，2013）。其中，现代服务业聚集在城市中心区，提供大量的就业岗位；新建居住区则多选址在城市郊区。旧城改造政策对居民外迁有优惠，而对回迁要求则相对严格，大部分原住民考虑生活成本的因素，选择迁往郊区居住。在这样的背景下，职住分离更为突出（冯健等，2004）。

在中国，孔令斌（2013）认为城市发展政策是造成职住分离的重要因素之一。20世纪90年代以前，城市发展采取"控制大城市规模、大中小城市协调发展"的政策。"十五"计划使得大城市和城市化水平较高的地区得到优先快速发展。"十二五"规划，则正式明确了新的城市发展政策，即"以大城市为依托，重点发展中小城市，逐步形成辐射作用大的城市群，促进大中小城市和小城镇协调发展"。在这样的政策主导下，进入21世纪以来，城镇化和私人小汽车的快速发展，大城市空间结构发生重大变化，表现为城市建成区空间迅速蔓延，外来人口持续不断地涌入，中心区服务业就业密度大幅增加，外来居民由于收入水平则居住在越来越远的郊区。由此，产生了职住分离。

伴随着北京市的快速扩张、经济迅速发展，城市中心承担大量的功能，产生诸多城市病。相比于居住用地明显的郊区化趋势，就业岗位在城市空间的分布变化则表现得更加复杂（柴彦威等，2011）。原来企业大院式的产业格局不再满足发展要求。20世纪80年代末90年代初，在"退二进三"政策指导下，北京市一些位于中心城区的高污染企业搬至郊区，这成了工业郊区化的第一波浪潮。20世纪90年代开始，政府在郊区规划大片开发区，利用低廉的土地价格和优惠条件吸引工业企业在郊区布局选址。进入21世纪，经济全球化发展，经济结构逐步调整，服务业向中心区集聚，并成为城市的核心职能。城市内部就业空间结构逐步从均质的单中心向复杂的多中心转化。由此，居住与就业空间分布变化的不同步性与独立性，使得职住分离、空间错位现象慢慢突出（宋金平等，2007；徐涛等，2009）。

城市住房的市场化对职住空间的重构具有重要的影响。伴随着20世纪90年代住房福利制度的解体，居民住房主要来源由政府福利分房转变为由房地产开发商主导的商品住宅建设（Wu，1996）。在政策引导和地价梯度等多方面的作用下，这期间北京新建设的商品房大多位于郊区（马清裕等，2006）。在住房市场化的过程中，对住房供应施加作用的主体由政府逐渐转变为市场。曾经计划经济下的居住空间，是带有福利性质的，是完全服务于生产空间的附属品。而市场经济下，居住空间是商品化的、可供居民自由选择的，且不同的选择具有相应的门槛，从而造成了空间上不同程度的阶层空间隔离。

单位制度的改革对中国城市内部就业、居住之间的空间关系和居民日常生活均有着深刻的影响（柴彦威等，2011）。伴随着住房福利分配制度在1998年宣布终止，单位制度也正式宣告解体。工作与住房都不再由政府进行统一"分配"，居民就业与居住的自主性大大提升，职住接近的单位社区逐渐向以单一居住功能的市场化社区转变，城市空间结构也逐步发生改变。城市居民的出行需求明显增加，从而打破了计划经济时期"完美"的职住平衡状态（Wang et al.，2009）。然而，由于固有制度和历史空间退出的惯性，尤其是对于事业、机关单位众多的北京，单位制度对城市空间结构的影响仍然存在。

对于政府来说，应该进一步完善公共交通基础设施建设，提高城市公共交通服务的综合供给水平。在通勤距离一定的前提下，确保采用各种交通方式出行的居民，都能以较高的通勤效率完成日常通勤行为。尽管无法直接决定个体的就业地与居住地，但是政府仍然需要通过城市规划、政策引导等手段，尽可能使得每个居民都享有自由和平等的权利，尽可能地在较为广泛的区域提供充足的住房和就业选择。

考虑从就业市场和住房供给上着手，努力提高居民个体就业选择和住房支付能力，完善社会福利住房制度。从制度改革的方向来看，对相关政策的制度设计时需要有社会公平意识，减少限制居民，尤其是区域中相对弱势群体的工作选择、住房选取和交通方式选择的制度性歧视。深化社会福利双轨制改革和户籍改革，完善保障房政策，突破体制内、外的壁垒，促使内外双向流动，以促进建立真正公平、公正的住房与就业市场。

党的十九大指出，当前中国特色社会主义进入新时代，我国社会主要矛盾已经转化为人民日益增长的美好生活需要和不平衡不充分的发展之间的矛盾。而单从收入标准来衡量"美好生活"是远远不够的，可自由支配的时间和空间已逐渐成为衡量"美好生活"的重要标准。时间地理学理论关注的就是在时空上如何公平合理的配置资源，力图通过对个人行为的线索式研究，使得个人生活质量得到根本的改善（柴彦威等，2000）。这与职住平衡在个体视角下的内涵不谋而合。未来可考虑将时间地理学理论引入职住平衡的研究中，通过路径分析，将传统通勤分析与其他行为的分析（如购物行为分析、休闲行为分析），在时空轴上结合起来，从而对个体层面的职住选择、交通出行特征有更加全面、深刻的理解。

参考文献

[1] 柴彦威, 龚华. 关注人们生活质量的时间地理学[J]. 中国科学院院刊, 2000 (06): 417—420.

[2] 柴彦威, 张艳, 刘志林. 职住分离的空间差异性及其影响因素研究[J]. 地理学报, 2011, 66 (02): 157—166.

[3] 冯健, 周一星, 王晓光, 等. 1990年代北京郊区化的最新发展趋势及其对策[J]. 城市规划, 2004 (03): 13—29.

[4] 孔令斌. 城市职住平衡的影响因素及改善对策[J]. 城市交通, 2013, 11 (06): 1—4.

[5] 马清裕, 张文尝. 北京市居住郊区化分布特征及其影响因素[J]. 地理研究, 2006 (01): 121—130.

[6] 孟晓晨, 吴静, 沈凡卜. 职住平衡的研究回顾及观点综述[J]. 城市发展研究, 2009, 16 (06): 23—28.

[7] 宋金平, 王恩儒, 张文新, 等. 北京住宅郊区化与就业空间错位[J]. 地理学报, 2007 (04): 387—396.

[8] 徐涛, 宋金平, 方琳娜, 等. 北京居住与就业的空间错位研究[J]. 地理科学, 2009, 29 (02): 174—180.

[9] 张学波, 窦群, 赵金丽, 等. 职住空间关系研究的比较述评与展望[J]. 世界地理研究, 2017, 26 (01): 32—44.

[10] 郑思齐, 曹洋. 居住与就业空间关系的决定机理和影响因素: 对北京市通勤时间和通勤流量的实证研究[J]. 城市发展研究, 2009, 16 (06): 29—35.

[11] CERVERO R. Jobs-housing balancing and regional mobility[J]. Journal of the American Planning Association, 1989, 55 (2): 136-150.

[12] CERVERO R. Jobs-housing balance revisited: Trends and impacts in the San

Francisco Bay Area [J]. Journal of the American Planning Association, 1996, 62 (4): 492-511.

[13] CERVERO R, RADISCH C. Travel choices in pedestrian versus automobile oriented neighborhoods [J]. Transport Policy, 1996, 3 (3): 127-141.

[14] CRANE R. Is there a quiet revolution in women's travel? Revisiting the gender gap in commuting [J]. Journal of the American Planning Association, 2007, 73 (3): 298-316.

[15] LEVINE J. Rethinking accessibility and jobs-housing balance [J]. Journal of the American Planning Association, 1998, 64 (2): 133-149.

[16] PENG Z-R. The jobs-housing balance and urban commuting [J]. Urban Studies, 1997, 34 (8): 1215-1235.

[17] WANG D, CHAI Y. The jobs-housing relationship and commuting in Beijing, China: The legacy of Danwei [J]. Journal of Transport Geography, 2009, 17 (1): 30-38.

[18] WU F. Changes in the structure of public housing provision in urban China [J]. Urban Studies, 1996, 33 (9): 1601-1627.

[19] WYLY E K. Containment and mismatch: Gender differences in commuting in metropolitan labor markets [J]. Urban Geography, 1998, 19 (5): 395-430.